W0052676

Axel Gloger

MILLIONÄRE

Vom Traum zur Wirklichkeit

UEBERREUTER

Die Deutsche Bibliothek – CIP-Einheitsaufnahme

Gloger, Axel
Millionäre : Vom Traum zur Wirklichkeit ; Geschichten von denen, die es geschafft
haben / Axel Gloger. –
Wien : Wirtschaftsverlag Carl Ueberreuter, 1997
ISBN 3-7064-0297-7

S 0257   1 2 3 / 99 98 97

Alle Rechte vorbehalten
Umschlag: Kurt Rendl
unter Verwendung eines Bildes der Bildagentur Image Bank
Copyright © 1997 by Wirtschaftsverlag Carl Ueberreuter, Wien/Frankfurt
Druck: Ueberreuter Print

Inhalt

1. Über das Haben   7

2. Goldene Zeiten   19

3. Bad in der Menge   35

4. René, Donald, Salvador   48

5. Endlich grünes Licht   59

6. Treffen im Glaspalast   69

7. Und sie werden besser   86

8. Lady Kitty   96

9. Gewonnen!   110

10. Jede Sekunde nützen   124

11. Flugzeug zu verschenken   135

12. Vergnügungssteuer   147

13. Großer Auftritt   161

14. Tatendrang   175

15. Der Sonne entgegen   185

16. Rauf oder raus?   196

Register   213

1. Über das Haben

„Was bedeutet Ihnen Geld?" Diese Frage kam natürlich in jedem meiner Gespräche mit Millionären vor. Eine durchaus ernstzunehmende Frage aus der Sicht dessen, der noch nicht über eine Summe in sieben-, acht- oder neunstelliger Höhe auf seinem Bankkonto verfügt. Wie innig ist das Verhältnis der Besitzenden zu dem Stoff, der sie von den Normalbürgern unterscheidet? Das wollte ich bei meinen Gesprächspartnern herausfinden.

Die erste Antwort, die ich bekam, lautete: „Eigentlich bedeutet mir das Geld nichts." Solche Äußerungen haben mich am Anfang der Arbeit für dieses Buch noch erstaunt: Da sitzt ein Millionär, dem Geld nichts bedeutet? Kann das sein?

Rufen wir uns einmal einen der vertrautesten Millionäre in Erinnerung: Dagobert Duck. Im Grunde kennen wir ihn seit unserer Schüler- und Jugendzeit, als wir uns die ersten Micky-Maus-Heftchen kaufen oder sie bei guten Freunden mitlesen konnten. Dieser Duck ist märchenhaft reich, ihm gehören Ladenketten, Goldminen, Schiffslinien und derlei mehr. Und eben auch die Geldspeicher.

Wir haben Dagobert Duck als gnadenlosen Geizkragen kennengelernt, der jeden einzelnen Taler einzusparen sucht und sich nicht zu schade ist, sich von seinem Neffen Donald, diesem ewigen Habenichts, in einer Entenhausener Eisdiele aushalten zu lassen.

Dieser Dagobert hat seine Geldspeicher, kennt jeden seiner Taler persönlich und tut nichts lieber, als morgens ein erfrischendes Bad in seinem Geldsegen zu nehmen. Wochenweise wurde uns durch die Botschaften der Walt-Disney-Periodika klargemacht, daß einem Millionär Geld wichtig sein muß. Ganz nach dem Motto: Wer den Pfennig nicht ehrt, ist des Talers nicht wert.

Und dann kommen sehr leibhaftige Millionäre daher und versichern durchaus glaubwürdig, daß ihnen Geld nichts bedeute. Kein Wunder, daß Antworten dieser Art zunächst einmal Verwunderung hervorrufen. Hört man sich aber die Geschichten an, die hinter dieser Einstellung stehen, wird schnell klar, was mit diesen Antworten eigentlich gemeint ist.

Millionäre sind nicht im mindesten so wie Dagobert Duck. Sie hängen nicht an ihrem Geld – sonst wären sie vielleicht nie so wohlhabend geworden. Geld wird von ihnen als Mittel angesehen, um Erfolg zu haben, um die Existenz zu sichern, um ein Unternehmen wachsen und prosperieren zu lassen.

Einer der ganz Großen der Dienstleistungsbranche, der keinen auffälligen Lebensstil pflegt, meinte: „Wenn mir das Geld nicht egal gewesen wäre, dann wäre ich nie der Größte in meiner Branche geworden." Eine derartige Einstellung schlägt sich auf die Risikobereitschaft nieder: „Alles, was ich erarbeitet habe, hätte am nächsten Tag auch weg sein können. So habe ich immer entschieden." Er hat einen hohen Einsatz gefahren im Wirtschafts- und Unternehmerspiel, und er hat bisher immer gewonnen. Wäre er nicht bereit gewesen, immer wieder alle seine Mittel auf eine ungewisse Zukunft zu setzen, wäre er nie dahin gekommen, wo er heute steht.

Offensichtlich gibt es so etwas wie eine Regel, daß jemand, der finanziellen Erfolg haben will, auch bereit sein muß, das Risiko des Totalverlusts einzugehen – natürlich immer mit der Chance, daß es auch gutgehen kann und dann der Einsatz um ein Mehrfaches zurückkommt.

Nun, dieser Unternehmer aus der Dienstleistungsbranche hat mit dem nötigen Maß an Intuition mehrmals richtig entschieden. Er hat hart gearbeitet, das verdiente Geld über viele Jahre immer wieder in seine Firma hineingesteckt und so eine Art Düngemittel für die bis heute währende Blüte seiner Firma geschaffen.

Nach den Maßstäben des Durchschnittsbürgers ist der Mann heute märchenhaft reich – würde er sein Unternehmen verkaufen, könnte er auf einen Schlag in den Club der Milliardäre aufsteigen. Was aber tut der Unternehmer? Er arbeitet weiter, hält sein Geld zusammen (keine Spenden, keine Weihnachsgeschenke, keine Segelyacht) – und gönnt sich einige bescheidene Freuden, die er mit Otto Normalverbraucher teilt.

Würde man ihn als Millionär erkennen? Seine Frau vielleicht, die macht auf Millionärsgattin. Sie geht auf die Parties der Reichen und Schönen, behängt sich mit Schmuck, pflegt ihren Benefiztick, läßt ihre neueste Garderobe ausführlich auf den Seiten der Regenbogenpresse feiern. Der Gatte jedoch – ein Mann wie jeder andere, wäre der unvoreingenommene Beobachter geneigt zu sagen. Jeder Möchtegern-Topmanager ist heute besser und teurer gekleidet als mein millionenschwerer Gesprächspartner, jeder Betriebswirtschaftsstudent, der seinen dunklen Anzug zur mündlichen Diplomprüfung ausführt, macht mehr her als mancher der Millionäre aus der Wirtschaft. Viele wirken wie ein Millionär, nur wenige sind es.

Was also zeichnet sie aus?

Es ist tatsächlich die Einstellung, daß ihnen Geld auf irgendeine fast unergründliche Weise unwichtig ist. Großzügigkeit im Unternehmen fällt manchmal mit Geiz in Privatdingen zusammen.

Man hat Geld, schön. Aber wenn man keines hat, ist das auch nicht schlimm, das Leben geht weiter. Und schon bei der nächsten Gelegenheit läßt sich ja ein neuer Versuch unternehmen. Neues Spiel, neues Glück. Dieses Losgelöstsein von materiellen Bindungen scheint so etwas zu sein wie die Eintrittstür zu mehr Wohlstand.

Manchen ist diese Einstellung offenbar schon in die Wiege gelegt, wie es eine Anekdote aus der Jugend eines heute sehr erfolgreichen Unternehmers nicht bildhafter illustrieren könnte.

◆

Ort des Geschehens: ein Studentenwohnheim im Süddeutschland der sechziger Jahre. Unser angehender Unternehmer, heute sicher Besitzer eines üppigen siebenstelligen Vermögens, hat einen schönen Abend und eine schöne Nacht hinter sich. Der Morgen hat längst begonnen, aber nichts ist angenehmer, als mit der Schönen, mit der der Abend begonnen hatte, noch weiter im Bett zu bleiben.

Am späten Vormittag klopft es, ein Mitbewohner. Er hat ebenfalls am Vorabend gefeiert und gezecht. Jetzt treibt ihn der schiere Durst in die Wohnung seines Freundes, wo er hofft, noch etwas Trinkbares aufzutreiben.

„Komm rein", heißt es und: „Bedien' dich, im Kühlschrank ist noch eine Flasche Wasser."

Unser Freund, die Schöne und der Besucher beginnen ein Schwätzchen, der Besucher hat sich unterdessen auf der Bettkante niedergelassen. Richtig bekleidet ist keiner der drei.

Erneut klopft es an der Tür. „Herein." Ein Herr erscheint. Besser gesagt: ein kleines graues Männchen, das sich nach kurzem Zögern als Gerichtsvollzieher zu erkennen gibt. Es gehe um eine unbezahlte Rechnung unseres Freundes, der neben seinem Studium noch ein kleines Gewerbe betreibt (oder sollen wir, eingedenk seiner späteren Laufbahn, sagen: der neben seiner Unternehmertätigkeit noch etwas studiert?).

Wenn er jetzt störe, könne er aber auch gern später noch einmal vorbeikommen, druckst der durch die Bettszene leicht verunsicherte Gerichtsvollzieher.

„Bleiben Sie bitte! Was ist zu tun?", fragt unser leicht bekleideter Freund den Amtsdiener im Jackett.

„Ich habe eine Forderung zu vollstrecken. Ihr Fernseher wird gepfändet", erwidert dieser, nachdem er sich im Zimmer rasch nach Gegenständen von Wert umgesehen hat.

„Ich klebe den Kuckuck hinten drauf, dann können Sie das Gerät noch benutzen", meint der Vollstrecker mit versöhnlichem Unterton.

„Nichts da", erwidert unser Freund, „gepfändet ist gepfändet. Der Kuckuck gehört auf die Mattscheibe. Wenn schon, denn schon."

Gelächter.

Unser Freund, der Durstige und die Schöne haben Spaß an einer Sache, die noch keiner von ihnen erlebt hat.

Statt sich über die ins Privatleben platzende Staatsmacht zu graulen, finden alle drei, daß das Erscheinen des Gerichtsvollziehers ein richtiger Gag ist. Keine Minute Trauer darüber, daß der Fernseher demnächst abtransportiert und versteigert wird. Keine Sekunde Nachdenkens darüber, wie peinlich doch eigentlich der Besuch des Gerichtsvollziehers ist.

Unserem jugendlichen Freund war wohl gleich klar: Hier geht es nur um Geld, nichts weiter. Geld ist nicht wichtig.

War es auch nicht. Ein paar Tage später ging der Gepfändete zum Amt, bezahlte die Forderung und löste seinen Fernseher wieder aus.

Der Gerichtsvollzieher kommt? Das passiert im Leben. Keine Aufregung.

Übrigens: Unser Freund ist inzwischen ein bekannter, erfolgreicher und solider Unternehmer geworden, der bei den Banken ein gern gesehener Schuldner ist, weil er gut verdient, seinen Umsatz jedes Jahr mehrt und noch keine einzige Rate seiner Kredite je schuldig geblieben ist.

Der Durstige, der über die Pfändung mitlachte, betreibt heute ein florierendes und bekanntes Unternehmen in einer mittleren Großstadt und geht als Wirtschaftsfunktionär bei allen Mächtigen dieser Republik ein und aus. Für sein Unternehmen hat ihm schon mancher Kaufinteressent einen großen zweistelligen Millionenbetrag geboten – aber ohne Erfolg, denn er wollte weiter Unternehmer bleiben.

Die Geschichte mit dem Gerichtsvollzieher hat einen Gehalt, der weit über das rein Anekdotische hinausgeht. Hier wurden zwei Menschen vorgeführt, die mit ihrer Reaktion ein Stück Lebenseinstellung gezeigt haben: Sie scheinen risikofreudig zu sein, und obwohl materiell noch arm und im Stand des Studenten, scheint ihnen Geld in gewisser Weise egal zu sein.

Wie anders wäre das bei einem Normalbürger, der keine siebenstellige Summe auf seinem Bankkonto hat und, im Gegensatz zu unseren wenig bekleideten Freunden aus dem Studentenwohnheim, auch nie die Aussicht hat, so weit zu kommen.

◆

Nehmen wir, der Anschaulichkeit halber, Dietrich Siegenbert. Er hat es zu ansehnlichem Wohlstand gebracht. Er kann zwei- bis dreimal in der Woche seinen Wagen wechseln. Mal fährt er in einem weinroten Mercedes Kombi neuester Bauart vor, mal ist es ein silberner Viertürer mit 2,3-Liter-Motor, und ein andermal ist es die mit Leichtmetallfelgen und Velourspolstern ausgestattete Limousine der mittleren Baureihe aus der schwäbischen Autoschmiede. Wenn Dietrich Siegenbert irgendwo parkt, dann unauffällig, aber doch so, daß der Beobachter merkt: „Aha, das ist ein Mann mit Geschmack für gute Autos."

Der Mercedes-Mann hat auch sonst Lebensstil, nehmen wir als Beispiel seine Kleidung: Man sieht ihn in einem dunkelblauen Lodenmantel, dazu trägt er einen passenden, nicht unmodischen Hut. Seine Kombinationen aus Jackett und Hose sind stets gepflegt, manchmal wird er sogar in einem Kamelhaaroutfit gesehen. Siegenbert läßt sich seine Garderobe von einem der besseren Herrenausstatter der mittleren Großstadt zusammenstellen, in der er lebt. Einen eigenen Geschmack hat Siegenbert nicht, deshalb greift er ja auch auf die Dienste des Herrenausstatters zurück. Man sieht es.

Siegenbert hat es zu Wohlstand gebracht, ohne daß wir ihn freilich schon in die Klasse der Millionäre einordnen können. Von seinem knapp fünfstelligen Monatsgehalt (Erfolgsprämien eingeschlossen) und einer Erbschaft hat er sich nach und nach einen hübschen Immobilienbesitz zusammengekauft – einige Häuser in benachbarten Stadtteilen. Auch um seine Zukunft braucht sich der alleinstehende 48jährige keine Sorgen zu machen: Sein Job als Mercedes-Verkäufer ist relativ sicher und gewinnbringend, und die Einnahmen aus seinen Mietwohnungen bescheren ihm ein hübsches Zusatzeinkommen, weshalb auch die Rente gesichert zu sein scheint.

Aber ist Siegenbert deshalb schon ein Aspirant für den Club der Millionäre, wo er doch, wenn er all sein Vermögen und seine Ansprüche verflüssigen würde, sicher an einen kleinen siebenstelligen Geldbetrag gelangen würde?

Sicherlich nicht! Siegenbert bleibt Durchschnittsbürger, auch wenn er in den zurückliegenden Jahrzehnten der allgemeinen Wohlstandsvermehrung einige Dinge richtig gemacht hat und heute, rein vermögensmäßig, besser dasteht als die meisten seiner Altersgenossen. Aber Siegenbert hat nie ein richtiges Risiko in seinem Leben angenommen. Er lebte beruflich immer in der Wärme, die das Angestelltendasein bietet. Er hat seine Steuern immer pünktlich bezahlt, er parkt seinen Mercedes lieber weit außerhalb und läuft eine Viertelstunde zu Fuß, als ein Strafmandat zu riskieren.

Besuch eines Gerichtsvollziehers? Das wäre für Siegenbert völlig undenkbar. Denn Siegenbert ist ein korrekter Mensch, der, wenn ihm einer seiner Mieter zehn Mark schuldig geblieben ist, darauf sogleich einen Brief mahnenden Inhalts schickt, per Einschreiben mit Rückschein.

◆

Ein richtiger Millionär hat etwas gewagt im Leben, und dazu braucht es eine gewisse nonchalante Einstellung zum Geld. Die meisten Millionäre, die den Stoff für die Geschichten in diesem Buch lieferten, standen mindestens einmal vor dem Aus. Sie hatten gewagt, all ihr Geld auf eine Karte zu setzen; manchmal hatten sie verloren, aber viel öfter gewonnen. Sonst wären sie nicht dort, wo sie heute stehen.

Ein richtiger Millionär, so wie er in diesem Buch zu verstehen ist, hat etwas bewegt im Leben, nicht nur in seinem Leben, sondern auch in dem vieler anderer Menschen. Wir haben es hier mit den Anpackern und In-Bewegung-Setzern zu tun, die über ihre Erfolge nicht nur zu Reichtum gekommen sind, sondern so auch das Leben anderer Menschen verändert haben.

Ein richtiger Millionär hat einmal eine Idee gehabt und sich dann ganz versessen daran begeben, diese umzusetzen. Meist stand am Anfang die Gründung einer kleinen Firma in bescheidenen Verhältnissen, vielleicht mit ein oder zwei Mitarbeitern.

◆

Nehmen wir den Fall eines Rheinländers, der inzwischen im Kreise der Multimillionäre zu finden ist. Seine Geschäfte begannen in den siebziger Jahren in seinem Kinderzimmer. Ja, Sie lesen richtig, im Kinderzimmer. Der Pennäler hatte angefangen, eine Prospektverteilagentur zu betreiben, weil ihm das Schülerleben zu langweilig war. Kein Widerspruch seiner Eltern konnte ihn davon abhalten, sein Geschäft nach und nach zu vergrößern, sprich: auch das Wohnzimmer der elterlichen Wohnung zum Geschäftsraum zu machen, wo der damals 18jährige seine Verhandlungspartner und Lieferanten empfing, von denen einige seine Eltern hätten sein können.

Regelrecht stürmisch entwickelten sich die Geschäfte, als er schriftlich festhielt, wie man eine Prospektverteilagentur gründet, und dieses Konzept vervielfältigte, um es an andere zu verkaufen, die auch eine Prospektverteilagentur gründen wollten.

Aus diesen Anfängen ist inzwischen ein florierender Wirtschaftsverlag geworden, der Unternehmensgründer mit Lebenshilfe-Büchern bedient. Der Verlag ist Marktführer auf seinem Gebiet und setzt mit seinem Geschäft heute dreistellige Millionenbeträge um. Seinen Inhaber hat der Verlag reich gemacht, sehr reich.

Aber, wie gesagt, angefangen hatte es mit nichts mehr als einer Idee, in der Wohnung der Eltern. Mit dem Verkauf der Bücher und Konzepte hat der Verleger die Geschicke von Tausenden von Unternehmensgründern nunmehr über 20 Jahre hinweg beeinflußt: Wie viele Unternehmen wären nicht gegründet worden, wenn sie nicht irgendwann einmal eine Idee in einer Schrift dieses Verlegers gelesen hätten?

Das ist der Einfluß auf das Leben anderer Menschen, den die Erfolgreichen mit ihren Produkten (oder Dienstleistungen) haben. Darüber hinaus tragen sie Verantwortung für die ihnen anvertrauten Mitarbeiter. Im Falle unseres Wirtschaftsverlegers sind das die Familien von weit über 100 Mitarbeitern, die davon leben, daß der Unternehmer an der Spitze seine Geschäfte weiter erfolgreich führt.

◆

Menschen wie dieser Millionär sind über ihr unternehmerisches Schaffen zu Einfluß und Reichtum gelangt. Sie haben im Leben ihrer Kunden etwas verändert, und sie sind verantwortlich für ihre Mitarbeiter. Das unterscheidet die Unternehmer-Millionäre von den Durchschnittsbürgern – auch von Menschen wie Dietrich Siegenbert, einem zu bescheidenem Reichtum gelangten Einzelkämpfer, der jeden Monat ein paar Autos für Rechnung seines Arbeitgebers verkauft und von den Mietern seiner Immobilien Monat für Monat die entsprechenden Zahlungen eintreibt.

◆

Wenn die Millionäre das Geld nicht so ernst nehmen, wie ist dann ihr Lebensstil? Sind sie verschwenderisch? Die Antwort fällt nicht leicht. Sehen wir uns den Fall eines Vorstandsmitglieds eines Kölner Handelskonzerns an. Sein Einkommen dürfte eine üppige siebenstellige Summe im Jahr erreichen, genug

Geld, um diesen Mann von einigen Widrigkeiten des Lebens freizumachen. Er wird über eine repräsentative Villa in einem der besseren Kölner Vororte verfügen; seinesgleichen wohnt etwa in Marienburg, Rodenkirchen, Bensberg-Frankenforst oder Lindenthal. Selbstverständlich hat das Haus eine Doppelgarage, und wenn morgens der Postbote kommt und die Lieferanten aus einem nahen Delikatessengeschäft eintreffen, dann macht eine weißbeschürzte Haushälterin die Türe auf.

Das Haus ist groß genug, um dienstliche Anlässe stilvoll und diskret zu begehen. Die Sommerfeste des Konzernvorstandes sind ein von Geschäftsfreunden und Vorstandskollegen gern wahrgenommener Anlaß.

Der Mann legt Wert auf Lebensstil, auch beruflich: Sein Büro ist mit einem persönlichen Badezimmer ausgestattet; die Auswahl der Möbel und der Bilder beweist Kennerschaft.

Zu einem Einkaufsbesuch fliegt der Herr im Firmenflugzeug, standesgemäß, wie er meint: Warum soll sich der Vorstand eines so bekannten und bedeutenden Unternehmens auf die Kompliziertheiten des Flugplans der Lufthansa einlassen, warum mit den weit weniger verdienenden Menschen zusammen in einer Wartehalle auf den Abflug der Maschine warten, warum sich in die ewig zu engen Sessel einer vollgepackten Linienmaschine zwängen, wenn die Firma eine Gulfstream IV für ihre Oberen fliegen lassen kann?

Der Mann läßt sich in eine süddeutsche Großstadt fliegen. Außerdem schickt er seinen Fahrer mit seinem persönlichen Firmenwagen vor. Der holt den Chef am Flughafen des Ankunftsortes ab, denn von dem süddeutschen Flughafen geht es noch eine Autostunde weiter zum Lieferanten, der seinen Hauptsitz in der Provinz hat. Der Chef von einigen 10.000 Mitarbeitern, verantwortlich für Umsätze in Milliardenhöhe, bevorzugt seinen Wagen, statt sich, wie geringer gestellte Managerkollegen, am Ankunftsflughafen einen Mietwagen zu nehmen.

Bei genauer Betrachtung hat diese Handlungsweise alle Anzeichen von geliehenem Wohlstand. Der Konzernchef ist angestellter Manager von Aufsichtsrats Gnaden. Er weiß genau, daß die Aufsichtsräte ihm die nächste Mandatsverlängerung auch verweigern könnten, und dann wäre es aus mit den Privilegien – mit Dienstvilla, Fahrer und Firmenflugzeug. Was tut der angestellte Topmanager also? Er genießt den Wohlstand, solange er ihn hat. Denn nach fünf Jahren – so lautet zumindest die Statistik – ist der Ausflug ins Topmanagement für die Mehrheit der AG-Oberen wieder beendet: Eine zweite Amtszeit an der Spitze einer Aktiengesellschaft erlebt nicht einmal die Hälfte aller Topmanager auf Zeit. Also wird zumindest dann, wenn es noch geht, kräftig aus dem vollen geschöpft. Daß dabei das von der Firma so überaus großzügig dotierte Spesenkonto zu eigenen Gunsten reichlich belastet und wenig auf die Geschicke der all das bezahlenden Firma genommen wird, gehört zu dieser Art Verhalten.

◆

Bei Unternehmer-Millionären, die ihre Firma selbst noch aus kleinen Anfängen kennen, läßt sich ein solches Verhalten nicht beobachten. Im Gegenteil: Hier zeigt sich, daß sie bei aller Risikobereitschaft doch nicht nur auf die Mark, sondern auch auf den Pfennig schauen.

„Frühstücksdirektoren erkennt man an gepflegter Kleidung", berichtet Carl Zimmerer, der als Düsseldorfer Unternehmensmakler eine Menge Millionäre gesehen hat.* Frühstücksdirektoren würde man auch daran erkennen, daß sie zur Beerdigung einen handgefertigten Zylinder trügen.

Wieder ein Zeichen geliehenen Wohlstandes! Der Millionär mit eigenem Unternehmen hat für so etwas keine Zeit – er trägt bestenfalls einen Maßanzug, unauffällig und schon Ende der siebziger Jahre in London gefertigt. Davon hängen gleich mehrere in der Garderobe, das ist praktisch.

In der Tat: Wenn mir Wirtschaftspersonen begegnet sind, die auffällig gut und nach der letzten Mode gekleidet waren, dann waren das meist angestellte Manager mittleren Einkommens, die Zeit für so etwas haben, Geschäftsleiter von Kaufhäusern, angestellte Unternehmensberater niederer Ränge oder Versicherungsaußendienstler, die es in ihrem Strukturvertrieb zu etwas gebracht haben.

Die Millionäre erkennt man hingegen eher an zerschlissenen Manschetten, Anzügen von undefinierbarem Graublau (kommt nicht aus der Mode und paßt zu jedem Anlaß) sowie unmodisch geschnittenen Jacketts und Hosen der vorletzten Generation.

◆

Nehmen wir den Gründer eines heute weltbedeutenden Medienkonzerns. Er hat sich inzwischen altershalber in den Aufsichtsrat zurückgezogen und sein Vermögen in eine Stiftung eingebracht, die öffentliche Zwecke erfüllt. Nach der Brieftasche wäre er Multimillionär, und er gibt auch jedes Jahr zweistel-

---

* Zimmerer, Carl, XXVIII. Jahresbericht 1996 der Interfinanz Gesellschaft für internationale Finanzberatung mbH, Düsseldorf 1996, Seite 28

lige Millionenbeträge aus, um mit seiner Stiftung in aller Welt gute Dinge auf den Weg zu bringen. Aber Zeichen übermäßigen Wohlstandes sind nicht zu erkennen. Seine Anzüge sind zweckmäßig und alt, nie würde er durch modisches Gehabe bei der Kleidung auffallen. Wenn er zu Versammlungen geht, zu denen die Großen der deutschen Wirtschaft kommen, meist angestellte Manager, dann fällt unser Multimillionär bestenfalls durch eines auf: durch seine bescheidene Kleidung.

◆

Übertreibungen jeglicher Art – sei es nun bei der Bekleidung, bei Accessoires oder auch beim Auto, das gelegentlich durch auffällige Zubehörteile oder Umbauten auf die finanzielle Potenz des Besitzers hinweisen soll – sind eher Sache jener Menschen, die so ihr gesellschaftliches Avancement sichtbar machen wollen.

Bei den Millionären, die hier in diesen Geschichten die Hauptrolle spielen, habe ich jedenfalls bei keinem einzigen Derartiges entdeckt. Man ist den Auffälligkeiten dieser Art nicht sehr zugeneigt. Als besonders wäre hier schon zu vermerken, daß mich einer meiner vermögenden Gesprächspartner einmal im Jaguar vom Flughafen in Wien abholte. Aber dieser Wagen war alt und ungewaschen, und sein Fahrer hatte keine weiteren Veränderungen daran vornehmen lassen.

Diese Beobachtungen ließen sich fortsetzen: Der weiter vorne erwähnte Wirtschaftsverleger würde für seine Firma, wenn er sie verkaufte, heute einen reichlich zweistelligen Millionenbetrag erlösen. Aber noch vor wenigen Jahren war der Geschäftsinhaber auf seinen zahlreichen Flügen in die Vereinigten Staaten im Flugzeug auf den Sitzen hinten in der Holzklasse anzutreffen. Der baumlange Kerl, 1,95 Meter groß, zwängte sich lieber in die enggestellten Sechserreihen zwischen die Touristen, als eine Mark zuviel für das Flugticket auszugeben. Er hätte ohne Schwierigkeiten auch einen der bequemeren Sitze weiter vorn buchen lassen können, seinem unternehmerischen Erfolg hätte das keinen Abbruch getan, aber er wollte eben mit dem billigsten Flugticket unterwegs sein.

Die Firma geht vor Bequemlichkeit – diese Haltung habe ich oft beobachtet. Offensichtliche Insignien des Reichtums verschmähen viele Unternehmer ebenso wie Ausgaben nur des Luxus wegen.

Weiteres Beispiel: Von einem Multimillionär, auch Unternehmer, wird berichtet, daß er im Zug stets nur in der zweiten Klasse fährt. Seine Begründung, die natürlich keinem seiner Mitarbeiter erlaubt, sich eine Fahrkarte für die Plüschabteile zu kaufen: „In der ersten Klasse kommt man auch nicht schneller an."

Verschwendung ist ganz und gar nicht angesagt in den Millionärskreisen. Man gönnt sich allenfalls das, was unter einem gewissen praktischen Luxus zu verstehen ist, aber übertriebene Großzügigkeit oder demonstrativer Konsum? Nein.

Verschwender treffen wir viel eher unter den kleinen Leuten als unter den Millionären, die mir den Stoff zu diesem Buch geliefert haben. Durch Bernt Engelmann in die Literatur eingegangen ist das Beispiel von Helmut K., Exportleiter in einem Münchner Unternehmen. Seine Verhältnisse stellten sich in den sechziger Jahren so dar:

Helmut K. hat ein Monatseinkommen von 987 D-Mark netto, wovon er rund ein Drittel für eine Schwabinger Eineinhalb-Zimmer-Neubauwohnung und deren Heizung, Beleuchtung, Reinigung und Pflege ausgibt. Ein weiteres Drittel verspeist und vertrinkt er in Cafés und Restaurants. Vom letzten Drittel vermag er sich noch zu kleiden, zu pflegen und einiges für seine Gesundheit sowie für seinen Opel Rekord Coupé zu tun. Ferner zahlt er mal hier, mal dort ein bißchen ab: für das Auto, die Couch, den Wäscheschrank, den Teppich, den Plattenspieler, den Teaktisch und ein Dutzend weiterer von ihm (unter Eigentumsvorbehalt der Lieferanten) benutzten Dinge. Schließlich führt er eine feste und zwei gelegentliche Freundinnen, natürlich einzeln, mal ins Kino, mal zum Tanz. Engelmann, der diesen Fall beschreibt, kommt zu dem Urteil: Helmut K. ist ein Verschwender!

◆

Was also macht die Millionäre aus, die Sie in der Folge kennenlernen werden? Wichtigster Punkt: Ich habe meine Gesprächspartner nicht nach der Höhe ihres Bankkontos ausgesucht. Das Geld allein ist ein vollkommen untaugliches Kriterium für eine interessante Geschichte. Es gibt Millionäre, die in aller Stille ein Vermögen besitzen und nichts daraus machen – nicht unternehmerisch tätig sind, keine Wohltaten vollbringen und nicht die Geschicke anderer Menschen beeinflussen.

Wäre allein das Geld zum Auswahlkriterium gemacht worden, dann wären einige Geschichten von interessanten Personen mit vielleicht nur kleinem Millionenvermögen nie erzählt worden; dafür hätte ich dann von anderen vermögenden Personen berichten müssen, deren Leben nicht einmal genug Stoff für eine kurzweilige Unterhaltung, etwa auf einem Flug zwischen Frankfurt und München, liefert. Diese grauen Mäuse, die es unter den Millionären ebenso gibt wie unter den Durchschnittsbürgern, wollte ich Ihnen ersparen.

Andere dafür mußten in jedem Fall Aufnahme in dieser Sammlung finden, weil ihre Geschichten so spannend, vorbildhaft und erzählenswert sind, daß sicher nur die Zeit, die etwa eine sechstägige Schiffsreise von Southampton nach New York bietet, ausreichend Raum geboten hätte, um deren Leben auch nur annähernd und streifzugweise im Gespräch zu durchmessen.

Ich habe mich für Sie dieser reizvollen Aufgabe unterziehen dürfen, über Jahre hinweg nach den guten Geschichten von den Unternehmer-Millionären zu suchen.

Wenn den Geschichten über die Millionäre eines gemeinsam ist, dann das: Sie alle tragen Verantwortung, nicht nur für sich, sondern auch für ihre Familien, ihre Erben und die ihnen anvertrauten Mitarbeiter. Sie alle haben wirklich etwas bewegt in ihrem Leben, das in keinem einzigen Fall geradlinig verlaufen ist.

Kein Weg ohne Irrwege, kein Aufstieg ohne Niederlagen, keine Erfolgsgeschichte ohne Widerstände, Konflikte und Rückschläge.

Aber alle der hier Genannten haben immer versucht, das Beste aus ihrem Leben zu machen und sich nicht unterkriegen zu lassen. Sie haben selten jemanden um Erlaubnis gebeten, sie haben sich ihre Vorbilder selbst geschaffen, weil sie in Bereiche vorgedrungen sind, wo noch niemand vor ihnen tätig war – und darüber ist mancher meiner Gesprächspartner selbst zum Vorbild geworden.

Sie alle habe ich als unabhängige Menschen kennengelernt, die ihre Unabhängigkeit leben wollten und ausgenutzt haben. Übermenschen habe ich keine gefunden. Millionäre sind ganz normale Menschen, meist normal begabt, mit normalen emotionalen Fähigkeiten ausgestattet. Schüchterne waren ebenso darunter wie Extrovertierte, Verträumte ebenso wie Zupackende, partnerschaftliche Menschen ebenso wie autoritäre.

Ein festes Strickmuster gibt es also nicht, deshalb muß ich Sie auch in einem Punkt enttäuschen: Das Buch ist nicht als Anleitung gedacht, wie Sie selbst am besten Millionär werden könnten. Vielmehr werden Sie hier einige Bemerkungen zu und Portraits von Menschen finden, die es zu etwas gebracht haben, die Risiken auf sich genommen und gewonnen haben und die wirklich etwas Besonderes geleistet haben. Millionäre eben, deren Geschichten es wert sind, erzählt zu werden.

◆

2. Goldene Zeiten

Meine erste Bekanntschaft mit den Einflußreichen der Wirtschaft machte ich Anfang der Zwanzig. Ich wollte wissen, wie diese Menschen sind, was sie treibt und was sie von Durchschnittsbürgern unterscheidet.

Im Laufe meiner Ausbildung hatte ich den Eindruck gewonnen, daß unser Wohlstand nicht nur von einer gut funktionierenden Volkswirtschaft mit den richtigen Gesetzen, von stabilem Geld und einem etablierten Eigentumsrecht abhängt. Irgendwo in diesem großen Getriebe, für dessen Funktionieren der Ordnungsrahmen sorgt, vermutete ich eine weitere treibende und Wohlstand schaffende Kraft: die Unternehmer.

Die Wirtschaft – das sind eben nicht nur Fabriken, Dienstleister und Produkte. Hinter all dem verbergen sich außergewöhnliche Menschen, die ihren Traum vom Unternehmertum, vom Selbstgestalteten und auch vom Reichtum in die Tat umgesetzt haben.

Haribo, zum Beispiel. Vordergründig ist das nur ein Firmenname, aber seine Bedeutung zeigt, daß dahinter eine Geschichte aus Fleisch und Blut steckt. Haribo, das heißt: Hans Riegel Bonn.

Ich hatte das Vergnügen, die Geschicke des Gummibärchenherstellers über ein Jahrzehnt lang ganz aus der Nähe zu verfolgen, weil meine damalige Wohnung nicht nur nahe der Süßwarenfabrik, sondern auch nahe dem Wohnsitz eines der Firmeninhaber lag.

Viele Menschen arbeiteten in der großen Fabrik, die von den Brüdern Hans und Paul Riegel geleitet wird. Tag und Nacht brummten die Lastwagen durch die Straßen, um die Rohstoffe für die Gummibärchen und allerhand andere Süßigkeiten zu bringen und die fertigen Produkte in alle Welt zu transportieren.

Hans und Paul galten schon damals als öffentlichkeitsscheu, wenig drang an Information aus der Fabrik nach außen, aber alles trägt die Handschrift dieser tüchtigen Unternehmer, die über den Erfolg und die Bekanntheit ihrer Marke zu einem großen Vermögen gekommen sind.

Hans Riegel, der Vater der heutigen Firmeninhaber, hatte entdeckt, daß man mit Bonbons viel Geld verdienen kann. Als Jugendlicher arbeitete er bei der Bonbonfabrik Kleutgen und Meier, aber nach zwei Jahren hatte er die Nase voll vom Angestelltendasein und machte sich mit seiner eigenen Produktion selbständig. Er träumte davon, die Kunden mit Süßigkeiten zu versorgen, die nach seinen Vorstellungen entwickelt wurden.

Der Traum wurde schon zwei Jahre später konkret. In seinem Kleinstbetrieb schuf er aus Glukose, Zucker, Gelatine, Farb- und Aromastoffen die ersten Gummibärchen, die damals noch Tanzbären genannt wurden.

Die Idee dieses Mannes war der Grundstein für alles, was folgte. Haribo verzeichnete einen sprunghaften Absatz der Neuerfindung, und Hans Riegel baute seine Firma nach und nach zu einem bedeutenden Betrieb aus. Die Gründersöhne Paul und Hans haben es verstanden, das väterliche Erbe zu übernehmen und zu mehren.

Die treibende Kraft sind, wie ich aus nächster Nähe sehen konnte, die Menschen an der Spitze mit ihren Ideen, ihrer Tatkraft und ihren Träumen.

◆

Zu weiteren Wirtschaftspersonen war mir noch mehr Nähe vergönnt. Über Jahre durfte ich aus der Nähe, die einem Journalisten gegeben ist, den Aufstieg von Jost Stollmann verfolgen.

Als ich ihn Mitte der achtziger Jahre das erste Mal traf, war er für mich noch ein unbeschriebenes Blatt. Im Gewühle einer Messe für Hochschulabsolventen an der Technischen Universität in Aachen traf ich Stollmann auf dem Abschlußempfang des Veranstalters. Typ: kühl und berechnend wirkender Unternehmer, mehr eine analytische als eine emotionale Person. Er war damals Inhaber der Firma Compunet, ein nicht sehr großes Unternehmen, das keiner kannte. Alle anderen Wirtschaftsvertreter auf der Messe repräsentierten bedeutende Unternehmen – der Kölner Firmeninhaber repräsentierte mehr oder weniger sich selbst. Mit Selbstbewußtsein und der ihm gegebenen Distanz durchquerte er dennoch unverdrossen das Messegelände, um die für ihn wichtigen Kontakte zu knüpfen.

Seine Visitenkarte war ein Ereignis – bis dato hatte ich noch nie jemanden getroffen, der mit der Universität auf der Visitenkarte hausieren ging: „Jost Stollmann" stand da, und darunter: „Harvard MBA".

Mich beeindruckte weniger die Chuzpe, das einfach auf die Visitenkarte zu schreiben, sondern vielmehr die Nonchalance und Uneitelkeit, mit der Stollmann seinen Harvard-Abschluß vorführte. So wirkte er keinen Augenblick lang eitel oder arrogant, wenn er über seine Erfahrungen an dieser Eliteuniversität in Amerika sprach. Für ihn schien das gerade so normal zu sein, wie andere Menschen ihr Examen an der Hochschule in Lüneburg ablegen. Aber eben mit dem feinen Unterschied: Harvard ist so angesehen, daß man es ruhig auf die Visitenkarte schreiben kann.

Später stellte ich Stollmann als erfolgreichen Jungunternehmer in einem Zeitungsartikel vor. Das war wieder eine Geschichte ganz nach seiner Art. Wir fanden keine Zeit, einander persönlich für ein Interview zu treffen, wie es sonst üblich gewesen wäre. Er saß in seiner Unternehmenszentrale in Köln fest, ich war unterwegs in Süddeutschland. Also ein Telefoninterview. Stollmann schaffte es, mir die ganze Geschichte seiner Firma in 15 Minuten zu erzählen – Rekord! Wie viele in ihren Erfolg Verliebte habe ich getroffen, die vom Hölzchen aufs Stöckchen kommen und nach einer Stunde immer noch nichts gesagt haben. Nicht so der Kölner Gründer, der die Meisterleistung vollbrachte, mir in so kurzer Zeit Stoff für einen Dreispalter im „Handelsblatt" zu liefern.

Erwähnenswert ist diese Episode aus folgendem Grund: Unternehmer wie Stollmann müssen in ihrer Funktion als Chef auf sehr viele Menschen einwirken, sie zu etwas bewegen, Informationen übermitteln, anleiten, motivieren. Mein Gesprächspartner zeigte, daß es sich offensichtlich lohnt, nicht mit Geld, aber mit Zeit zu geizen: In einer Viertelstunde ist eben alles gesagt, und man kann die nicht verbrauchte Dreiviertelstunde mit anderen Dingen verbringen. Warum nicht auch als Unternehmer einmal früher nach Hause gehen? Stollmann ist leidenschaftlicher Familienvater und findet offensichtlich noch die Zeit, sich nicht nur um die gedeihende Firma, sondern auch um seine fünf Kinder zu kümmern.

Stollmanns Unternehmergeschichte beginnt am 17. Juli 1984 in Köln. An diesem Tag läßt der damals 29jährige seine Firma Compunet in das Kölner Handelsregister eintragen. Ein Ladenlokal, ein paar Regale und von IBM gelieferte Computer gehören zur bescheidenen Ausstattung seines Geschäfts. Danach folgt die typische Gründerzeit: Der Unternehmer packt selber mit an, steht im Laden, berät die ersten Kunden, tätigt erste Geschäfte. Seine Ehefrau Fiona hilft mit – ein Zwei-Personen-Unternehmen.

Stollmann hatte auf irgendeine Weise gespürt, daß im Computergeschäft die Musik spielte. Es war die Zeit, als eine Neuheit aus der Branche die andere jagte. Der Personal Computer, heute unser aller Arbeitsmittel, war gerade erfunden. Apple schrieb mit den ersten benutzerfreundlichen Kleincomputern an der Geschichte der Branche mit. Bill Gates war zu dieser Zeit im Begriff, den Grundstein für sein heutiges Imperium zu legen.

Stollmann hatte gemerkt, welche Wunder ein Computer als Hilfsmittel bei der Arbeit vollbringen kann. Arbeitsvorgänge, die früher Stunden sowie Berge von Papier brauchten, schrumpften auf Minuten zusammen. Noch heute hat der Unternehmer das Wort von der neuen industriellen Revolution im Kopf, wenn er über seine Gründerjahre spricht. Er stellte sich vor, was alles an Arbeitsvorgängen erleichtert und verkürzt werden konnte, wenn denn nur funktionierende Computer Einzug in die Büros hielten. Gebraucht würde so etwas fast überall, rechnete sich der Gründer aus. Für einen Unternehmeranfänger ein fast unendlicher Markt: 25 Millionen arbeitende Menschen in Deutschland, die meisten davon im Büro. Stollmann wurde Computerhändler und bot auch die Vernetzung von Computern an.

Allein mit dem Laden am Kölner Appellhofplatz, gerade so groß wie eine herkömmliche Zwei-Zimmer-Wohnung, war dieses Geschäft nicht zu machen. „Think big", denke in großen Zusammenhängen, mag das Motto unseres Gründers von 1984 gewesen sein. Während er lernte, wie man einem Geschäftskunden eine Rechnung ausstellt und sich das Wechselgeld schon auch einmal nebenan in der Kneipe besorgt, entwickelte er gleichzeitig seine Wachstumsphantasie. Er dachte an ein Compunet, das zehn- oder hundertmal so groß war wie in den Herbstmonaten 1984. Ein solches Wachstum funktioniert nur, wenn man nicht am Geschäft von heute klebt.

Dieser Gedanke wurde mit einem regelrechten Sturm unternehmerischer Expansion eingelöst. Man stelle sich vor: Ein Einzelhändler freut sich, wenn er genausoviel verkauft wie im Vorjahr. Nahezu vollkommen ist das unternehmerische Glück, wenn die Verkäufe um ein, zwei oder gar drei Prozent zulegen. Hätte sich allerdings der Laden am Appellhofplatz so bescheiden positiv entwickelt, wären bei seinem Inhaber sicher nach einigen Monaten Selbstzweifel aufgekommen, gipfelnd in der Frage: Bin ich in diesem Geschäft richtig? Stollmann hatte nie einen Unternehmerlehrgang bei der Industrie- und Handelskammer besucht, aber dafür noch vor seiner Geschäftseröffnung die Siebenmeilenstiefel angezogen. Anders hätte er seinen Eilmarsch auch nicht bewältigen können: Schon nach zwölf Monaten hatte er 3,3 Millionen D-Mark Umsatz in seinen Büchern stehen – nur mit Geschäften über die Ladentheke wäre das nicht zu machen gewesen. Sein Unternehmen wuchs und wuchs mit atemberaubendem Tempo, über Jahre, bis heute!

Auf meine damalige Frage, wo er in zehn Jahren stehen wolle, antwortete mir der Jungunternehmer Stollmann: „Ich will, daß meine Ideen die Milliardengröße überleben. Ich bleibe Unternehmer."

Nach zehn Jahren wollte der Mann also 1.000.000.000 D-Mark Umsatz machen. Kein bescheidenes Ziel – jeder bessere IHK-Berater würde einen Gründer, der solches verkündet, wegen unrealistischer Selbsteinschätzung gleich wieder zur Türe hinausbitten.

Stollmann ist nie bei der IHK-Beratung gewesen, zu seinem Glück. Er hat einfach angefangen und weitergemacht. Dabei hat er etwas gemacht, was ihm in der Folgezeit märchenhafte Erfolge bescherte: Er hat wirklich die Probleme anderer Leute gelöst.

Es wäre einfach gewesen, über ein paar Jahre im stürmisch wachsenden Computermarkt ein paar Mark zu verdienen. Selbst die kleinen Computerhändler an der Ecke kamen zu hübschen Verdiensten. Aber jeder weiß inzwischen: Die Probleme fangen an, wenn der Computer einmal aufgebaut ist. Programme wollen nicht recht laufen, der Drucker druckt nicht, alles stürzt ab. Wenn das beim Händler an der Ecke reklamiert wird, hat der seinen Laden schon liquidiert oder ist in eine andere Stadt gezogen. Eine windige Branche, die einige Glücksritter hervorgebracht hat.

Die Firma Compunet hat dieses Problem früh für sich zu nutzen gewußt: Sie verkauft ihren Geschäftskunden, allesamt renommierte Unternehmen, nicht Computer, sondern funktionierende Computer. Das ist ein feiner, aber wichtiger und geschäftsentscheidender Unterschied: Wer einen Computer verkauft, kann damit 1.500 D-Mark verdienen. Wer seinem Kunden aber einen funktionierenden, immer lauffähigen und bei Bedarf zu reparierenden Computer verkauft, macht 10.000 D-Mark Umsatz – das ist mehr als das Sechseinhalbfache mit ein und demselben Kunden.

Dieses Geschäft wurde in ganz großem Stil aufgezogen; zum Beispiel wandte sich die Bayerische Hypotheken- und Wechselbank, heute Hypobank, an Compunet. Das renommierte Münchner Geldhaus wollte für alle seine Bankschalter und Filialschreibtische neue Computer haben, die dem Stand der Technik entsprechen sollten. Stollmann bekam den Auftrag.

In der Folge ereigneten sich an den Standorten des Geldhauses regelrechte Heinzelmännchen-Geschichten: Die Mitarbeiter gingen in den verdienten Feierabend, die Heinzelmännchen kamen, und am anderen Morgen war alles schön gerichtet, wie von unsichtbarer Hand.

In zwei, drei oder vier Stunden nächtens hundert Arbeitsplätze mit Computern zu bestücken, die am anderen Morgen auch wirklich funktionieren – solche Geschichten macht Compunet möglich. Es wird nicht lange herumgebastelt, nicht der Betrieb aufgehalten und niemand bei seiner Arbeit gestört. Denn wie ein guter Schneider nehmen die Compunet-Mitarbeiter Maß an ihrem Modell, hier der Filiale der Bayerischen Hypotheken- und Wechselbank, und dann wird diese Filiale in der Fabrikhalle des Computerbauers nach-gebildet. Dort können die Compunet-Mitarbeiter in aller Ruhe die Computer auf Maß zusammenbauen und die Apparate funktionsfähig machen – alles muß stimmen, bis zum letzten Kabel. Die so getestete Ausstattung wird mit einem besonders präparierten Lastwagen in die Filiale gefahren – und dort nur noch eingebaut. Natürlich haben sich Stollmanns Mitarbeiter vorher ei-ner dauerhaften Geschäftsbeziehung versichert: Wann immer es an der ein-mal installierten Anlage etwas zu verbessern, zu verändern oder auszutau-schen gibt, wird bei Compunet angerufen. Auf diese Weise verdient die Firma eben nicht nur die 1.500, sondern die ganzen 10.000 D-Mark.

Bei all den Projekten und zufriedenen Compunet-Kunden, von denen es unter den größten Unternehmen der Republik eine Menge gibt, ergibt das heute einen Umsatz von 1,4 Milliarden D-Mark im Jahr. Oder besser: ergab. Denn nichts ist so alt wie die Umsatzzahl von Compunet. Während Sie dieses Buch in den Händen halten, ist der Umsatz mit Sicherheit schon wieder nen-nenswert gewachsen.

Wenn Stollmann von 24 Prozent spricht, dann meint er das Wachstum seiner Verkäufe in einem Jahr. Um ein Viertel mehr Umsatz als noch vor ei-nem Jahr zu erzielen, davon träumen viele Unternehmer, ohne es je zu errei-chen. Walter Deuss, Chef der Kaufhauskette Karstadt, gebietet ebenfalls über ein gesundes und angesehenes Unternehmen. Wenn er mit solchen Wirt-schaftsergebnissen wie Compunet aufwarten könnte, würde ihn sein Aufsichts-rat wahrscheinlich in Gold aufwiegen. Deuss muß Jahr für Jahr vor die Ei-gentümer treten, über die schleppende Einkaufskonjunktur klagen und dann berichten, daß an der Wachstumsfront wieder einmal nichts zu holen war. Schon bei einem Umsatzplus von fünf Prozent würden bei Deuss in seiner mit Panzerglas gesicherten Essener Chefetage die Sektkorken knallen – nur fünf Prozent, und Compunet macht 24!

Wer freilich bei Jost Stollmann ob dieses Erfolges irgendwelche Insignien des Reichtums erwartet, muß enttäuscht werden. Denn der Mann macht kei-ne Schau aus seiner Bedeutung. Als ich ihn vor einigen Jahren beim Deut-schen Wirtschaftskongreß in Köln traf, stieg er gerade aus einem Volkswa-gen, einem schwarzen Passat. Andere Firmenlenker auch kleinerer Unter-nehmen ließen sich in den bereitgestellten Achtzylinder-Limousinen chauf-fieren – Stollmann steuerte seinen Passat selbst. Welcher andere Vorstand und Inhaber eines nicht ganz kleinen Unternehmens würde zu einem Anlaß, der soviel Öffentlichkeit hat, in einem Wagen angefahren kommen, den auch seine Außendienstler benutzen, zudem noch mit Werbung der Firma deut-lich sichtbar auf den Türen?

Stollmann macht sich nichts aus den typischen Attributen des Managerkonsums, das erkennt auch der Besucher in seinem Unternehmen. Wer das Büro des obersten Chefs sucht, läßt sich auf ein aussichtsloses Unterfangen ein.

Bei Compunet gibt es keinen Streit um das schönste Büro, den Teppich mit der höchsten Eindringtiefe, die Zahl der Fenster um den Schreibtisch und sonstige wichtige Kleinigkeiten, die in anderen Unternehmen gerne als Ausweis von Avancement in der Hierarchie regelrecht erkämpft werden. Stollmann hat kein Büro, wie es überhaupt keine abgeteilten Büroräume in seiner Unternehmenszentrale gibt; er sitzt mitten unter den Seinen. Sein Schreibtisch ist nicht größer als der der anderen, sein Schreibtischstuhl nicht höher*, seine Sekretärin nicht hübscher, weil er gar keine hat. Er ist mitten im großräumigen Treiben der anderen Mitarbeiter zu finden, nicht einmal eine Trennwand oder ein dazugestellter Besprechungstisch weisen ihn als obersten Boß aus. So kann bei Compunet niemand etwas begehren für sein Büro, weil es nichts gibt, was der andere hat, man selbst aber nicht.

Damit niemand bei Compunet vergißt, bei welcher Firma er sein Wohl mehren darf, ist auf allen Schranktüren der Firmenname aufgedruckt. Auch sonst ist in den Räumen von Compunet die Identität allgegenwärtig: Die Firmenfarben Schwarz und Weiß kehren wieder bis zum Exzeß: schwarze Teppiche, weiße Schreibtische, weiße Aktenordner, schwarze Schriftzüge, schwarze Firmenbroschüren. Aber nach einiger Zeit ist dieses schwarz-weiße Rauschen wie aus dem Sichtfeld ausgeblendet, was den Blick freimacht für die Menschen, die in diesen Räumen arbeiten. Dann fällt das eine oder andere individuelle Tüpfelchen auf.

Jost Stollmann etwa hat sich eine Zeitungsanzeige ausgerissen und an seiner Pinnwand, für jeden Vorbeikommenden sichtbar, aufgehängt: Auf der Werbeanzeige ist ein menschliches Hirn zu sehen, abgebildet etwa in seiner natürlichen Größe. Darunter der Spruch: „Denk schneller!" Typisch Stollmann.

Selbstverständlich hat Stollmann die erste Umsatzmilliarde gefeiert – oder das getan, was er unter Feiern versteht. Andere Unternehmen geben bei solchen Anlässen erneuerte Produkte heraus, machen Sonderangebote oder legen Jubiläumswaren auf. Nicht so der Kölner Unternehmer: Er schenkte sich, der Firma und Deutschland eine Anzeigenkampagne. 800.000 D-Mark gab er dafür aus, seine Meinung zu sagen: „Standort ohne Zukunft?", wurden die

---

* Selbst der Bundeskanzler hat auf der Regierungsbank einen Stuhl, der sowohl höher als auch mit einer größeren Lehne ausgestattet ist als die Sitze seiner Kabinettskollegen.

Zeitungsleser in Großschrift gefragt. „Quatsch!" lautete die in noch fetteren Lettern gleich mitgelieferte Antwort. Dann: „Wir können das Gejammere um den Standort Deutschland nicht mehr hören; und das Schwarze-Peter-Spiel von Schuldzuweisungen empfinden wir als brotlose Kunst. Unternehmer sind dazu da, Herausforderungen anzunehmen, die Initiative zu ergreifen und alles in ihrer Verantwortung Stehende zu tun, um ihr Unternehmen stromlinienförmig der Umgebung anzupassen – und nicht umgekehrt darüber zu klagen, daß die Umgebung dem eigenen c_w-Wert zuviel Widerstand entgegensetzt."

Stollmann verkündete damit dem Publikum seine Meinung, daß auch in Deutschland noch wirtschaftliche Erfolge zu erreichen seien, die sonst immer nur dem pazifischen Raum oder sonst einem Land scheinbarer Freiheit zugeordnet würden. Aber: „Auf eingefahrenen Wegen ist das nicht zu haben, sondern nur auf radikal neuen, revolutionären. Dieses Land ist gut für Erfolg. Laßt uns machen."

◆

Dem Kanzler wird's wohlgetan haben, und der Mann hat ja auch recht. Sein eigenes Unternehmen ist das lebende Beispiel dafür; aber auch andere Personen aus der Wirtschaft, die in der Folge noch vorgestellt werden, zeugen davon, daß Deutschland, einigen Widrigkeiten zum Trotz, immer noch ein Land der unbegrenzten Möglichkeiten ist. Wie aus dem Nichts sind in weniger als einer Generation neue Unternehmen entstanden, die sich anschicken, die Nachfolger der alten Industriedampfer zu werden, deren Namen heute kaum noch jemand kennt: Wem sagt zum Beispiel der Werftenkönig Willy Schliekker noch etwas, wer weiß über die Gründerjahre von Bayer, Krupp oder Stinnes Bescheid, wer kennt noch den tonangebenden Herrenanzughersteller Alfons Müller-Wipperfürth, und wer erinnert sich schon an die Zeit, als die Familie Flick noch ihre Konzerne in Deutschland besaß?

Die Beispiele zeigen uns: Alte Industriedynastien sind am Ende ihrer Lebensdauer angelangt oder bis auf eine paar reiche, aber nur privatisierende Erben ausgestorben – weil ihre Unternehmen nicht mehr zu halten waren, sie verkaufen mußten oder ganz allmählich in die Pleite rutschten.

Heute werden neue Dynastien gegründet, die dann nicht mehr Industrie-, sondern Dienstleistungsdynastien heißen werden, weil in den Unternehmen nicht mehr Waren produziert, sondern Dienstleistungen hergestellt werden. Wer hätte etwa vor 20 Jahren geahnt, daß eine Gründung von Hasso Plattner und einigen Kollegen von IBM heute zu den Giganten in der Herstellung von Standardsoftware für Computer gehört? Die Truppe gründete das Unternehmen SAP, das in seiner Branche in wenigen Jahren zum Weltmarktführer mit Milliardenumsätzen wurde.

Die Bayers, Krupps und Schliecker von morgen sind heute alle schon da – nur sind sie eben noch nicht ganz so groß wie ihre Vorläufer und noch nicht ganz so traditionsreich. Wie auch? Sie haben gerade erst begonnen, sich zu entpuppen. Wir werden etwa von Unternehmern hören, die mit einer guten Idee an den Start gegangen sind, die sich von Tanten, Onkeln, Großeltern und der Bank etwas Geld geliehen haben, wie besessen gearbeitet haben, morgens mit ihrer Idee aufgestanden und abends mit ihr zu Bett gegangen sind, davon geträumt haben und keinen Zentimeter davon abließen, ihre Ideen mit Hilfe anderer Menschen umzusetzen.

Das sind die Gründerpersonen oder diejenigen, die als solche gelten können, weil sie einen Zwei- oder Dreimannbetrieb vom Vater weitergeführt haben, um diesen auf sechs-, sieben- oder achtstellige Jahresumsätze hochzubringen.

Auch hier wird wieder der übliche „Fruchtwechsel" bei der Besetzung der obersten Chefposition zu beobachten sein: Die erste Generation baut das Unternehmen mit harter Arbeit auf. Ein Teil der Gründer wird verkaufen, sobald die Erfolgssträhne für ihren Geschmack lange genug angehalten hat. Andere werden versuchen, im Alter ihr Werk an die nächste Generation weiterzugeben. Manche werden geeignete Nachfolger in der Familie finden, andere werden mit diesem Unterfangen scheitern, weil die Nachkommen nicht den gleichen Elan an den Tag legen wie die Väter oder andere Lebensziele verwirklichen wollen. Dann wird die große Stunde der Aufkäufe und Konzernübernahmen schlagen, die es auch bei den Gründerunternehmen von heute zweifellos geben wird. Einige der heute Brillierenden werden dann, vielleicht Generationen später, zum alten Eisen gehören wie eine AEG oder eine Werft, die keiner mehr haben und deren Verluste keiner mehr bezahlen will. Aber das alles ist Zukunftsmusik, von der noch keiner genau weiß, wie sie tönen wird, wenn ihre Aufführung einmal ansteht.

◆

Zurück zu Stollmann: Er gehört noch zu denen, die die Ärmel hochkrempeln. „Laßt uns machen", rief er dem Publikum in seiner Anzeige zu, und weitere folgten: „Null-Bock-Jugend? Quark!". Lauter Sprüche, mit denen er seine Mitmenschen wachrütteln wollte, um ihnen vorzuführen, was wirklich um uns herum vorgeht: Wir klagen zuviel. Wir gefallen uns zu sehr in unseren Problemen. Es gibt zu viele Ratgeber, aber zu wenige, die einen einmal gewählten Weg auch gehen wollen. Es gibt zu viele Verwalter und zu wenig Anpacker. Stollmann wird regelrecht ungehalten, wenn seine Mitmenschen in weinerliches Nichtstun verfallen: „Klagen über Probleme", sagt er, „das ist für mich vernichtete Lebensqualität."

„So schlecht", sagt Stollmann weiter, „ist der Standort Deutschland nicht." Zumindest nicht so schlecht, wie er gemacht wird. Denn dann wäre die Geschichte vom Erfolg der Firma Compunet so gar nicht zu schreiben gewesen. Die Firma hat heute 1.900 Mitarbeiter in Lohn und Brot, alles Arbeitsplätze, die es vor 15 Jahren noch nicht gab, weil sich niemand vorstellen konnte, daß das Geschäft mit Computernetzwerken diese Ausmaße annehmen würde.

Wie anderen Erfolgreichen auch war Stollmann das Gelingen keineswegs in die Wiege gelegt. In der Summe hat er wohl mehr Dinge richtig als falsch gemacht, aber es waren auch eine Menge Niederlagen dabei. Heute sagt er freimütig: „Ein Unternehmen ist eine Serie von Rückschlägen, die man dazu nutzt, um daraus zu lernen."

Da war zum Beispiel der Fehlschlag mit der Videothek: Zusammen mit einem Kollegen war er, lange vor seiner Zeit mit Compunet, zu der Überzeugung gelangt, daß eine Videothek eine lukrative Einkommensquelle sein könne. Also machten die beiden nach einigen Vorbereitungen einen Videoverleih auf. Die Zeiten dafür schienen günstig, denn im Kalifornien der ausgehenden siebziger Jahre begann sich das Geschäft mit den Videos in Bewegung zu setzen. Stollmann war zu dieser Zeit in den Vereinigten Staaten und dachte: An diesem sich abzeichnenden Boom wollen wir teilhaben!

Der Laden öffnete in Chicago seine Türen und bot die Videos im Verleih an. Ein schöner Erfolg, das Unternehmen steht, dachten sich die beiden Junior-Inhaber. Aber sie hatten die Rechnung ohne die Kunden gemacht – die erhofften Umsätze blieben aus, die Kosten liefen weiter, und das ganze Unternehmen schlitterte ziemlich schnell in die Pleite. Die Sache war so richtig gründlich schiefgegangen. Nur einer spendablen Mutter war es zu verdanken, daß alle Rechnungen bezahlt werden konnten und die beiden Jungunternehmer relativ ungeschoren aus der Sache herauskamen.

Hier würde wahrscheinlich so mancher sagen: Einmal und nie wieder! Nicht so die wirklich Erfolgreichen: Sie lassen sich nicht unterkriegen, sie lernen aus ihren Erfahrungen und nehmen die nächste Herausforderung an.

Für Stollmann war das seine Unternehmensgründung in Köln. Nach dem Desaster mit dem Filmeverleih kam er, pleite und ohne weitere Aufenthaltsgenehmigung für die USA, nach Köln zurück. Aber Zeit, seine Lage zu bedauern, nahm er sich nicht. Er fuhr auf die nächste Hannover Messe, um neue

Geschäftskontakte für seine bevorstehende Unternehmensgründung zu knüpfen. Sein Auto war auf der Messe auch seine Herberge: Er nächtigte mit umgeklappter Rückbank auf dem Besucherparkplatz und stieg morgens verschlafen und mit zerknittertem Anzug aus dem Wagen, um seine ersten Gehversuche in der Computerbranche zu machen. Wie ein Computer im Detail funktioniert, wußte er nicht und weiß er auch heute noch nicht. Aber er hatte die Ahnung, daß die elektronischen Rechner vielen Menschen helfen würden, ihre Arbeit besser und schneller zu machen. Was aus dieser Ahnung wurde, wissen Sie.

Worauf konnte Stollmann bei seinem Start bauen? Auf den ersten Erfahrungen als gescheiterter Unternehmer, sicher. Seine Mutter hatte in den sechziger Jahren ein Autohandelshaus in Düren gegründet, das gut lief. Aber Stollmann zog es vor, nicht die Nachfolge im Familienunternehmen anzutreten. Er ging seine eigenen Wege – zunächst mit einem Studium an der Universität im französischen Aix-en-Provence, das er später in Paris fortsetzte. Er studierte Jura und erwarb einen Abschluß; daß man mit dem Abschluß eines Studiums des französischen Rechts in Deutschland wenig anfangen kann, schien den jungen Stollmann wenig zu stören. Er setzte gleich noch eins drauf und ging nach Harvard. An der renommierten Ostküsten-Universität der USA, die so korrekt und konservativ ist, daß hier scheinbar selbst der Rasen in den Parks noch mit der Nagelschere geschnitten wird, erwarb er den Managementabschluß, den Master of Business Administration.

◆

Was macht ein junger Mensch mit zwei Hochschuldiplomen in der Tasche, der gerade 26 Jahre alt geworden ist? Wenn er sich in Deutschland bei einem etablierten Industriekonzern beworben hätte, wäre die Geschichte von Compunet nie geschrieben worden; denn dann wäre Stollmann irgendwo als graue Maus in einer Konzernhierarchie verschwunden, hätte inzwischen die Position eines Gruppenleiters Materialwirtschaft mit Prokura und Einzelbüro erreicht und wäre Besitzer eines hübschen Reihenhäuschens am Stadtrand einer deutschen Großstadt geworden. Wir hätten dann nicht mehr zu berichten gehabt als über den Wert seiner seit zehn Jahren laufenden Lebensversicherungspolice bei der Allianz und über die wechselnden Orte, an denen er mit seiner Familie seine 28 Tage tariflichen Urlaub verbringt.

Aber wie Sie inzwischen wissen, hat Stollmann einen spannenderen Weg gewählt. Er erkannte, daß er trotz seiner hohen Qualifikation in der Heimat wenig Aussicht auf eine interessante und gutbezahlte Arbeit hatte. Die fand der USA-Diplomierte zunächst bei einer Unternehmensberatungsfirma, der Boston Consulting Group. Hier konnte er seine Talente und Neigungen einbringen, ging er doch in den folgenden Jahren als Berater mit seinen Kollegen zu den ersten Adressen der amerikanischen Industrie, um seine Strategiekonzepte und Verbesserungsvorschläge zu unterbreiten. Stellen Sie sich den jungen Berater vor, der Vorständen und Generaldirektoren der renommiertesten amerikanischen Unternehmen gegenübertritt, die vom Alter her auch seine Väter hätten sein können: Hier muß Stollmann gerochen haben, daß auch von einem No-name, einem Newcomer, unglaublich viel zu bewegen ist – wenn man es nur will und das nötige Selbstbewußtsein an den Tag legt.

Das erhielt der junge Aufsteiger schon durch sein Gehalt. Noch ein paar Monate vor seiner Beraterzeit war er es gewohnt, mit ein paar hundert Dollar im Monat durchzukommen; nun zahlte ihm die Unternehmensberatungsfirma ein Salär, das nur durch das Adjektiv „fürstlich" richtig beschrieben ist. Es war doppelt bis dreimal soviel, wie seine in Deutschland gebliebenen und nur mit deutschem Hochschuldiplom ausgestatteten Alterskollegen vernünftigerweise an Anfangsgehältern erwarten durften. Der Wert des Lohnes wurde noch dadurch gesteigert, daß Stollmann auch für seine private Lebenshaltung nicht viel auszugeben hatte: Es fiel zwar die Miete für ein Apartment irgendwo an, aber unter der Woche konnte Stollmann auf Firmenrechnung schlafen, speisen und durch die Staaten zu den Kunden reisen. So konnte er sich in der knapp bemessenen Freizeit, die ihm neben dem Beraterberuf noch blieb, den einen oder anderen Luxus leisten: Er ging segeln und erwarb einen Pilotenschein mit Blindfluglizenz. Es war dies die Zeit, in der jeder reich werden konnte, der Dollar besaß, denn damals gab es für jeden Dollar noch doppelt soviel europäisches Geld wie heute.

Goldene Zeiten! Stollmann konnte sich Flugstunden leisten, und er kaufte sich von seinem erarbeiteten Geld sogar ein kleines Flugzeug. Mit nicht einmal 30 Jahren Flugzeugbesitzer, das war eine Geschichte nach seinem Geschmack.

◆

Bald war das Gerät allerdings wieder verkauft, und Stollmann hatte sich auch von seiner Beraterlaufbahn verabschiedet: Irgendwann war der Wunsch übermächtig geworden, nicht nur Unternehmer oder deren Angestellte zu beraten, sondern selber zu unternehmen. Das war die Geburtsstunde des Machers Jost Stollmann, der mit dem eigenen Erwerb auf eigenen Füßen ste-

hen wollte, ohne daß immer der Chef das letzte Wort hat. Die erste Geschäftsgründung wurde die Videothek, die bekanntlich mit einer Bruchlandung en-
dete.

Aber die Gründung Nummer zwei, Compunet, sollte bald folgen. Stollmann machte sich eine alte Weisheit aus den USA zu eigen: Kein anständiger
Unternehmer ohne Pleite in seinem Vorleben. In Deutschland ist die Pleite
etwas Anrüchiges, das es möglichst zu verschweigen gilt. In den USA gilt sie
als Ausweis der gewonnenen Erfahrungen, also wie eine Art zusätzliche Ausbildung.

Stollmann machte daraufhin gleich einige Dinge richtig. Er steckte einen Samen zu ganz außerordentlichem Wachstum in den Boden.

Dieses Wachstum – das hatte der junge Unternehmensgründer bereits
erkannt – ist nur dann möglich, wenn jemand bestimmte Aufgaben auch abgeben kann, an andere Menschen, die für den Mann an der Spitze arbeiten
und Entscheidungen fällen.

Daher heuerte er bald nach der Gründung am Appellhofplatz einige Leute an, gute Leute, wie er betont. Er überließ ihnen Aufgaben, die er anfangs
noch selbst wahrgenommen hatte – und machte das zum unternehmerischen
Prinzip seines Wachstums: Dinge gar nicht erst selber anzufassen, sondern
gleich von anderen erledigen zu lassen.

Natürlich hat der kopflastige Analytiker dafür auch eine Erklärung parat.
Seiner Meinung nach unterliefe hier vielen seiner Zeitgenossen ein bedeu-
tender Denkfehler:

„Wir sind immer darauf erpicht, einen hohen Anteil an etwas zu haben –
und vergessen dabei, daß ein sehr kleiner Anteil von etwas Großem viel interessanter sein kann." Stollmannsche Dialektik!

Er hat seine Compunet AG aus einer Flotte von kleinen Unternehmen
zusammengebaut; mittlerweile besteht die Firma aus 15 Geschäftsstellen an
verschiedenen Orten der Republik. Jede der Geschäftsstellen wird von vier
unternehmerähnlich eingeordneten Angestellten geführt. Je ein Führungs-
quartett ist so für Verkäufe von 100 Millionen D-Mark verantwortlich, etwa in
solchen Städten wie Berlin, Köln, Hamburg oder München.

Diese Art der Unternehmensstruktur – in einem großen Unternehmen
stecken viele kleine – ermöglicht dem obersten Chef, sich an die richtige
Stelle zu setzen. Stollmann ist Sprecher des Vorstandes, aber nicht mehr der
Macher, der für alles und jedes zuständig ist. In diesem Rahmen kann das
Unternehmen munter wachsen, ohne daß die Arbeitszeit und Arbeitskraft
des Mannes an der Spitze ein Begrenzungsfaktor ist.

Die oberste Führungsperson bleibt hier Anreger und In-Bewegung-Setzer. „Ich bin hauptsächlich Kommunikator", beschreibt Stollmann seine Rolle, und in der Tat verbringt der Unternehmer viel Zeit in Gesprächen mit seinen Mitarbeitern, oder er reist an bestehende oder noch zu gründende neue Standorte seiner Firma.

Zwar benutzt Stollmann auch die elektronische Post (Nachricht vom obersten Chef an alle Mitarbeiter: „Vielen Dank, das war ein Spitzenjahr!"), er bezeichnet sich sogar als „heavy user" dieses neuen Kommunikationsmittels, aber wichtiger noch ist ihm der persönliche Kontakt, auch im elektronischen Zeitalter. Seine Mitarbeiter hat er alle mit vollem Namen im Geschäftsbericht aufgelistet; das ergibt zwar selbst in Lexikonschrift zwei eng bedruckte Seiten. Aber welches andere Unternehmen mit weit über 1.000 Mitarbeitern macht das noch? Stollmann reist viel, bezeichnet das Telefon als sein wichtigstes Arbeitsinstrument und sagt: „Der persönliche Kontakt ist durch nichts zu ersetzen, das bietet am meisten ‚Human touch'."

Für Stollmann ist das wohl auch deshalb wichtig, weil er eine äußerst überzeugende, zwingende Art hat. Er liebt es, durch neue Ideen wieder Bewegung zu erzeugen und neue Richtungen vorzugeben, und beschreibt seine Rolle so: „Ich bin der oberste Unruhestifter im Unternehmen."

Er selbst ist die personifizierte Gewähr dafür, daß nichts stehenbleibt, daß immer wieder quergedacht wird: Er ist respektlos gegenüber seinen eigenen Gedanken von gestern und den eingefahrenen, wenn auch durchaus erfolgreichen Ideen. Andere Unternehmer mögen für diese Art des Vorankommens durch Unruhestiften einen Beirat brauchen – nicht so Stollmann. Er ist sich in dieser Rolle selbst genug.

◆

Sein Unternehmen hat es geschafft, innerhalb von etwas mehr als zehn Jahren für die größten und renommiertesten Unternehmen zu arbeiten – seine Kundenliste deckt sich in vielen Teilen mit der Liste der feinsten Unternehmen Europas.

Die Erfolgssträhne scheint anzudauern. Der Gründer freilich hat einen Teil seiner Ernte Mitte 1996 eingebracht. Bis dato war er Mehrheitsaktionär der Compunet AG. Heute hat er seine Rolle als Eigentümer-Unternehmer aufgegeben!

Er ist angestellter Vorstandssprecher im von ihm gegründeten Unternehmen und bezieht dafür ein Monatsgehalt von 91.000 D-Mark. Ein hübsches Sümmchen, verglichen mit den monatlichen Bezügen des Immobilienbesitzers und Mercedes-Verkäufers Dietrich Siegenbert, der mit einem Zehntel dieser Summe jeden Monat auskommen muß. Für diese Position in diesem Unternehmen ein angemessenes, sehr im Rahmen liegendes Gehalt. Zudem verdienen auch die Vorstände weit größerer Unternehmen nicht mehr, aber schließlich sind deren Firmen auch weniger erfolgreich als Compunet.

Den Aktienbesitz an der von ihm gegründeten Firma hat Stollmann verkauft; Compunet ist heute eine hundertprozentige Tochter des amerikanischen Unternehmens General Electric Capital Services. Der Gründer von 1984 ist durch den Verkauf seiner Aktien ein sehr vermögender Mann geworden.

◆

Vergleichbare Fälle, wo ein Unternehmer nach einer lang andauernden Zeit des Erfolgs Kasse gemacht hat, gibt es natürlich viele. Neben den unternehmerischen mag es auch persönliche Gründe geben, die dazu anregen, daß sich ein Inhaber von seinem Eigentum trennt. Das Aufbauwerk wird zu Geld gemacht, wenn der Wunsch besteht, das Engagement für die eigene Firma langfristig etwas zurückzufahren, oder wenn es gilt, einen starken unternehmerischen Partner hereinzuholen, der Wachstumsfinanzierung und Verantwortung übernimmt. Sonst können leicht die unendlichen Geschichten entstehen: Unternehmen werden vererbt, in zweiter oder dritter Generation. Es entstehen Familienstämme, eine Regelung der Einflußnahme auf das Unternehmen besteht nicht. Die Folge: endlose Diskussionen, keine Linie, wer in welchem Falle was darf und was nicht. An so einer ewig diskutierenden, uneinigen Familie kann ein Unternehmen zerbrechen. Dann ist der Besitz gefährdet, und am Ende hat niemand etwas in den Händen. Manchmal ist der Weg des Verkaufs auch angezeigt, wenn der Bestand des Unternehmens von der Familie abgelöst werden soll.

Rainer Megerle hat so gehandelt: Am Zenit seines Erfolgs verkaufte er seine Firma an einen Konzern aus Schweden. Megerle hatte ein ausgesprochen erfolgreiches Unternehmen aufgebaut, das Fußböden für Industriehallen, Tiefgaragen und Gewerbebauten herstellt. Der Handwerksbetrieb wuchs und wurde über die Branche hinaus zu einem Vorzeigeunternehmen. Megerle führte mit seiner Gründung vor, daß man auch im Handwerk ein florierendes und schnell wachsendes Unternehmen aufbauen kann, das von Kunden wie Mitarbeitern regelrecht geliebt wird. Der Nürnberger Gründer machte Furore, weil er seinen Handwerksbetrieb frühzeitig in eine Aktiengesellschaft umwandelte – und er freute sich darüber, daß seine Mitarbeiter pro Kopf mehr Umsatz machten als Daimler-Benz.

Aber irgendwann bestand der Wunsch, diese Geschichte abzuschließen. Megerle hatte es sich bewiesen, nun wollte er die Ernte einbringen und, wie er mir in einem Interview vor seinem Verkauf anvertraute, seine Kinder von der Last befreien, das väterliche Unternehmen weiterführen zu müssen.

Eine weise Entscheidung, denn wie viele unglückliche Existenzen sind dadurch geschaffen worden, daß der Vater oder die Eltern ihre Kinder mehr oder weniger dazu zwangen, den Betrieb weiterzuführen. Nicht selten entwickeln sich daraus sehr unglückliche Unternehmerexistenzen, die Firma und Mitarbeiter in den Abgrund des Mißerfolgs zogen. Dann war es für alles zu spät, denn das Familienvermögen war durch die Zerrüttung der Firma dahin.

Wieviel besser ist es doch in so einem Fall, einen sauberen Schnitt zu machen. Der Gründer oder Unternehmenschef macht aus dem unsicheren Besitz des Unternehmens sicheres Geld und verschafft der Familie somit ein Auskommen, unabhängig von der geschickten oder ungeschickten Leitung der Firma. Wieviel angenehmer ist es doch, mit den so erlösten Mitteln in Florida zu privatisieren, als am Ende aus falsch verstandener Anhänglichkeit gegenüber dem Unternehmen gar nichts mehr zu haben – weder das Geld noch die Leitung, noch das Unternehmen!

◆

3. Bad in der Menge

◆ ◆ ◆ ◆ ◆ ◆ ◆ ◆ ◆ ◆ ◆ ◆ ◆ ◆ ◆ ◆ ◆ ◆ ◆ ◆

Gunter Sachs zählt zu jenen Unternehmenserben, die es sicher nicht falsch gemacht haben. Er verzichtete auf die Leitung des Unternehmens, das seinen Namen trägt, die Firma Fichtel & Sachs, aber dafür verfügt er über ein wahres Vermögen. Nach konservativer Schätzung bezog er bereits in den sechziger Jahren ein Einkommen von 1.000.000 D-Mark im Jahr, und inzwischen dürfte es sicher nicht weniger geworden sein. Die Firma gehört nach dem Verkauf der Anteile heute dem Mannesmann-Konzern. Sachs engagierte sich nur eine Zeitlang in der Führung der Kugellager- und Motorenwerke, mischte sich dabei aber nie sehr ins Operative ein. Er nahm Funktionen in der vom Tagesgeschäft fernen Holdinggesellschaft wahr und vertrat die Interessen der Familie im Aufsichtsrat.

Die Eigentümerschaft an den Kugellager- und Motorenwerken war ererbt – der Vater war zu Gunter Sachs' Geburt 1932 Alleininhaber der Firma, der Großvater mütterlicherseits der Sohn des Opel-Gründers Adam Opel.* Sohn Gunter hatte sich offensichtlich früh entschieden, aus der vorgezeichneten Unternehmerlaufbahn auszuscheiden und die Leitung des Unternehmens nicht an sich zu ziehen, sondern seine persönlichen Vorstellungen von Lebensqualität umzusetzen.

Unternehmerisch sei er nicht mehr aktiv, sagt der heutige Mittsechziger. Ihm gehört ein zu einiger Bekanntheit gelangtes Fotostudio namens „MM Factory" in München und, wie die „Frankfurter Allgemeine Zeitung" mit ihrem vorsichtig-unspektakulären Hintersinn bemerkt, „ab und zu sieht man ihn dort bei der Arbeit".

Was für ein Leben! Der Unternehmererbe kann, frei von Sorgen um sein Einkommen im nächsten Monat, um die Sicherheit seiner Rente, die nächste Mieterhöhung und die drückenden Beiträge zur Pflegeversicherung, seinen

---

* Hier beziehe ich mich auf eine Information, die mir mein Kollege Harald Ehren vom „Manager Magazin" freundlicherweise übermittelt hat.

Neigungen nachgehen. Er fotografiert, sammelt Kunst und veranstaltet die eine oder andere Ausstellung, wie etwa anläßlich der Deutschen Fototage in Frankfurt zum Thema „Andy Warhol – Die Sammlung Gunter Sachs".

◆

Aber wenden wir uns anderen Lebensentwürfen zu. Der eine zieht sich mit 50 aus dem Unternehmerdasein zurück, der andere ergreift noch einmal die Zügel, um vom Trab in den Galopp zu wechseln. Zu der Zeit, als Gunter Sachs gerade die ihm verbliebenen Anteile an Fichtel & Sachs verkaufte und damit seine Unternehmerrolle im vom Vater geerbten Firmenverband auch formell aufgab, lief ein anderer Unternehmer erst zu voller Form auf. Er wird als Sanierer einer wichtigen Branche in die Wirtschaftsgeschichte seines Landes eingehen und hat einige Großtaten vollbracht, die ihm Attribute wie „Retter", „Visionär" und „Genie" eingetragen haben.

Was hat er dafür unternommen? Zunächst hat er seinem Land Wohlstand und Einkommen gebracht. Er hat dafür gesorgt, daß Menschen Lohn und Brot haben, die ohne sein Tun längst ihren Arbeitsplatz verloren hätten oder allenfalls noch als Aushilfskellner auf Teilzeitbasis in einem Touristenlokal arbeiten würden. Er hat im großen Stil Arbeitsplätze dauerhaft erhalten, die in seiner Branche sonst wahrscheinlich verlorengegangen wären. Es war ihm gegeben, über die Verwendung von unternehmerischen Mitteln zu entscheiden, zu investieren – er hat es in seinem Heimatland getan, nicht in Südostasien, was er ohne weiteres auch hätte tun können.

Hier zeigt sich gleichzeitig auch wieder der tiefgreifende Einfluß, den Wirtschaftspersonen manchmal haben. Mit einer Entscheidung, die in den Konferenzzimmern der Chefetagen gefällt wird, an der nur ein Mann an der Spitze oder allenfalls eine kleine Gruppe Einflußreicher beteiligt ist, wird nicht nur über die Geschicke eines Unternehmens entschieden, sondern auch über die Lebenswege von angestellten Mitarbeitern, über die Wege, die die Familien nehmen, ob Vater und Mutter ihren Beruf weiter ausüben können und ob genug Geld in der Familienkasse ist, um das vor einem Jahr unter Mühen erworbene Einfamilienhaus weiter abstottern zu können.

Unser Mann, heute von der Presse als Retter gefeiert, hat dabei ganz pragmatisch gedacht, indem er sich sagte:

„Ich will, daß es den Menschen dort, wo ich wohne, gutgeht. Was nützt es mir, wenn ich an meinem Wohnort der einzige bin, der noch Arbeit hat?"

Eigentum verpflichtet. Wer, wie dieser Unternehmer, über Geld und unternehmerische Produktionsmittel gebietet, sollte nicht die Wirkungen außer acht lassen, die seine Entscheidungen auf die nähere Umgebung haben. Natürlich ist ein Päckchen Schrauben in Südostasien möglicherweise um ein Drittel billiger als bei einem Hersteller aus, sagen wir, Flamatt bei Bern. Aber was nützt es dem Land, wenn dem Hersteller in Flamatt die Arbeit ausgeht und die Menschen keine Beschäftigung mehr haben?

Der Erfolg des vorhin erwähnten Unternehmers hängt eng mit seinem Produkt zusammen. Es ist weltweit erfolgreich, ja in den Jahren seit seinem Erscheinen zu einem absoluten Kultobjekt geworden. Es wird gekauft, immer wieder gekauft, erfährt Neuauflagen und ist allseits begehrt – auch als Sammlerstück. Die ersten Varianten des Produktes werden heute auf internationalen Versteigerungen gehandelt, und wer etwas Glück hat, dem bringt ein Kauf von seinerzeit 50 D-Mark heute eine vier- oder fünfstellige Summe ein. Es gibt sogar schon eine Wanderausstellung, die die Geschichte dieses schlichten Gegenstandes erzählt und sich großen Zuspruchs erfreut, und das nicht nur in der Heimat des Erfinders, sondern selbst in einem so kleinen Ort wie Cambridge im US-Bundesstaat Massachusetts, wo die Aussteller ebenfalls bereits gastierten.

◆

Das ist die Mischung, die Erfolg und Reichtum bringt: unternehmerisches Kapital, der richtige Mann an der Spitze und ein nie dagewesenes, durchdachtes Produkt, das sich in aller Welt verkauft. Der Mann an der Spitze hat unendliches Durchhaltevermögen bewiesen und hat seine Vision verteidigt; und er hat sich gegen Widerstände durchgesetzt und hat Menschen ignoriert, die sich ob seiner Pläne an die Stirn gegriffen haben: „Verrückt, dieser Mann!"

Ja, er war verrückt, aber das Verrückte zu denken, war gerade richtig, denn es hat ihn – und sein Unternehmen! – zum Erfolg geführt.

Seine Unternehmensgeschichte begann im Zürich der fünfziger Jahre. Der junge Mann, gerade 26 Jahre alt, hatte eben sein eigenes Unternehmen gegründet. Es war aus der Not geboren, denn nur Mitarbeiter sein, davon hatte er die Nase voll. Zuvor war er bei einem Unternehmen beschäftigt, das ihm ständig seine Grenzen zeigte. Wann immer der junge Einsteiger einen Verbesserungsvorschlag machte oder eine Idee einbrachte, hieß es: „Ach, das haben wir schon 1918 so probiert. Das geht nicht. Das läuft nicht."

Andere lassen sich von solchen Erlebnissen den Rücken verbiegen und werden mit der Zeit brave, stets gehorchende, funktionierende Angestellte. Manche Unternehmen sind voll von dieser Art managenden Funktionären, deren stärkstes Merkmal ihre Anpassungsfähigkeit ist.

Unser Mann wollte sich nicht anpassen.

Er ging und suchte seine eigenen Wege mit einer Unternehmensgründung. Er bot Beratung für die Entwicklung von neuen Produkten und neuen Fabriken an. Eine gute Idee, nur in der Schweiz des Jahres 1954 wollte das dem Mittzwanziger keiner abkaufen. Alle, die er hätte beraten können, zählten vom Alter her schon zur Generation seines Vaters. Konservative Industrielle also, und das noch dazu in der Schweiz, einem Land, das nicht eben für spontane, unkonventionelle Lösungen steht. Der frischgebackene Berater war schlicht und einfach noch zu jung. Ihm fehlten die Seriosität, die nur das fortgeschrittene Lebensalter zu geben vermag, und die grauen Haare.

Aber er zeigte Stehaufmännchen-Qualitäten und ließ sich nicht unterkriegen. Die Möbel in der Zürcher Wohnung hatten er und seine Frau schon an die Bank verpfändet, schließlich war einiges an Lebenshaltung zu bestreiten. Der Familienvater hatte neben seiner Frau auch noch zwei Kinder zu ernähren. Die Bankschulden beliefen sich auf 3.000 Schweizer Franken; also hielt sich die Familie mit geliehenem Geld über Wasser.

Die Wende kam, als sich ein Industrieller aus Deutschland anmeldete. Er berichtete von einem Problem in seiner Fabrik, einer Gießerei in Ennepetal, wo Motorenblöcke für Mercedes-Benz hergestellt wurden. Ein Ofen funktionierte nicht, obwohl das Stück neu war und die für damalige Verhältnisse sehr hohe Summe von 1,5 Millionen D-Mark gekostet hatte.

„Können Sie helfen?", lautete die Frage des Besuchers nach anderthalb Stunden Erklärungen und Rätselraten über die Quelle des Nichtfunktionierens. Der Besucher hatte von Fabrikantenkollegen gehört, daß der junge Berater sich in seiner Branche auskenne und vielleicht eine Lösung liefern könnte.

Er lieferte. Zunächst kaufte er sich, um die so unversehens entstandene Geschäftsperspektive anständig bekleidet wahrnehmen zu können, einen Anzug. Der Zürcher Herrenausstatter lieferte das gute Stück zu einem Preis, der zu monatlichen Raten per Abzahlung zu begleichen war. Das Familienbudget des Jungunternehmers war zu angespannt, als daß der Anzug gleich hätte bezahlt werden können.

Mit einer Fahrkarte dritter Klasse machte sich der Jungberater mit der Eisenbahn auf den Weg ins Bergische Land. Eine Woche lang arbeitete er fieberhaft in der Fabrik des unglücklichen Unternehmers, dann war das Problem gelöst und die Produktion von null auf 60 Prozent hochgebracht.

Der Lohn der Mühe: ein Scheck über 10.000 D-Mark. „Ein riesiges Vermögen", wie er heute bekundet, war er doch mit diesem ersten Auftrag aus allen seinen Geldproblemen heraus. Er hatte gewagt – und gewonnen.

Aber es sollte noch besser kommen! Der Unternehmer Gerken, dem soeben die Produktion gerettet worden war, hatte dem hilfreichen Berater für die Rückreise einen Flugschein nach Zürich spendiert – anderthalb Stunden Flug statt zehn Stunden in der Holzklasse. Der Berater war mit Gerkens Chauffeur schon auf dem Weg zum Werkstor, da wurde er vom Pförtner noch einmal zurückgerufen.

Der hielt ihm den Telefonhörer entgegen: „Der Chef will Sie nochmal sprechen", sagte er, sichtlich beeindruckt davon, daß dem jugendlichen Unbekannten soviel Achtung von der Leitung entgegengebracht wurde.

Das Management des Unternehmers Gerken befragte den Jungberater zu einem neuen Problem: ob er bereit sei, an der Planung der neuen Fabrik mitzuarbeiten. Die Antwort kam nach kurzer Überlegung: Ja, das koste drei Monate harter Arbeit und 60.000 D-Mark.

Die Diskussion dieses Angebots bedeutete für den angereisten Zürcher fast eine Stunde immer nervöseres Warten im Vorzimmer des Fabrikanten – bis die Entscheidung gefallen war. Das wurde der zweite Auftrag und die Geburtsstunde eines Beratungsunternehmens, das sich in den folgenden Jahren einen Namen auf dem Gebiet der Produktion und des Maschinenbaus machte.

◆

Der 26jährige des Jahres 1954 war Nicolas G. Hayek. Heute ist er Mitinhaber des Schweizer Uhrenkonzerns SMH, besser bekannt als der Unternehmer, der die Swatch-Uhren zu weltweitem Erfolg führte.

Hayek, der sich vor über 40 Jahren über seine ersten Umsätze von 10.000 und 60.000 D-Mark freute, gebietet heute über ein Firmenimperium, das einen Umsatz von annähernd drei Milliarden D-Mark macht. Nicolas Hayek ist größter Einzelaktionär und damit wichtigster Eigentümer von SMH. Er hält ein Fünftel der Aktien, die er bei seinem Einstieg zu 100 Franken pro Stück erwerben konnte. In der Zwischenzeit ist das Unternehmen gewachsen, und der Kurs der Aktie hat sich gegenüber dem Einstandspreis annähernd verzwanzigfacht.

Der SMH-Chef hat damit ein großes Vermögen erworben – nach eigenen Angaben zählt er zu den sieben reichsten Männern der Schweiz und taucht regelmäßig in den Ranglisten der Milliardäre des Alpenlandes auf. Das Zürcher Managerblatt „Bilanz" schätzt Hayeks Vermögen auf 1,5 bis zwei Milliarden Schweizer Franken – damit findet sich der Uhrenindustrielle in der Reichengesellschaft von Hans-Heinrich Baron von Thyssen, der Kaufhauserbin

Heidi Horten Charmat, dem Bierhersteller Alfred Henry Heineken und von Otto Beisheim wieder.

Sämtliche Genannten und einige weitere Personen in der Schweiz sind noch reicher als Hayek; das Vermögen des Handelstycoons Otto Beisheim beläuft sich nach einem Bescheid des Steueramtes in Zug auf 1.418.956.000 Franken, sein tatsächlicher Wert dürfte allerdings noch um einiges höher liegen – die Kollegen von der „Bilanz" schätzen Beisheim auf fünf bis sechs Millarden Franken. Selbst Dagobert Duck wäre davon wohl beeindruckt.

Nicolas Hayek ist auf dem Teppich geblieben. Er arbeitet auch in einem Alter, in dem angestellte Manager sich nach Überschreiten der 65-Jahre-Grenze schon in den Ruhestand zurückgezogen haben, in seinem Unternehmen weiter.

„Ich könnte meinen Aktienbesitz heute verkaufen und aussteigen", sagt Hayek. In der Tat würde ihm der Verkauf seiner Anteile auf der Stelle ein Barvermögen bescheren, um das zu kümmern sich jeder Privatbankier glücklich schätzen würde. Aber Hayek bleibt Hayek, er macht weiter. Wenn er nicht gerade irgendwo in der Welt unterwegs ist, trifft man ihn am Firmensitz der SMH. Die Dreiviertelstunde von seinem Heimatort in sein Büro in Biel steuert er sein Auto selbst, ohne Chauffeur. Seine Telefonnummer zu Hause kann jeder im Telefonbuch nachlesen.

Freilich ist er über die Jahre Uhrenunternehmer durch und durch geworden. Als ich ihn bei unserem Treffen frage, ob es Aufgabe des Unternehmers sei, auch zu provozieren, setzt er sein tiefsinniges Lächeln auf – und knöpft seine Manschetten auf. Zum Vorschein kommen – Uhren, Uhren. An jedem Handgelenk trägt er drei davon, jeweils aus den verschiedenen Produktionsstätten seiner SMH, der Société de Microélectronique et Horlogerie, übersetzt: der Gesellschaft für Mikroelektronik und Uhrenproduktion. Mit diesen Uhren macht er Marketing in eigener Sache, und verschmitzt meint er: „Ich trage diese Uhren nicht als Show, sondern weil ich sie liebe. Außerdem: Die Manager der verschiedenen Uhrenfabriken aus der SMH-Gruppe werden eifersüchtig, wenn ich ihre Marke nicht trage."

Das ist Hayek. Er schert sich nicht um die Konventionen, sondern tut, was ihm in den Kopf kommt. Auch seine Auftritte sind so. Kaum, daß er irgendwo angekommen ist, knöpft er schon den obersten Knopf seines Hemdes auf und lockert die Krawatte. Seine Jacketts sind korrekt, aber unmodisch, die Ärmel sind oft ein paar Zentimenter zu kurz – um so besser lassen sich mehrere Uhren an den kräftigen Handgelenken publikumswirksam vorführen.

In Hayeks Uhrenimperium finden sich so verschiedene Marken wie die

Swatch oder die Kinderuhr Flik-Flak, Edelmarken wie Mido, Tissot und Hamilton sowie Uhren, die das Marketing der Firma vornehm als „oberes Preissegment" tituliert. Wie weit oben, das zeigt die Marke Blancpain, die ebenfalls zur Firmengruppe gehört. Unter dieser Marke kommen jedes Jahr nur ein paar tausend Uhren in den Handel – aber pro Uhr zu Preisen von 100.000 D-Mark und darüber.

Am anderen Ende der Preisskala finden sich die Plastikuhren: Eine Swatch bekommt man im Handel auch heute noch für 50 Schweizer Franken oder 60 D-Mark. Hergestellt werden die Uhren nicht irgendwo im Fernen Osten, sondern dort, wo die Löhne am höchsten, die Fabriken die teuersten und die Arbeitsgesetze mit die strengsten sind – in der Schweiz.

Das ist das eigentliche Wunder des Uhrenindustriellen: daß ein echtes Massenprdoukt – SMH produziert im Jahr über 100 Millionen Uhren – aus der Schweiz kommt; kompromißloses „Made in Switzerland".

Heute wird es für selbstverständlich gehalten, daß dieses Billigprodukt aus Europa kommt – aber welche andere Ware dieser Art wird heute noch in Europa hergestellt? Andere Billiguhren? Kommen aus Fernost. Fotoapparate? Kommen aus Fernost. Technisches Spielzeug? Aus Fernost. Walkmen, Taschenradios, Reisewecker? Kommt alles aus Fernost.

Aber nicht die Swatch! „Wir produzieren da, wo wir leben", sagt Hayek. Der SMH-Chef gab seinerzeit die Devise aus: „Wir werden das Produkt in unserem Land herstellen, zu niedrigeren Kosten und mit einer besseren Qualität als sonst irgendwo in der Welt."

Damit hat er mit der fast schon reflexartigen Einstellung seiner Manager- und Unternehmerkollegen gebrochen, die immer, wenn es um Produktionsstandorte geht, nur noch sagen: „Indien. Thailand. China. Korea. Vietnam. Polen. Baltikum." Nicolas Hayek hat mit Leidenschaft dagegengehalten; er wollte es besser wissen und hat recht behalten. So kann er leicht witzeln: „Wenn wir unseren Arbeitern heute volle Löhne bezahlen, blieben wir selbst dann wettbewerbsfähig, wenn die Japaner ihren Arbeitern gar nichts bezahlen würden."

◆

Mit dieser Einstellung hat Hayek einige Firmen in seinem Heimatland Schweiz, in der bergigen Gegend der Uhrenindustrie im Jura an der schweizerisch-französischen Grenze, vor dem Aus gerettet. Über diesen Erfolg ist er so bekannt geworden, daß er heute in der Schweiz einige Prominenz genießt – selten für einen Unternehmer in diesem Land. Er wird im Flughafenrestaurant von Unbekannten angesprochen und gegrüßt, und wenn er mit der Eisenbahn unterwegs ist, sprechen ihn wildfremde Menschen im Abteil an und gratulieren ihm zu seinen Erfolgen, was er durchaus genießt.

◆

Aber bis dahin war es ein langer Weg. Gehen wir zurück in die Schweiz der fünfziger, sechziger Jahre: Die Zürcher Firma Hayek Engineering floriert, aber in den Gründerjahren keineswegs durch die Kunden vor der Haustüre, im größten Ballungsraum des Alpenlandes. Wenn Hayek mit seinen Experten Projekte macht, dann für Kunden, die auf die Namen Mannesmann, Thyssen oder Deere hören.

Unter den damaligen Industriellen an Rhein und Ruhr spricht sich Hayeks Ruf als Problemlöser schnell herum. Der Unternehmer Gerken etwa gibt beim Skatspielen die Empfehlung an Friedrich Karl Flick weiter, der zu diesem Zeitpunkt noch über einen großen industriellen Beteiligungsbesitz gebietet. Andere Empfehlungen folgen, und bald ist Hayek in Deutschland häufiger anzutreffen als an seinem Stammsitz in Zürich. Er arbeitet mit Erfolg für deutsche, französische und amerikanische Firmen. Erst nach und nach wenden sich auch Kunden aus der Schweiz an Hayek Engineering, die Firma, die in manchen Kreisen schon zum Geheimtip für die deutsche Großindustrie geworden ist.

◆

Wie bei anderen Wirtschaftspersonen sehen wir auch bei Hayek einen Lebensweg mit Seitenwegen und Sackgassen, ehe der große Durchbruch kommt. Er wurde 1928 geboren, seine Kindheit verbrachte er an seinem Geburtsort Beirut. Sein Vater war Professor an der dortigen Universität, reiste viel und hatte wenig Zeit für den Sohn. Die Schulzeit erlebte Nicolas zunächst in Beirut in einer Jesuitenschule, später machte er sein Abitur in Frankreich. Hier begann er auch mit seinem Studium; er wählte Mathematik und Physik. Nach Abschluß dieser Fächer zog es ihn in die Vereinigten Staaten, wo er Atomphysik studieren wollte.

Aber aus diesen Plänen wurde nichts: Die Familie rief ihn aus dringendem Anlaß zurück. Er hatte inzwischen eine Schweizerin geheiratet, und im Betrieb ihres Vaters war Not am Mann: Der Seniorchef war vom einen Tag auf den anderen ausgefallen, weil er einen Gehirnschlag erlitten hatte. Die Ärzte waren sicher, daß Hayeks Schwiegervater nie mehr so hergestellt werden würde, daß er wieder zu seiner Arbeit zurückkehren konnte.

Hayek trat in das Unternehmen des Schwiegervaters ein und ersetzte den Chef; die Pläne für Amerika und die Atomphysik wurden kurzerhand begraben. Es war eine Entscheidung, die in kurzer Zeit gefällt werden mußte – aber der junge Mathematiker und Physiker zögerte nicht sehr lange, stellte seinen geplanten Lebensweg zurück und stürzte sich in ein neues Abenteuer.

Zunächst liefen die Dinge gut. Die Verkäufe des kleinen Gießereibetriebes im Schweizer Mittelland florierten, und der neue Inhaber konnte einige Dinge auf den Weg bringen, die für Prosperität sorgten. In der Folge verdiente Hayek soviel Geld mit seinem unverhofften Unternehmertum, daß er den Familienbetrieb kaufen konnte. Mit Mitte 20 wurde er so Eigentümer-Unternehmer.

Aber er hatte die Rechnung ohne den Schwiegervater gemacht. Dieser erholte sich, allen ärztlichen Prognosen zum Trotz, von seinem Schlaganfall so gut, daß er eines Tages wieder dort anfing, wo er vor seiner Krankheit aufgehört hatte: als Unternehmer.

Er trat wieder in seine alte Firma ein und versuchte sie gemeinsam mit dem Schwiegersohn zu führen. Aber das ging schief. Ein emotionaler, spontaner und seine eigenen Wege gehender Hayek paßte nicht mit dem bodenständigen alten Mann zusammen in eine Führungsposition, die eigentlich nur für einen reichte, denn das Unternehmen hatte nur zwei Hände voll Mitarbeiter. Bald knallte es zwischen den beiden Chefs so gründlich, daß Hayek, obwohl er inzwischen Eigentümer geworden war, ausschied.

◆

Der junge Ex-Unternehmer klebte nicht am einmal Erworbenen, setzte auf sein Wissen und seine Fähigkeiten und ging seinen eigenen Weg – wieder einmal. Hayek Engineering wurde seine zweite, eigene Firma, der Uhrenkonzern SMH die dritte.

Über die Jahre wurde Hayek Engineering auch in der Schweiz zu einem bekannten und gefragten Beratungsunternehmen. Selbst die großen Banken in der Schweiz fragten den Zürcher Unternehmer um Rat, und zwar vor allem zum Thema Uhrenindustrie.

Der Branche ging es alles andere als gut, weil sie an ihrem falsch verstandenen Selbstbewußtsein fast zugrunde ging. Zwar hatten die Unternehmen aus dem Jura am Markt der teuren Luxusuhren einen Marktanteil von fast 100 Prozent; fast jede irgendwo auf der Welt verkaufte Luxusuhr kam aus der Schweiz. Aber das waren zu kleine Stückzahlen, um eine ganze Industrie am Leben zu erhalten.

Das große Geld in der Branche wurde mit den 450 Millionen Uhren verdient, die zu mittleren oder kleinen Preisen über die Ladentheke gingen, zunehmend mit Quarzwerken: Die Uhr ohne mechanisches Uhrwerk war im Begriff, mit immer neuen, immer flacheren und vor allem immer billigeren Modellen ihren Siegeszug um die Welt anzutreten – aber die Schweizer Firmen waren auf diesem Markt nicht vertreten, weil man bei der alten, mechanischen Antriebsweise bleiben wollte.

In dieser Situation ging es immer mehr der kleinen, inhabergeführten Uhrenunternehmen schlecht, und auch die Konglomerate hatten keine rechte Strategie bei der Hand, um bei der Elektronisierung der Armbanduhr mitzuhalten.

Nun schlug Hayeks große Stunde als Berater der Banken zum Thema Uhrenindustrie, denn die Geldhäuser hatten in der einst florierenden Branche durch Ausleihungen einige Eisen im Feuer, die jetzt kalt zu werden drohten. Hayek Engineering wurde nach Empfehlungen gefragt, was zu tun sei. Es geisterte die Idee von einer Schweizer Uhr, die in Fernost gefertigt werden sollte, durch die Branche. Hayek empfahl, die beiden großen Schweizer Uhrenkonzerne zu einem neuen Unternehmen, der SMH, zusammenzufügen. In diesem Rahmen sollte auch eine Neuentwicklung fortgeführt werden: Ein einzelnes Uhrenunternehmen hatte gegen die Hersteller aus Japan das Rennen um die flachste Quarzuhr der Welt gewonnen; die Armbanduhr namens „Delirium Tremens" aus der heimischen Produktion maß nur 0,98 Millimeter. Das war absoluter Rekord, die dünnste Uhr der Welt!

Aus dem Wissen um die Produktion dieser Uhr – sie wurde aus lediglich 50 Teilen zusammengebaut – wurde die Weiterentwicklung betrieben. Man stellte sich vor, daß man aus 50 Teilen nicht nur so ein Meisterstück herstellen konnte, das für den Preis eines Kleinwagens im Handel zu bekommen war, sondern auch eine Uhr mit einem Quarzwerk, aus ebensowenig Teilen wie die „Delirium Tremens", aber mit einem Plastikgehäuse, und eben billig. Die Pläne für dieses Modell liefen unter dem Namen „Delirium Vulgare", also einer Art Einfachversion der teuren Vorlage. Sie entstand unter der Mentorenschaft des damaligen SMH-Chefs Ernst Thomke und kann als Vorläufer der heutigen Swatch angesehen werden.

Hayek war Berater, und er wurde mit einem Gutachten beauftragt, das auch die Frage beantworten sollte, wo diese in der Schweiz entwickelte und ausgedachte Fünfzigteile-Plastikuhr gebaut werden sollte. Allgemein wurde erwartet, daß eine Empfehlung für irgendein fernöstliches Land ausgesprochen wurde, wie es damals im Trend lag. Aber Hayek dachte nicht daran, sich der herrschenden Meinung anzuschließen: Zu aller Überraschung sagte er, die Uhr solle nun auch in der Schweiz produziert werden, und lieferte Begründungen und Planungen gleich mit.

Die Sache wurde nach seinen Empfehlungen umgesetzt, und 1982 lief die erste der inzwischen zum Kultobjekt aufgestiegenen Plastikuhren in der Schweiz vom Band. Mit einem Schlag hatten Hayek und sein Team mit der Vorarbeit von Thomke und anderen Experten bei der SMH die Schweiz in den Markt der Billiguhrenhersteller katapultiert – das zuvor in einer konservativen Branche Undenkbare war geschehen. SMH setzte schnell Millionen der Uhren auf dem Weltmarkt ab, und noch heute findet die Swatch jedes Jahr mehrere Millionen Käufer. Hayek hatte den Hersteller von einem No-name zu einem geachteten Konkurrenten auf dem Massenmarkt gemacht.

Die List, mit der Hayek die Gesetze des Uhrenmarktes neu geschrieben hat, war diese: Er hat uns Konsumenten erklärt, daß die Zeit, wo jedermann nur eine Armbanduhr besitzt, die er tagaus, tagein trägt, endgültig vorbei ist. Er hat uns klargemacht, daß es nichts Langweiligeres gibt, als wenn ein Familienvater mit der vom Großonkel geerbten Konfirmationsuhr herumläuft. Eine Uhr hat heute neu und modisch zu sein; man wechselt sie wie die Garderobe, die Krawatte oder das Halstuch. Dazu gehört, daß die Uhr auch zum Preis der Krawatte angeboten wird – also hat der Mensch von Welt, forderte Hayek, heute drei, fünf, zehn oder 20 Uhren in der Schublade. Für jeden Tag eine andere Uhr, je nach Lebenslage, Stimmung, Outfit und Anlaß – das ist die Botschaft, für die Hayek trommelte und immer noch trommelt. Nur mit der Auflösung der Gleichung „Ein Mensch = eine Uhr" zu „Ein Mensch = viele Uhren" konnte das Swatch-Wunder gelingen. Wenn jeder Swatch-Liebhaber nur eine Uhr gekauft hätte, dann wäre die Idee mit der Plastikuhr eine Eintagsfliege geworden, eine Episode in der Geschichte einer Schweizer Uhrenfabrik, die vielleicht von 1982 bis 1985 gedauert hätte und dann in irgendeiner Firmenchronik verschwunden wäre.

Aber es kam eben ganz anders: Heute werden die Swatch-Designer in Mailand und Paris nicht müde, uns zu zeigen, daß es nichts Älteres und nichts Unpassenderes gibt als die Swatch vom letzten oder gar vorletzten Jahr. Mit immer neuen Designs macht uns die Swatch AG Hunger auf das neue Modell – wir drücken uns an den Auslagen der Händler die Nase platt und haben beim Gedanken an die eigene Uhr das gleiche peinliche Gefühl wie jemand, der nach einer Anprobe im Schuhladen unter den Augen des Schuhverkäufers wieder in seine alten, ausgelatschten Treter steigt.

Die Abhängigkeit mancher modebewußter Konsumenten ist so endgültig geworden, daß die Swatch vom Vorjahr zwar alt ist, aber keineswegs abgelegt wird wie ein gebrauchtes Kleidungsstück. Sie gewinnt mit dem Alter und wird teurer. Am Materialwert der Konstruktion kann es nicht liegen: Im Gegensatz zu einer alten Omega mit vergoldetem Gehäuse hat die Swatch nichts materiell Wertvolles, Zeitloses. Plastik bleibt Plastik: Die Swatch ist eine Billiguhr, deren Materialwert sich auf ein paar Mark beläuft. Aber die kleine Uhr hat das Interesse einer wachsenden Sammlergemeinde geweckt, weil sie auf subtile Weise den Haben-Wollen-Instinkt vieler Menschen anspricht. Die Uhr ist immer gleich, aber nur in der Form, nicht im Aussehen. Vom immer Gleichen werden bei der Swatch AG immer neue Varianten geschaffen – was die alten, nicht mehr im Laden erhältlichen Uhren automatisch interessant und wertvoll macht.

Hayek hat hier, vielleicht intuitiv, das gleiche Prinzip angewandt, das Menschen auch Telefonkarten und Briefmarken sammeln läßt: Das Ding in seinem Kern ist immer gleich, aber es kommen immer neue Varianten davon heraus. Daß dieses Prinzip den Sammeltrieb unwiderstehbar mobilisiert, wissen wir bei Briefmarken seit Jahrzehnten, bei Telefonkarten seit vielen Jahren, und seit 1982 auch bei der Swatch. Das Publikum hat sich so gründlich in diese Uhr verliebt, daß der produzierenden Firma ein bis heute andauernder Erfolg beschieden wurde. Mit der Uhr, die dafür da ist, die Zeit zu zeigen, hat die von Hayek mit angestiftete Swatch-Mania nichts mehr zu tun. Um zu wissen, wie spät es ist, hätte auch der Blick auf die bereits erwähnte Konfirmationsuhr von Großonkel Otto ausgereicht.

Aber die Uhr ist kein Zeiteisen mehr, sondern ein Modeartikel, ein Gegenstand der Selbstdarstellung. Wie kein anderer Unternehmer hat Nicolas Hayek es geschafft, unsere Vorstellungen von der Armbanduhr umzukrempeln: Eine Uhr ist nicht nur einfach nützlich. Eine Uhr ist ein emotionales Konsumgut, das Lebensstil anzeigt – und dazu auch noch die Zeit. Diese Seelenmassage an der Öffentlichkeit durch den obersten Herrn der SMH hat ihre Wirkung nicht verfehlt: In der Folge entstand der vielbewunderte unternehmerische Erfolg.

Bald nach der Einführung der Swatch im Jahre 1982 regten die Banken, die Hayek als Berater engagiert hatten, an, er möge sich doch noch stärker als nur als externer Manager dem von ihm geformten Uhrenkonzern widmen. Offensichtlich waren manche Kreise in der Schweizer Bankwelt willens, Hayek die Tür zur Führung der SMH zu öffnen. Hayek griff diese Anregung auf, erwarb ein Fünftel der Aktien des Unternehmens und wurde dessen oberster Chef.

Was beschreibt den Lebens- und Arbeitsstil von Nicolas Hayek? Der Mann hat mehr Vermögen, als er und seine erwachsenen Kinder nach normalem Gang der Dinge in einem Menschenleben verbrauchen können. Er fände Aufnahme in jedem Milliardärsclub, und er ist gern gesehener Gast bei vielen Politikern, weil er mehr Inspirierendes sagt als andere Unternehmer.

Exzentrische Verhaltensweisen finden sich bei ihm keine. Er arbeitet gern und viel, meist 14 Stunden am Tag, und sagt ungefragt, daß das alles ein Spaß für ihn sei. Wenn er die Zeit findet, fährt er in sein Ferienhaus in Südfrankreich, aber Urlaube sind selten. Was er genießt, ist das Bad in der Menge, als bewunderter Vortragsredner und Visionsgeber aufzutreten und seinen Ruhm, die Bewunderung physisch zu erleben. Deshalb war es ihm so wichtig, sich unter die Begeisterten bei den Olympischen Spielen in Atlanta zu mischen; deshalb genießt er auch die Nähe von anderen Größen, etwa wenn er den Präsidenten des Internationalen Olympischen Komitees trifft. Das ist dann auch ein Anlaß, den er im Geschäftsbericht seiner Firma bebildern läßt.

Andere Leidenschaften?

„Wenn es morgen auf dem Mond eine Ansiedlung von Menschen gäbe, dann würde ich übermorgen hinfahren, um denen Uhren zu verkaufen", bekennt er.

Was genießt der Vielbeschäftigte? Nicht sein Geld, sondern Menschliches: „Liebe. Sex. Essen. Sport", lautet die von ihm gewählte Reihenfolge. Seinen Überschuß an Tatendrang baut er mit Bewegung ab. „Ich brauche heftigen Sport", heißt das bei ihm. Er spielt Tennis, läuft Ski und tanzt gern.

Managementpropheten ringen ihm keine Bewunderung ab, weshalb er auch keine Managementbücher liest („Bücher? Ich lese viel. Die Bibel ist mir wichtig"). Um so mehr bewundert er dafür jene, die große schöpferische und kreative Leistungen vollbracht haben, wie Wolfgang Amadeus Mozart. Zu diesem Menschen kann er aufschauen: „Ich bin klein gegen Mozart, der in der Lage ist, diese geniale Musik zu machen." Seine Musik zu hören, das gibt ihm etwas, und deshalb fährt in seinem Auto auch immer eine ganze Sammlung von Mozartkonzerten mit: „Diese Musik bringt mich in massive Entzückung", gesteht er in einem Ton, der von dem Hochgefühl erzählt, das ihm das Hören seiner Compact-Discs verschafft.

Hayek pflegt, gemessen an seinem Besitz und seinen Einkünften, einen bescheidenen Lebensstil. Seine Leidenschaft, bewundert zu werden und der Menschheit etwas mitzugeben, kostet ihn nichts außer den Reisen und der Zeit, die er braucht, um andere Menschen für seine Ideen zu missionieren.

◆

4. René, Donald, Salvador

◆ ◆ ◆ ◆ ◆ ◆ ◆ ◆ ◆ ◆ ◆ ◆ ◆ ◆ ◆ ◆ ◆ ◆

„Unternehmer des Jahrzehnts" wurde Nicolas Hayek genannt – die wohl höchsten Weihen, die erfolgreichen Menschen aus der Wirtschaft widerfahren können. Auf dem Schreibtisch des zu Berühmtheit gelangten Unternehmers liegt beim Fototermin ein zerlesenes grünes Buch aus der Serie „Walt Disneys lustige Taschenbücher" mit Geschichten von Donald und Dagobert Duck.

Nicht, daß das in irgendeiner Weise als peinlich zu vermerken wäre; andere Unternehmer verfügen sicher über ähnlichen oder weit brisanteren Lesestoff in ihrem Büro – nur hätten sie die Entdeckung desselben als kompromittierend empfunden und alles rechtzeitig vor Eintreffen des Besuchers wegräumen lassen.

Hayek nicht. Er teilt damit einfach mit, wie er ist und wie er lebt, da gibt es für ihn nichts Peinliches. Er zeigt seine Leidenschaften und viele seiner Gefühle, was ihn manchmal nicht einfach macht. Aber es liegt ihm offenbar nichts daran, zu verheimlichen, daß er beispielsweise seine dicken Unternehmer-Zigarren genießt.

Wichtig ist ihm, seinen Ideen zur Durchsetzung zu verhelfen. Darauf konzentriert er all sein Tun. Wieder einmal erleben wir hier jemanden, der sich nicht beirren läßt, der auf gänzlich unbebautem Terrain etwas vollkommen Neues entwickeln will und bei allen, die er dafür braucht, um Unterstützung wirbt, auch wenn die Ideen beim ersten Hinhören noch so abwegig klingen.

Er hat es geschafft, und zwar nicht deshalb, weil er viel Geld verdienen wollte, sondern weil er einfach besessen war von dem, was er zu tun vorhatte. Und weil er genau wußte, daß es nur einen Weg gibt, diese Ideen umzusetzen: indem andere davon überzeugt werden, egal, wie ihre Meinung dazu vorher war. Das ist offenbar eine Kraft, die Unternehmer viel bewegen läßt, auch wenn am Anfang alles dagegenspricht – und die Mittel für die Umsetzung noch gar nicht da sind.

Offensichtlich braucht es immer einen kleinen Keim im Kopf, nicht mehr, und den unbedingten Willen, diesen Keim des Gedankens zur Blüte zu bringen. Hayek sagt dazu: „Man muß auf sich selbst zählen, man darf nicht auf die Bank, die Regierung oder sonstwen hoffen und nur warten", und er bekundet: „Man findet immer einen Weg, um sich durchzusetzen."

Was also zeichnet Unternehmer wie ihn aus? Es ist wohl die Fähigkeit, in der Wüste nicht den Sand, aber die Möglichkeit zu sehen, hier einen blühenden Garten zu schaffen, wenn man nur Wasser hat.

So muß es auch bei Benedikt Taschen gewesen sein. Schon in seiner Jugend interessierte er sich für Malerei, doch die Welt der Kunstbücher war für ihn eine verschlossene. Kunstbücher kosteten damals, in den siebziger Jahren, ein kleines Vermögen, wenn man nur über das für einen Teenager übliche Taschengeld verfügte. Die 79, 96 oder noch mehr D-Mark für ein Buch mit Bildern eines bewunderten Malers, das war für den Schüler Benedikt einfach unerreichbar.

Um so glücklicher konnte er sich schätzen, als sich eine reiche Tante seiner Leidenschaft annahm: Er, der sonst die geliebten Bücher nur beim Stöbern in der Buchhandlung in den Händen halten durfte, bekam eines der so begehrten Werke geschenkt. Ein Bildband mit Arbeiten von René Magritte wurde auf diese Weise sein Eigentum. Das Buch kostete den unvorstellbaren Preis von 69,90 D-Mark, was für Taschen selbst mit monatelangem Sparen des Taschengeldes unerschwinglich gewesen wäre. Die Freude darüber war groß, aber sie änderte nichts an der Tatsache, daß das Kunstbuch als solches für den Teenager vorerst ein unbezahlbarer Wunschtraum bleiben sollte. Also verlegte er sich auf das Sammeln und Tauschen von Comic-Heftchen. Das war eine spannende und den Finanzen eines Schülers angemessene Beschäftigung. Außerdem, so merkte Taschen bald, gab es auch jede Menge anderer Leute, die sich für gebrauchte Comics interessierten.

Taschen verfügte über die Quellen, besaß einige Raritäten und erkannte, daß manche Menschen versuchen, sich mit der Lektüre der alten Donald-Duck-, Micky-Maus- oder Lucky-Luke-Heftchen das Gefühl ihrer Jugend zurückzuholen.

„Tauschen und sammeln oder damit handeln?", diese Frage stellte sich der junge, noch nicht volljährige Schüler. Der merkantile Gedanke siegte über den Drang, die eine oder andere Rarität als Sammler einfach nur zu besitzen: Benedikt Taschen wurde Comic-Händler. Mit den Erträgen dieses Geschäfts besserte er seine persönliche, nicht eben üppig ausgestattete Kasse nach den Maßstäben eines so jungen Menschen reichlich auf; Taschen bekam Spaß am Geldverdienen mit Dingen, von denen er etwas verstand.

„Was soll ich werden?" fragten sich dann allenfalls noch die Jahrgangskollegen des Kölner Abiturienten – für Benedikt stand die Entscheidung schon fest; eigentlich war es gar keine Entscheidung mehr, sondern nur der folgerichtige Akt, das auf solidere und größere Füße zu stellen, was er ohnehin schon die ganze Zeit gemacht hatte.

Die Idee vom eigenen Comic-Laden war geboren; Inhaber: Benedikt Taschen, Alter: 18 Jahre, gerade volljährig geworden.

Wichtig war dabei die Tatsache, daß die Eltern dem Sohn nicht im Wege standen. Ihr Einspruch wäre durchaus verständlich gewesen: Welche Eltern wünschen nicht, daß der Nachwuchs einen ordentlichen Beruf ergreift? Die Schulkollegen von Benedikt Taschen wandten sich dem Jurastudium zu, machten eine Banklehre, wollten Zahnarzt werden oder zumindest eine Karriere als Schullehrer ansteuern. Benedikt aber, Sohn eines Arztehepaares, wurde Comic-Händler!

◆

Heute wissen wir, daß die Eltern sich richtig verhielten, als sie sich vielleicht heimlich ein wenig grämten, aber den Sohn mit seinem Comic-Handel gewähren ließen. Was ist aus ihm geworden?

Benedikt Taschen residiert mit seiner eigenen Firma in einem der schönsten Häuser am Hohenzollernring, in einem der interessantesten Stadtteile Kölns. Auf seinen zahlreichen Reisen kann er es sich erlauben, seinen Butler mitzunehmen, der für ordentliche Verpflegung und einige andere Bequemlichkeiten mehr sorgt. Im Gegensatz zu seinen Kollegen vom Abitur Ende der siebziger Jahre ist Taschen sein eigener Herr, er braucht auf keinen Chef zu hören, und die Höhe seines Vermögens genießt nicht nur die Bewunderung seiner Eltern.

Taschen ist heute Inhaber des bekanntesten Kunstbuchverlages der Welt, die Firma heißt wie der Inhaber: Taschen, und verfügt über Verlagssitze in Köln, Lissabon, London, New York und Paris.

Vom Comic-Händler zum Kunstbuchverleger führt kein gerader Weg. Die Entwicklung ist mehr eine Verkettung von Chancen, die im richtigen Augenblick wahrgenommen wurden – mit Instinkt, dem wegweisenden Gefühl im Bauch, aber auch mit Überlegung. Einen Plan hatte Benedikt Taschen nicht, allenfalls eine vage Idee.

„Ich wollte der reichste Mann der Welt werden", bekundete er früher einmal in einem Fernsehinterview halb im Scherz, halb ernst. Dagobert Duck mag Taschen bei der gelegentlichen Lektüre seiner Handelsware inspiriert haben, aber Taschen ist sich heute sehr wohl bewußt, daß er zuviel von seinem geliebten Lebensstil hätte aufgeben müssen, um dieses Ziel wirklich zu erreichen. Warum sollte er auch? Die Chance zum Glücklichsein hat der Mann auf Platz 156.821 der Rangliste der reichsten Menschen genauso wie der reichste Mann der Welt.

Der Comic-Laden in der Kölner Pfeilstraße florierte, und über den Handel mit Comics wurde Taschen auch zum Buchhändler. Er lernte die Gesetze dieses Geschäfts kennen und erinnerte sich an seine alte Leidenschaft für Kunstbücher, als ihn ein Angebot erreichte, das er nicht ausschlagen konnte. Ein Restposten von Magritte-Bildbänden stand zum Verkauf an, zu einem Dollar das Stück, also einem sensationell günstigen Preis. Taschen witterte eine Chance – und kaufte 40.000 Magritte-Bücher. Er bot sie dem Buchhandel zu einem Ladenpreis von 9,95 D-Mark an. Kunstbücher waren zu dieser Zeit immer noch teuer, also fand das Discountangebot des Kölners zwangsläufig reißenden Absatz: Innerhalb von zwei Monaten waren die 40.000 Bücher verkauft.

Auf diesen Erfolg baute Taschen sein heutiges Unternehmen. Der 22jährige hatte mit seinem Magritte-Verkauf endgültig Lunte gerochen und wurde zu seinem Jugendthema, der Liebhaberei mit Kunstbüchern, zurückgeführt. „Dieses Geschäft ist wiederholbar", sagte sich der Jungunternehmer Taschen, „das preiswerte Kunstbuch hat einen Markt. Warum produzieren wir die Bücher nicht selber?", so lautete die Frage, die im Raum stand. Er beantwortete sie gleich selber – indem er einen Bildband mit Motiven von Salvador Dalí auflegte. Auch dieser Bildband kostete nur 9,95 D-Mark; die Kunden freuten sich, und die Konkurrenz unter den Verlegern horchte auf.

Was hat Taschen erreicht? Er hat seine Energien konzentriert und sich das Geschäft selbst aufgebaut, was im Wortsinne zu verstehen ist: Der Kölner Verleger hat sich seinen eigenen Markt geschaffen; er hat den Markt der Discountbücher erfunden, denn dort, wo er heute unternehmerisch aktiv ist, gab es vorher nichts.

Das ist seine Leistung: Er hat seine Idee zu einem florierenden Unternehmen ausgebaut, das heute für geschätzte 80 Millionen D-Mark im Jahr Bücher verkauft. Und das in einem Markt, der als schwierig gilt und in dem viele Unternehmen weder wachsen noch richtig Geld verdienen. Taschen hat seine Branche in wenigen Jahren gründlich aufgemischt und dafür gesorgt, daß manche eherne Verlegerregel neu geschrieben werden mußte. Er machte aus dem Kunstbuch zum Discountpreis eine große Serienproduktion: Sein Erstbuch, der Dalí für 9,95 D-Mark, wurde ein Erfolg, den er mit anderen Büchern wiederholte.

Seine Kunden finden heute ein breites Sortiment, etwa mit Bildbänden von Matisse, Miró, Monet oder Van Gogh und Hundertwasser, alles schwere, dicke, gut gemachte Bücher um die 250 Seiten, die für 29,90 D-Mark zu haben sind. Leser, die sich früher vielleicht einen Stapel Illustrierte für diesen Preis gekauft haben, um sich für ein verregnetes Wochenende mit Lesestoff einzudecken, kaufen heute ein Buch von Taschen, vielleicht einen Architekturband ("Zeitgenössische Architekten in Europa") oder den Bestseller über das Bauhaus. Viele der 29,90-Mark-Käufer sind Menschen, die zuvor noch nie ein Kunstbuch besessen haben; erst mit der Produktion des Taschen-Verlages können sich heute weite Kreise der Bevölkerung solche Bücher überhaupt leisten: Die unternehmerische List, die Taschen anwendete, um solche publikumsfreundlichen Preise möglich zu machen: Er dachte ganz anders, als dies Verleger sonst tun. Seine Produkte sind Bilderbücher, die teuer gemacht sind, mit den besten Fotografen, Herausgebern und Drucktechniken. Aber Taschen hatte nicht nur den deutschen Markt mit vielleicht 2.000 Käufern für einen Bildband von Cézanne oder Kandinsky im Visier. Vielmehr stellte er sich die Frage: "Wie viele Bücher muß ich drucken, damit die Produktionskosten einen Preis von unter 30 D-Mark pro Stück ermöglichen?" Denn beim Büchermachen gilt: Je mehr von einem Buch gedruckt wird, desto billiger wird das einzelne Stück.

So gibt es heute im Kölner Verlagshaus Auflagen von 20.000, 50.000 oder 100.000 Stück – die Quantität bezahlt die Qualität. Verkauft werden die Taschen-Produkte rund um den Globus; schließlich werden Bücher, die hauptsächlich aus Bildern bestehen, überall verstanden. So sind seine Produkte bei den Straßenhändlern im New Yorker Central Park genauso zu bekommen wie in einer Kunstbuchhandlung in Buenos Aires oder in einem Museums-Shop in Tokio. Die meist kurzen Texte in den Büchern werden mehrsprachig aufgenommen, etwa auf englisch, deutsch und französisch. Damit ist für jedes Buch gleich ein Lesermarkt von vielen Millionen Menschen erschlossen; und das Geschäft funktioniert: Im Büchermarkt von Benedikt Taschen geht die Sonne nicht mehr unter. Eine japanische Zeitung berichtete unlängst, daß von dem Taschen-Titel "Warum Katzen gerne malen" (sic!) weltweit schon eine halbe Million Exemplare verkauft wurden, davon allein 100.000 Stück in Japan. Von solchen Verkaufszahlen können andere Verleger nur träumen.

◆

Wie ist dieser Mann gestrickt, und was treibt Benedikt Taschen?
Er hat seinen Erfolg nicht nach dem Handbuch aufgebaut. Er ist das, was ein

Zeitungskollege einmal als „bekennenden Nichtakademiker" bezeichnete –
ein typischer Selfmademan.

Er führt ein Unternehmen erfolgreich, ohne Betriebswirtschaft gelernt
zu haben. Er ist Verleger, ohne je eine Verlagskaufmannslehre absolviert zu
haben. Er ist Neigungen nachgegangen, hat aufgebaut, und das immer in
dem Wissen, daß er selbst nicht alles machen kann, was in einem florierenden Unternehmen erledigt werden muß: Der Verlag ist in aller Welt zu Hause, und Taschen spricht zwar leidlich Englisch, aber keine weiteren Sprachen
dieser Welt. Also hat er sich rechtzeitig die Spezialisten herangeholt, die etwa
japanische Texte machen, den japanischen Markt bearbeiten oder das für die
portugiesisch, spanisch und französisch sprechende Welt tun.

Das Prinzip des schnell wachsenden Unternehmens und damit auch des
großen Erfolges ist, daß sich der Inhaber fortlaufend neue Leute sucht, die
neue Aufgaben für ihn erledigen. Aufbauen, nicht am eigenen Tun kleben,
heißt die Devise. Diese Lektion hat Taschen gründlich gelernt, denn wie anders sollte der Kölner sonst in 18 Sprachen dieser Welt Bücher herausbrin-
gen können? Und wie anders sollte er seine Arbeit auf das Minimum begren-
zen können, das gerade nötig ist, um sein Unternehmen auf der Erfolgsspur
zu halten?

Er reißt sich offensichtlich nicht um irgendwelche Aufgaben oder Projekte, sondern er kümmert sich um die ihm wirklich wichtigen Dinge. Nur so
kann er, der über ein millionenschweres Unternehmen ganz in seinem Besitz
verfügt, seinen persönlichen Lebens- und Arbeitsstil beibehalten, um den ihn
manch einer seiner Abiturkollegen aus ordentlichen Berufen im Angestelltenverhältnis beneiden mag.

Der Arbeitstag des Verlegers beginnt gegen zwölf Uhr mittag. Aus seiner
nahegelegenen kleinen Wohnung kommt er zu Fuß in sein prächtiges Büro
am Hohenzollernring im zweiten Stock des Hauses. Er arbeitet mit zwei As-
sistentinnen zusammen, die das Büro des Chefs vom Nebenzimmer aus führen. Taschen telefoniert viel, liest gleichzeitig die Briefe, die ihm die Mitarbeiter über die elektronische Hauspost geschickt haben („Lieber Herr Taschen"
oder seltener: „Lieber Bene! ..."), klemmt den Telefonhörer zwischen Schulter und Ohr und beantwortet gleichzeitig seine E-Mails. Er springt von Thema zu Thema, betreibt Management durch Herumwandern, stellt hier eine
Frage und prüft dort einen Andruck oder einen Lithofilm.

Um zwölf Uhr fängt er an, und abends um sieben Uhr ist der Arbeitstag im
Büro bereits wieder zu Ende. Wenn er es einrichten kann, begrenzt er seine
Anwesenheit außerdem auf drei oder vier Tage in der Woche, weil er die kur-
zen Arbeitstage aus einem ganz natürlichen Grunde bevorzugt: „Ich brauche

viel Schlaf", bekundet er freimütig, und wir empfinden Sympathie mit diesem offenen Geständnis, denn wie viele arbeitende Menschen würden es nicht gern genauso machen, anstatt sich morgens in aller Früh zwischen sechs und sieben Uhr aus dem Bett zu quälen, um sich im Menschenstau in ihr Büro zu bewegen?

Glücklicher Verleger! Er hat sich selbst die Mittel dafür verschafft, seine Welt so zu ordnen, wie es ihm am besten gefällt. Er findet, daß viele Menschen zu sehr darauf achten, daß Sie ein gutes und teures Öl in den Motor ihres Autos schütten, sich aber kaum dafür interessieren, mit welchem Öl ihr Salat gewürzt ist und was sie sonst an wertlosen Nahrungsmitteln jeden Tag in ihren Körper hineinstopfen.

Taschen ißt gern und gut, und wenn er schon sein Mittagessen in der Firma einnehmen müsse, sagt er, dann solle es doch wenigstens ein gutes Essen sein. Das bereitet Tag für Tag Edwin, der Koch, zu. Ja, der Herr über ein Unternehmen mit vielleicht 50 Mitarbeitern am Stammsitz in der Kölner Innenstadt hat tatsächlich das, was wir eigentlich in der Welt der aussterbenden Industriekapitäne und Zehn-Milliarden-Unternehmen vermutet hätten – einen persönlichen Koch. Der Mann versteht seine Arbeit, und das sensationell gut, wie der Autor bei einem seiner Gespräche mit Benedikt Taschen feststellen konnte („Herr Taschen würde gerne einen … Termin mit Ihnen vereinbaren, und zwar am 8. Januar … hier im Hause zum Mittagessen.").*

Edwin bekocht aber nicht nur den Chef, sondern auch die Mitarbeiter, die das Essen zu wahrhaft volkstümlichen Preisen erhalten können. Der Ort des allmittäglichen Genusses ist selbst ein Genuß – der Verleger nennt ihn vornehm „Casino", obwohl die Beschreibung nicht ganz zutrifft: Das Taschensche Casino erinnert an eine Osteria, ein schlichter, mit kunstvoll gekachelten Tischen ausgestatteter Raum, der um die Essenszeit zum Anlaufpunkt für Treffen und Besprechungen wird.

Neben der sichtbaren Rolle als Koch hat Edwin aber auch noch ein besonderes Verhältnis zu seinem Dienstherrn. Benedikt Taschen ist nicht der Mensch, der so wirkt, als schlösse er besonders schnell Vertrauen zu anderen Menschen. In seiner Firma duzt er sich nur mit wenigen Mitarbeitern, an-

---

* Mit selbstgemachter, guter Küche vertraute Leser mögen dieses Menü von Edwin, dem Koch, ausprobieren: Vorspeise: Tomaten mit Mozzarella, Basilikum und einem guten Olivenöl; Hauptgang: In Bierteig an Spießchen fritierte Lachsscheiben, dazu einen Salat aus Mangostreifen, Schalotten und in feine dünne Streifen geschnittenem Paprika, gewürzt mit Ingwer, Minze, Knoblauch, grünem Pfeffer und Palmöl; Nachtisch: Joghurt, mit etwas Quark angedickt, darüber Zimt, braunen Rohzucker und Honig geben, das Ganze mit Walnüssen und Haselnüssen garnieren.

sonsten ist alles per Sie. Aber Edwin ist seine Vertrauensperson, allein schon durch sein ruhiges, schweigsames Auftreten. Der große Verleger ist oft hektisch, aufgewühlt, macht mehrere Dinge gleichzeitig und schaut fortwährend um sich wie ein scheues Wild vor der Flucht, das keine Bewegung übersehen darf.

Sein persönlicher Koch ist das glatte Gegenteil – schon seine schiere Anwesenheit hat beruhigende Wirkung. Edwin kennt seinen Chef und weiß, was er im rechten Moment einwerfen kann, um ein wenig zu bremsen; der lange, bärtige Lette richtet mit wenigen Worten viel aus.

Besonders auf seinen Reisen weiß sich Benedikt Taschen der Dienste seines Kochs zu versichern. Wer würde nicht unterwegs gern das Privileg genießen, so betreut und umsorgt zu werden wie der Kölner Verleger? Edwin ist als persönlicher Butler dabei, wenn Taschen nach London reist, zur International Bookfair, der großen Buchmesse. Natürlich ist das ein Datum, das der Weltverleger nicht auslassen kann – bei allen Mühen, die jede Messe ihrem Besucher auch heute noch bietet.

Taschen logiert dann, durchaus standesgemäß, in einem gemieteten Penthouse mit Blick auf die Kensington Gardens. Edwin ist dabei und sorgt für das Wohlbefinden von Benedikt Taschen und seiner heutigen Frau Angelika. Der Koch bereitet das Frühstück, Eier für den Verleger, der gerade im Pyjama auftaucht, Spiegelei und Würstchen für die Ehefrau, Croissants für den Besucher.

Mein Kollege David Gale, der für eine Zeitschrift schreibt, die hervorzubringen nur ein Land wie England in der Lage ist, fand für die Butlergeschichte folgende Worte: „Wo immer Taschen hingeht, Edwin folgt, stets um die Verpflegung bemüht." Wie glücklich kann sich der Langschläfer Taschen schätzen, daß er jemanden hat, der ihn von der einen oder anderen Widrigkeit des gemeinen Lebens befreit.

◆

In seinem Arbeitsdomizil in Köln hat er es sich, wie sonst im Leben, nach seinem Geschmack eingerichtet. Er sammelt moderne Kunst, Originalmalerei, die in den Räumen seines Verlagshauses in Köln hängt. Er achtet auf Stil, was sogar so weit geht, daß er schon einmal im Vorbeigehen eine für sein Dafürhalten häßliche Ansichtskarte abreißt, die ein Mitarbeiter an seinem Arbeitsplatz aufgehängt hat.

Sein Büro ist ein riesiger, heller Raum mit Holzfußboden, leicht grau getönten Wänden, Bücherregalen bis zur Decke, einer Sitzecke, die auch als Garderobe benutzt wird, und einem überdimensionalen Glasschreibtisch. In der Ecke steht eine Straßenlaterne mit durch Künstlerhand verbogenem Laternenpfahl, die Glühbirne ist rot. An einer kleinen Box auf dem Schreibtisch klebt ein Zettel, einer dieser Sprüche-Zettel, die Inhalt der Überraschungskekse sind, welche in chinesischen Lokalen nach dem Essen ausgegeben werden. Darauf steht ein unternehmerisches Motto des Schreibtischbesitzers:

„Ein Geschäft ist etwas, das man, wenn man keines macht, zumacht."

Taschen hatte offensichtlich bis heute keinen Bedarf, das Motto anzuwenden.

Sein Erfolg hat Taschen reich gemacht; wie ein Reicher lebt Taschen dennoch nicht. Es finden sich keine Insignien von Konsum mit demonstrativem Charakter, und Taschen macht auch nicht den Eindruck, als wolle er gegenüber seinen Mitmenschen als etwas gelten, was er nicht ist. Zu seinem Lebensstil befragt, sagt er: „Ich bin nicht bescheiden, das wäre falsch, aber ich habe andere Prioritäten."

Es entspricht nicht seinem Naturell, seinen Ruhm durch Konsum zum Ausstellungsgegenstand zu machen. Das Geld dient ihm dazu, seine Art von Leben umzusetzen: „Gegen sämtliche Formen der Fremdbestimmung habe ich die allergrößte Allergie. Ich habe das ausgeprägte Bedürfnis, allein verantwortlich zu sein, nicht von anderen abhängig zu sein."

Freimütig gesteht er sich: „Voraussetzung dafür ist Geld", und, wie um das noch einmal mit einer Unterstreichung zu versehen, setzt er nach: „Ja, das muß ich dafür haben."

◆

Dafür – das ist seine Kunstsammlung, sein Butler Edwin oder auch ein gewisser lebensvereinfachender Luxus auf Reisen für sein Geschäft. Aber das sind auch Urlaube an Orten, die Karl Jedermann nicht einmal beim Namen kennt, weil sie in keinem herkömmlichen Reisekatalog angeboten werden.

Nach Lettland fährt Taschen gern, um sich zu erholen. Er braucht ein möglichst unberührtes, großes Land mit wenig Menschen, urtümlich und mit viel Natur. Dort kann er, der im Kopf eigentlich nie Feierabend hat, für eine gewisse Zeit die entspannende Distanz zu seinem Geschäft finden. Raum und Weite vermitteln ihm das, was er in seinem Alltag nicht hat, nämlich die Ruhe, einmal über längere Zeit nicht an und für seinen Verlag zu denken.

Die Fahrt nach Lettland mag so etwas sein wie die Rückkehr zum Einfachen, was Taschen schätzt. Es graut ihm vor dem Lärm unserer aufdringlichen und amerikanisierten Konsumkultur, er interessiert sich nicht für Shopping-Malls, Kaufhäuser oder Erlebnisgastronomie, überhaupt mag der Begüterte das Einkaufen nicht, obwohl er doch mit allen dafür nötigen Kaufkraftmitteln ausgestattet wäre.

„Schlange stehen, etwas ansehen und anprobieren, bezahlen, die Einkäufe herumtragen – ein Graus", bekundet er, und seine Kleidung ist der beste Beleg dafür: Das dunkelblaue, abgetragene Jackett könnte auch die Konfirmationsjacke sein, dazu trägt er ein unscheinbares Hemd, den Kragenknopf offen, und Jeans, die sich schon oft im Innenraum einer Waschmaschine aufgehalten haben müssen. Die Schuhe sind gut und teuer, weil nur diese Machart den Träger davon befreit, ständig in den einschlägigen Läden nach neuem Schuhwerk suchen zu müssen.

Taschen ist weltabgewandt, weil er von der Masse nicht geliebt werden will. Die offensichtliche emotionale Umarmung scheint ihm oft eine fremde Geste zu sein.

„Ich werde nicht ans Herz gedrückt", bekennt er, der durchaus sieht, daß er kein einfacher Chef ist. Das Wort vom Perfektionisten macht die Runde, der Verleger kümmert sich um kleinste Details: „Das sind Dinge, die hundert Leute nicht sehen. Aber einer sieht den Unterschied. Für den mache ich das."

Qualitätsversessenheit könnte man das nennen, was den Mitarbeitern manchmal das Leben schwer macht, aber Taschen ist ungnädig in diesem Anspruch: „Wir können uns nicht nach unten, sondern nur nach oben orientieren. Man sollte sich immer nach oben orientieren, in allem!"

Der Weg seines Verlages zum Erfolg war keineswegs eine ununterbrochene Fahrt zum Gipfel. Es gab Krisen und kritische Zeiten, wie fast in jedem Unternehmen, das es zu einiger Größe gebracht hat. Taschen spricht davon, daß es ihn störe, wenn die Ware nicht an den Kunden gebracht werden könne, weil Bestellungen der Buchhändler nicht prompt bedient werden könnten. Während er das erzählt, liegt in seiner Stimme der Ton, der davon kündet, welche Qualen der Unternehmer durchlitten haben muß, als der Taschen-Verlag einmal einlaufende Bestellungen nicht bedienen konnte. Er spricht von langen Phasen, wo es schlecht ging.

Aber er hat das Beste daraus gemacht: „Ich habe am meisten durch schwierige Situationen gelernt", bekennt er und merkt an, daß man auch über seine Mitmenschen am meisten lernen könne, wenn man ihre Reaktion auf schwierige Situationen erlebe.

Inzwischen kann sich der zigarrenrauchende Unternehmer abgebrüht geben: „Ich habe kein Problem mit brenzligen Situationen, weil sie jeden Tag kommen können."

„Die Expansion ist schwer, weil man immer davon ausgeht, daß alles klappt. Aber es kommen immer unvorhergesehene Sachen, die man nicht kennt", gesteht er ohne Angst vor dem Unerwarteten.

Wenn er sagt, die Erfahrungen kosteten heute mehr Geld als früher, dann zeigt das auch, daß er willens ist, aus seinen Fehlern zu lernen und das auch seinen Mitarbeiter zuzugestehen – beides, die Fehler und das Darauslernen.

Er spricht von einem geschäftlichen Flop in den achtziger Jahren, der einiges Lehrgeld gekostet hat, aber beendet ist: Der Taschen-Verlag hatte begonnen, aufblasbare Tiere zu verkaufen. Gorillas gab es, Krokodile und derlei mehr. Es gab ein Strohfeuer einiger Verkäufe, aber heute gesteht der Verleger freimütig, daß das ein Spleen, eine Sackgasse gewesen sei, aus der man zum Glück wieder herausgefunden habe. „Der Verlag bleibt Verlag. Auch hier gilt die alte Regel: Schuster, bleib bei deinem Leisten!"

◆

5. Endlich grünes Licht

◆ ◆ ◆ ◆ ◆ ◆ ◆ ◆ ◆ ◆ ◆ ◆ ◆ ◆ ◆ ◆ ◆ ◆ ◆ ◆

Das sind Millionäre, über die man gerne berichtet: Benedikt Taschen hat das Kunstbuch zum Discountpreis erfunden, und weil seine Bücher viele Käufer gefunden haben, ist er darüber reich geworden.

Man sieht, wie wirkungsvoll hier die List der Marktwirtschaft arbeitet: Wer seinen Mitmenschen etwas Nützliches zu geben hat, wird dafür reichlich belohnt. Taschen war mit seinem Wunsch, einen Magritte-Bildband zum Sozialpreis in der Buchhandlung zu finden, nicht allein. Indem er seine Idee vom guten, aber billigen Kunstbuch verwirklichte, sprach er auch die Wünsche vieler anderer Menschen an, die bis dato die Kunst (oder die Architektur oder auch erotische Fotografien) nur in fremden Räumen besichtigen konnten, vielleicht in Lesesälen öffentlicher Büchereien, in der Buchhandlung oder in Ausstellungen. Taschen hat die Kunst in die Wohnzimmer und Bücherschränke der Menschen gebracht. Millionäre, die ähnliches, aber in einer anderen Branche bewirkt haben, finden wir noch mehr.

Was etwa würden Sie davon halten, wenn Sie für Ihren nächsten Flug in die Ferien, sagen wir auf die griechische Insel Kreta, nicht mehr 639 D-Mark, sondern nur noch 99 D-Mark bezahlen müßten?

„Warum nicht", würden Sie vielleicht antworten, „wer bietet diese billigen Flugreisen an?"

Noch niemand. Die Urlaubsbudgets der Ferienreisenden, oder überhaupt der Reisenden, werden durch die Ausgaben für Flugscheine immer noch arg strapaziert. Das müßte nicht sein.

Hier würde sich eine wunderbare Marktlücke auftun, in der sicher ein großes Vermögen zu machen wäre. Hier wartet ein noch gar nicht existierender Markt auf seinen Schumpeter, der bestehende Strukturen schöpferisch zerstört, indem er ein neues, florierendes Unternehmen schafft. Preise zu unterbieten und Leistungen billiger anzubieten, das war schon immer eine erfolgreiche Strategie, um in neue Märkte einzutreten. Vielleicht werden wir hier in einigen Jahren von einem Millionär zu berichten haben, der es erfolgreich geschafft hat, mit einem Unternehmen ein Vermögen zu machen, das billige Flüge anbietet.

Vorläufig läßt sich an dieser Stelle nur eine Geschichte aus den Vereinigten Staaten von Amerika nachzeichnen. Dort gehen die Uhren anders, vielleicht schneller, denn das Land hat schon einen Unternehmer hervorgebracht, der mit der eben vorgeschlagenen Art der Fliegerei reich geworden ist.

◆

283.307.000 D-Mark hat das Unternehmen von Herbert Kelleher in dem Jahr, wo zuletzt darüber berichtet wurde, erwirtschaftet. Dieser neunstellige Betrag ist der Gewinn, also das, was nach Abzug aller Aufwendungen des Geschäfts übrigblieb für die Eigentümer der Firma und ihren Gründer.

Herbert Kelleher ist der Mitgründer von Southwest Airlines, beheimatet im US-Bundesstaat Texas. Seine Firma zeigt, daß der märchenhafte unternehmerische Reichtum keineswegs nur in das Reich der Fernsehserie gehört, die den Namen seiner Heimatstadt Dallas trägt, sondern sehr real ist.

Southwest Airlines ist heute die erfolgreichste und in manchen Jahren die am besten verdienende Fluglinie der Vereinigten Staaten. Und sie ist auch jene Fluglinie, die bei den Reisenden am beliebtesten ist, vor allen anderen Fluggesellschaften. Das zeigen alljährliche Umfragen, die unter Flugreisenden durchgeführt werden: Southwest Airlines belegt in Sachen Kundenzufriedenheit, Pünktlichkeit und Zuverlässigkeit der Gepäckbeförderung Platz eins vor den Wettbewerbern.

Das ist aber noch nicht das Besondere an Southwest Airlines, obschon allein diese Tatsachen ausreichen würden, ihr unternehmerisches Werden in dieses Buch aufzunehmen. Das wirklich Spannende daran ist folgendes:

Der Gründer hatte es irgendwann einmal satt, ständig soviel Geld für seine Flugtickets auszugeben und immer das Gefühl zu haben, für eine eigentlich nicht besonders gute Leistung einen stolzen Preis zu bezahlen, der irgendwelche anonymen Aktionäre und Couponschneider reich macht.

Das war die Geburtsstunde seines Konzepts, Flugreisen zu einem Preis anzubieten, der bis dahin auf Busfahrscheine beschränkt war. Flugreisen zum Preis von Busfahrten, das ist das Geschäftskonzept von Southwest Airlines, mit dem inzwischen der gesamte Süden und Westen der Vereinigten Staaten bedient wird. Die Gesellschaft betreibt 220 Flugzeuge, etwa gleichviel wie eine der großen europäischen Luftfahrtgesellschaften. 44 Millionen Fluggäste reisen jedes Jahr mit Southwest.

Am Anfang stand nur eine Geschäftsidee, niedergeschrieben auf einer Papierserviette. Sie zeigte ein Dreieck, dessen Eckpunkte für die wichtigsten Städte in Texas standen: Dallas, Houston und San Antonio. Die Flugverbindungen zwischen diesen Städten waren miserabel und teuer – so wie das in Europa heute noch auf vielen Strecken der Fall ist, etwa zwischen Köln und Zürich. Zwar gab es in den USA die großen Mega-Fluggesellschaften, aber die interessierten sich nicht so recht für die drei Städte, sondern versuchten allenfalls, auch noch ein paar zusätzliche Dollar zu verdienen.

Das Dreieck auf der Papierserviette war die Skizze für das spätere Streckennetz der Southwest Airlines.

Eine Fluggesellschaft gründen, gegen die Mega-Konkurrenten, die den Markt in jeder Hinsicht dominierten? Eine kühne Idee, die die beiden Gründer Herbert Kelleher und Rollin W. King zur Reife bringen wollten. Seit 25 Jahren war der Markt aufgeteilt, die oberste Luftfahrtbehörde hatte während dieser ganzen Zeit nicht ein einziges Mal die Gründung einer neuen Fluggesellschaft gestattet. Es schien fast, als würde die Luftfahrtbehörde einen geheimen Pakt mit den Platzhirschen haben, die natürlich das Aufkommen von Neulingen unbedingt verhindern wollten.

Eine Neugründung unter diesen Umständen schien ein gewagtes Unternehmen zu sein. King und Kelleher, die beiden geistigen Väter der Idee, hatten nichts weiter als ihr Unternehmenskonzept auf einer Serviette und die Unzufriedenheit mit dem bestehenden Angebot an Reisemöglichkeiten.

Die beiden trieben 841.650 D-Mark Gründungskapital auf, um ihre Idee zum Laufen zu bringen – nicht einmal genügend Geld, um auch nur ein einziges Passagierflugzeug mit Düsenantrieb zu kaufen. 1966, nachdem Rollin King den Rechtsanwalt Herbert Kelleher in seinem Büro besucht hatte, um dort von seiner Geschäftsidee zu berichten, sah nichts danach aus, als ob jemals ein von den beiden betriebenes Flugzeug in die Luft gehen würde.

Neben der geradezu lächerlichen Kapitalausstattung hatten sie es mit einer etablierten, finanzkräftigen und übermächtigen Konkurrenz zu tun, und die zuständigen Behörden machten auch nicht den Eindruck, als würden sie den Unternehmensgründern, die noch nicht einmal ein Flugzeug besaßen, in irgendeiner Weise Rückenwind geben.

◆

Denkbar schlechte Voraussetzungen also für ein neues Unternehmen, wenn man sich allein an den herrschenden Gegebenheiten orientiert. Da ist ein „Das geht nicht" oder „Unmöglich" schnell bei der Hand. Aber das begegnet

Menschen, die etwas Großes in Bewegung bringen wollen, fast immer. Die Umgebung ist dann voll von Neinsagern, die zwar nichts Eigenes auf den Weg gebracht haben, aber immer wissen, warum eine Sache *nicht* funktionieren kann.

Wenn Jost Stollmann auf diese Leute gehört hätte, wäre er dann je Multimillionär geworden? Was hätten wir über Nicolas Hayek berichten können, wenn er sich auf die Leute verlassen hätte, die aus einer sicheren Position mit geregeltem Monatseinkommen heraus gesagt hatten, daß die Sache mit der Billiguhr aus Europa nie funktionieren würde? Wir wären um Compunet und Swatch ärmer, und weder Stollmann noch Hayek hätten es zu einem so außerordentlichen Vermögen gebracht.

Neinsager und Bremser aller Art gehören zu einer großen Tat also ebenso dazu wie das Salz zur Suppe – und wer Großes auf den Weg bringen will, muß dafür sorgen, sich die Suppe eben nicht von solchen Typen versalzen zu lassen. Hindernisse auf dem Weg zum persönlichen oder unternehmerischen Reichtum sind also nichts weiter als normal; es besteht kein Grund, sich dadurch von seinen Plänen abbringen zu lassen.

◆

Ausdauer besonderer Art bewiesen Herbert Kelleher und Rollin King. Sie hatten nicht nur zu wenig Geld und waren von Neinsagern der beschriebenen Art umgeben; sie hatten auch einige hartnäckige Gegner. Als die beiden ihren Plan, eine Luftfahrtgesellschaft zu gründen, von der Behörde genehmigt bekamen, schien den beiden das manchmal nicht wie der Anfang, sondern wie der Anfang vom Ende.

Die etablierte Konkurrenz legte den beiden Steine in den Weg, wo es nur ging. Die großen Fluggesellschaften konnten es sich erlauben, wegen jeder Kleinigkeit ein Gerichtsverfahren gegen die beiden Gründer vom Zaun zu brechen. Die Etablierten setzten ihre Heerscharen von Rechtsexperten ein, um Southwest immer wieder Gesetzesverstöße nachzuweisen.

Das verzögerte die Firmengründung weiter, und die beiden potentiellen Flugunternehmer rieben sich gründlich auf. Herbert Kelleher übte zu der Zeit noch seinen Beruf als Rechtsanwalt aus, verbrachte aber die meiste Zeit damit, ohne Honorar dafür zu kämpfen, daß die Behörden endlich grünes Licht für die neue Fluglinie gaben. Das Geld, das zur Geschäftsgründung zusammengebracht worden war, schmolz durch die Kosten der Auseinandersetzungen mit den starken Gegnern zusammen wie der Schnee im Frühjahr. Nach drei Jahren schien der Kampf immer noch fruchtlos: Bei den Genehmigungsbehörden ging nichts weiter, und das Geld war bis auf einen Rest von 220 D-Mark aufgebraucht. Mehr gab das Konto der Gründer nicht mehr her.

Aber da kam die Wende. Das Anliegen von Kelleher und Rollin war inzwischen beim zuständigen obersten Gerichtshof gelandet – und in ihrer Entscheidung vom 13. Mai 1970 hielten die Richter fest: Southwest Airlines soll fliegen.

Aber nach drei Jahren kräftezehrender Genehmigungsprozeduren hatte Southwest Airlines weder Flugzeuge noch ein funktionierendes Management, noch die nötigen Mitarbeiter und erst recht kein Geld mehr. Doch das Zertifikat für die Genehmigung des Flugbetriebes war für Kelleher und King eine wertvolle Option auf die Zukunft. Kelleher freute sich, daß er recht behalten hatte, als er Jahre zuvor zu seinem Partner gesagt hatte:

„Rollin, deine Idee ist absolut verrückt. Laß es uns machen."

In der Folge wurde ein erfahrener Manager aus der Luftfahrtbranche angeheuert, der gleichzeitig Präsident von Southwest werden sollte. Man trieb 1,9 Millionen D-Mark geliehenes Geld auf und begann, Mitarbeiter anzuheuern. Drei Flugzeuge wurden dem Hersteller Boeing regelrecht abgebettelt: Southwest schaffte es, den Kaufpreis der Flugzeuge zu 90 Prozent von Boeing finanziert zu bekommen. Einen solchen Kauf fast ohne Bargeld hatte es in der Geschichte des Flugzeugbauers noch nie gegeben, aber offensichtlich brachten die Verkäufer der drei Boeing 737 den Gründern einiges Vertrauen entgegen.

Was gleich darauf ins Wanken gebracht werden sollte: Die ärgsten Konkurrenten von Southwest, Braniff und Texas International, erreichten vor Gericht eine neuerliche Untersagung des Flugbetriebes. Das war zwei Tage vor dem geplanten Jungfernflug der neuen Gesellschaft.

Doch die mächtigen Gegner hatten die Rechnung ohne die Cleverness von Herb Kelleher gemacht. Der Rechtsanwalt hielt sich gerade in Dallas auf, als er von der Untersagung hörte. Ohne zu zögern, setzte er eine seiner neuen Boeing 737 in Bewegung und flog nach Austin. Dort machte er sogleich einen obersten Richter ausfindig, von dem er erwarten konnte, daß er Southwest positiv gegenüberstand. Diesen Richter bekniete er, noch am folgenden Tag eine Sondersitzung mit allen Kollegen vom obersten Gerichtshof einzuberufen; einziger Tagesordnungspunkt: die Genehmigung für die neue Fluglinie. Kelleher arbeitete die ganze Nacht, um jene Argumente vorzubereiten, die er am nächsten Morgen den Richtern vortragen wollte. Seit zwei Tagen war er jetzt unterwegs, ohne Koffer, ohne Kleidung zum Wechseln.

Am 17. Juni 1971 trug ein übernächtigter und zerknitterter Herbert Kelleher dem Gericht seinen Standpunkt vor – mit Erfolg. Das oberste Gericht verwarf das Verbot der nachgeordneten Instanz, und endlich gab es grünes Licht für Southwest, einen Tag vor dem geplanten Jungfernflug.

Als die erste Linienmaschine der Southwest dann wie geplant abhob, sollte das der Beginn einer über 25jährigen Erfolgsgeschichte werden.

Heute hält Herbert Kelleher Vorträge über seine Erfolgsgeschichte, etwa vor dem Wings Club, einer Vereinigung von Airline-Managern: 300 Menschen quetschen sich in einen Bankettsaal eines Hotels in Midtown Manhattan*. Sie harren in gespannter Erwartung der Rede von Kelleher, dem heute 67jährigen Chef der Fluglinie Southwest Airlines.

Manche lachen schon in sich hinein in Erwartung dessen, was jetzt kommen mag. Kelleher ist im Moment das, was man vielleicht als den Liebling der Luftfahrtbranche bezeichnen könnte. Manchmal ist er aber auch einfach nichts weiter als eine lustige Figur unter den Topmanagern, der Meister der Lacherfolge, die er erzielt, wenn er in der Öffentlichkeit als Elvis oder Osterhase verkleidet auftritt.

Viele kennen ihn als Kettenraucher, als Freund eines guten Whiskys und obszöner Geschichten. Die meisten haben Herb, wie er selbst von flüchtigen Bekannten genannt wird, schon einmal irgendwo getroffen und sich mit ihm an irgendeiner Bar über die Lage der Dinge ausgetauscht.

Heute sind sie alle hier, um neue Einsichten und die eine oder andere Grobheit zu hören.

Herb enttäuscht sie nicht. Der schlanke Mann mit dem zerfurchten Gesicht und dem bereits dünner werdenden Haar schreitet zum Mikrofon. Eine brennende Zigarette in der Hand, hebt er mit seinem weichen Bariton zu seiner Rede an.

„Wissen Sie", sagt er, „gestern wurde ich auf einem Podium eingeführt, und dort hieß es: Wenn Sie stolz auf etwas von dem sind, was Sie zustande gebracht haben, dann sollten Sie uns davon berichten."

„Nun, ich bin hier, um Ihnen zu sagen, daß ich sogar auf eine ganze Reihe von Dingen stolz bin."

Er pausiert, schaukelt mit einer Ausstrahlung von Wohlwollen hinter dem Rednerpult hin und her und signalisiert dem Publikum, daß Erheiterndes zu erwarten ist.

„Erstens", sagt er, „habe ich mich daran gewöhnt, Geschosse, die man auf mich abfeuert, einfach abprallen zu lassen."

Gelächter.

---

* Die Schilderung dieser Begebenheit habe ich Kenneth Labich, einem Kollegen vom Wirtschaftsmagazin „Fortune", zu verdanken.

„Zweitens bin ich stolz darauf, daß ich nie eine ernsthafte Krankheit hatte. Auch keine Geschlechtskrankheit."

Anhaltendes Gelächter. Die Menschen klatschen.

Kelleher, der Chef und Miteigentümer von Southwest Airlines, hat die Menschen in der Hand. Situationen wie diese sind seine Stärke, und er hat aus dem Unternehmen das gemacht, was man im Amerikanischen eine People Company nennt.

Hier zählt der Spaß, auch der Spaß bei der Arbeit. Kelleher wird oft bei seinen Mitarbeitern gesehen. Manchmal sitzt er mit einem von den einfachen Arbeitern, einem Mechaniker, bis spät in die Nacht zusammen, um über die Lösung eines Problems zu sprechen. Bei Southwest wird auch viel gefeiert, und Kelleher ist dabei, der oberste Chef mitten unter seinen Mitarbeitern, in Jeans und Turnschuhen.

Er scheint die Kraft zu sein, die das Unternehmen emotional zusammenhält. Southwest Airlines hat heute 20.000 Mitarbeiter und ist damit aus dem Stadium des Familienunternehmens längst herausgewachsen. Dennoch sind die meisten Mitarbeiter ihrem hemdsärmeligen, bodenständigen Chef schon irgendwann einmal begegnet; sie kennen ihn und wissen um die Geschicke des Menschen, der über dieses Unternehmen gebietet.

Kelleher hat eine Regel auf die Spitze getrieben: Gute Dienstleistungen erbringt man nur mit guten Mitarbeitern, und die Fliegerei ist nun einmal ein hundertprozentiges Dienstleistungsgeschäft. Das Erfolgsgeheimnis seines Unternehmens sind laut Kelleher „great people", also großartige Menschen. Das nimmt er so ernst, daß er nicht nur der oberste Prediger und Sympathieträger in seiner Firma ist und einen Großteil seiner Energien in Kontakte zu seinen Mitarbeitern steckt. Nein, er schreibt in seinem jährlichen Southwest-Airlines-Geschäftsbericht an die Aktionäre auch als erstes von seinen Mitarbeitern.

Wo gibt es das sonst noch? Meistens sind Geschäftsberichte doch Beweihräucherungen des Vorstandes und des Aufsichtsrates und ansonsten Zahlenfriedhöfe mit Wirtschaftsprüferunterschriften. Mitarbeiter sind in der Rubrik „Personalkosten" zusammengefaßt.

Nicht so bei Southwest. Kelleher dankt seinen Mitarbeitern gleich am Anfang, lobt sie wegen ihrer Anstrengungen gegen die härter werdende Konkurrenz am Himmel und erzählt wieder von dem Spaß, den ihm die Arbeit mit seinem Team im abgelaufenen Jahr gemacht hat. Tatsächlich wäre Southwest wohl nie ohne seine Mitarbeiter zum Erfolg gekommen, denn die Konkurrenten fliegen die gleichen Flugzeuge, bieten Flugreisen auf denselben Strecken an und versuchen Southwest auch sonst in jeder Hinsicht zu imitieren.

Aber nur Southwest ist immer an der Spitze der profitablen Fluglinien, nur Southwest hatte in seinen über 25 Jahren als Billigflieger noch keinen einzigen Unfall zu vermelden, und nur Southwest hat in den Jahren seit der Gründung der Gesellschaft immer Gewinne abgeworfen, bis auf die beiden ersten Jahre nach Aufnahme des Flugbetriebes.

Mitgründer Herb Kelleher, der heute allein an der Spitze des Unternehmens steht, ist darüber reich geworden. Sein Vermögen aus dem Anteilsbesitz an der Fluggesellschaft beläuft sich auf 133.300.000 D-Mark.

Der 1931 geborene Millionär kommt aus einer Angestelltenfamilie, sein Vater war Generaldirektor beim Dosensuppenhersteller Campbell Soup Co., wo auch der Sohn seine ersten Berufserfahrungen sammeln konnte. Diese Erfahrungen mögen ihn geprägt haben für den Blick auf die Wirklichkeit des einfachen Arbeiters und haben ihm wohl auch die Fähigkeit verliehen, sich nicht nur mit den höherrangigen Anzugträgern seines Unternehmens verständigen zu können.

Kelleher arbeitete als Schüler und Student sechs Sommer lang in der Fabrik, die Dosensuppen herstellte. Nach der Schule studierte er zunächst englische Literatur, später wechselte er an eine der großen juristischen Fakultäten des Landes und schloß dort mit einem sehr guten Examen ab. Der Weg in die Anwaltskarriere war vorgezeichnet. Er begann an der Ostküste und führte später nach Texas – nicht aus beruflichen Gründen, sondern weil Kelleher eine Texanerin geheiratet hatte und aus Zuneigung zu seiner Frau und dem Lebensstil in den Südstaaten sein weiteres Leben dort verbringen wollte. Ein Treffen mit seinem damaligen Mandanten Rollin King, bei dem die beiden in seinem Büro gemeinsam das Streckennetz von Southwest Airlines auf eine Serviette zeichneten, war der Beginn der Wende im Berufsleben von Herbert Kelleher: 1966, im Alter von 35 Jahren, begann nach seiner Zeit als Rechtsberater seine zweite Karriere als heutiger Mitinhaber einer erfolgreichen Fluggesellschaft.

Wieder einmal sieht man, daß scheinbare Zufälle den Weg zum Millionär bestimmen – und daß eine noch gar nicht als große Chance sichtbare Gelegenheit zur rechten Zeit wahrgenommen werden will.

◆

Kelleher ist nicht jemand, der sich darum schert, was andere über ihn denken. Er verfolgt seinen Lebens- und Arbeitsstil und setzt das hohe Maß an persönlicher Energie auf seine Weise um. Er sucht die Öffentlichkeit, um seine Vision zu verbreiten. Er ist der oberste Prediger gegenüber seinen Mitarbeitern; schon wird von Southwest Airlines als einem „Kultbetrieb" gesprochen, weil Kelleher anscheinend von dem Tick besessen ist, seinen Mitarbeitern Spaß zu bereiten und die emotionale Bindung an die Firma zu stärken.

Kelleher gilt als „Maximum Leader" seiner 20.000 Mitarbeiter: Er ist der oberste Sinngeber, und über einen – altershalben – Rückzug aus dieser Position hat er noch nicht wirklich nachgedacht. Auf Fragen nach seinen Plänen für die nächsten Jahre antwortet er: „Ich bin unsterblich."

Gesprächspartner empfängt Kelleher im Holzfällerhemd sowie in Jeans und Ledergürtel, alles vom Edelausstatter Harley Davidson. Es gibt kaum eine Viertelstunde, in der er nicht mit einer Zigarette zu sehen ist; er bringt es auf fünf Packungen am Tag. Als er einmal seine Stimme verloren hatte, war das einzige, was die Ärzte bei ihm erreichten, das Versprechen, auf eine Zigarette mit weniger Teer umzusteigen.

„Ich brauche den Tabak", kommentiert er seine Gewohnheit, „und ich schere mich eigentlich nicht darum, was andere Leute von der Raucherei halten."

Im Gespräch ist der Energiemensch Kelleher mit einer hohen Überzeugungskraft ausgestattet, und wie zum Zeichen seiner überschießenden Kräfte springt er in einem Anderthalb-Stunden-Treffen vielleicht zehn-, zwölfmal auf, um seinem Standpunkt gestikulierend und herumlaufend einen körpersprachlichen Verstärker zu geben. In seinem Büro steht ein lebensgroßer ausgestopfter Truthahn, den er einmal zur steten Erinnerung an seine Lieblingswhiskymarke „Wild Turkey" geschenkt bekommen hat. Im Innern des Vogels ist ein kleiner Behälter, in den sich Whisky füllen läßt. Zieht man an den Schwanzfedern, so öffnet sich der Schnabel, und es fließt Whisky heraus.

Die Geschichte vom anhaltenden Erfolg von Southwest Airlines zeigt: Billig zu fliegen heißt keineswegs, schlecht zu fliegen. Bei den meisten anderen Fluggesellschaften geht der Passagier ein höheres persönliches Risiko ein als bei Southwest. Die Fluglinie hatte noch nie einen Absturz zu melden. Heute gibt es jeden Tag 1.800 Flüge von Southwest, der durchschnittliche Flug geht über eine Entfernung von 546 Kilometern, was etwa der Strecke von Frankfurt nach Hamburg oder von Köln nach München entspricht.

Sensationell ist der Preis dieser Angebote: Der durchschnittliche Flug bei Southwest kostet 89,90 D-Mark. Ja, lieber Leser, Sie haben richtig gelesen: 89,90 D-Mark für den Flug auf einer Strecke, vergleichbar mit der Entfernung Frankfurt-Hamburg oder Wien-München.

Hier wäre die Chance für einen innovativen Unternehmer, für einen Millionär von morgen, der Southwest Airlines für den europäischen Raum kopiert und den Markt gründlich aufrollt.

Das Modell ist vorgegeben: Die Gesellschaft benutzt nur einen Flugzeug-typ, das macht nicht nur die Wartung billig, sondern auch die Schulung des fliegenden Personals, weil nur auf einem Flugzeugtyp ausgebildet werden muß. Die Flugzeuge sind nach dem Motto „No Frills" unterwegs: Es gibt so gut wie keinen Service an Bord, kein teures Essen, keinen Wein, keine Erfri-schungstücher, nur ein paar Getränke, Erdnüsse und Kräcker. Braucht je-mand mehr? Wer eine Stunde und ein paar Minuten fliegt, will in erster Linie ankommen und nicht unterwegs noch mit einem Fertigessen bewirtet wer-den, das nur den Preis der Reise unnötig hinauftreibt. Weil auf den Flughäfen kein Essen be- und entladen werden muß, können die Flugzeuge auch schnell gedreht werden, wie das in der Fachsprache heißt: Zwischen Start und Lan-dung vergehen bei Southwest nur 15 bis 20 Minutcn, dann ist die Maschine bereits wieder mit neuen Passagieren in der Luft.

Dahinter steht die betriebswirtschaftliche Tatsache, daß nur das fliegen-de Flugzeug Geld verdient, nicht das am Boden stehende. Konkurrenten von Southwest brauchen meist 40 Minuten, um ihre Flugzeuge zu drehen – der Billigflieger spart also mit jeder Bewegung Start-Landung 20 Minuten, in denen das Flugzeug nicht steht, sondern schon wieder unterwegs ist. Die gesparten Minuten mal der Zahl der Flüge pro Tag mal der Zahl der Flugzeu-ge, das ergibt eine hübsche Kosteneinsparung im Monat, die Sie, falls Sie beabsichtigen, die europäische Variante von Southwest zu gründen, in billige Preise umsetzen können. Ihre Fluggäste werden es Ihnen danken.

◆

6. Treffen im Glaspalast

◆ ◆ ◆ ◆ ◆ ◆ ◆ ◆ ◆ ◆ ◆ ◆ ◆ ◆ ◆ ◆ ◆ ◆ ◆

Wieder einmal hat ein umtriebiger, kreativer und über den Erfolg zum Multimillionär gewordener Unternehmer einen Markt neu aufgerollt und sich seine Verdienstmöglichkeiten gleichsam selbst geschaffen: Wenn Herbert Kellehers Southwest Airlines irgendeine Stadt neu anfliegt, dann entsteht auf dieser neuen Linie überhaupt erst der Markt für Billigflüge.

Um das zu beschreiben, wurde schon ein neuer Begriff erfunden: der „Southwest-Effekt". Dieser funktioniert etwa nach folgendem Muster:

Vorher war die Anbindung der Strecke lausig, die Flüge waren oft verspätet und die Tickets nur zu Preisen zu bekommen, die an der Schmerzgrenze lagen. Die Strecke zwischen Tampa und Fort Lauderale kostete so, bevor Southwest kam, umgerechnet 310 D-Mark. Dann nahm der Preisbrecher seine Dienste auf, was bedeutete, daß gleich 20 zusätzliche Flüge angeboten wurden und ein Flugschein nur noch 122 D-Mark kostete.

Was hat Herb Kelleher hier für die Kunden erreicht? Das Angebot wurde besser *und* gleichzeitig um 61 Prozent billiger.

Sie können sich leicht vorstellen, was die Folge war: Die Nachfrage nach Flügen auf solchen Strecken explodierte. Früher flog, wer mußte. Heute fliegt man auf den Southwest-Strecken, weil es einfach die billigste Möglichkeit ist, sich fortzubewegen – und der kleine Mann auf der Straße kann endlich in Erwägung ziehen, sich und seiner ganzen Familie eine Flugreise zu spendieren, statt sich in den Greyhound-Bus oder ins Auto zu quetschen.

◆

Also braucht Phantasie, wer es mit einem Unternehmen zu Vermögen bringen will. Wichtig ist nicht, was die Menschen unter den gegebenen Verhältnissen zu kaufen bereit sind. Man muß die Verhältnisse ändern!

Das verlangt nach einem Vorstellungsvermögen davon, daß die Dinge auch ganz anders sein können, als sie heute sind. Benedikt Taschen hat auf diese

Weise den Markt für die Kunstbücher zum Discountpreis gemacht, zum Schrecken seiner Verlegerkonkurrenz, aber zur Freude seiner Kunden und mit recht erfreulichen Auswirkungen auf sein persönliches Vermögen. Die Gebrüder Albrecht wiederum haben das billige Einkaufen in Deutschland erfunden. Ihre Idee waren die Aldi-Märkte, ein Geschäftskonzept, das heute jeder kennt: wenig Produkte im Laden, Verkauf aus Kisten und Paletten, kein überflüssiger Schnickschnack, beschränkte Auswahl, diese aber in guter Qualität und zu konkurrenzlos günstigen Preisen. Die Albrecht-Brüder haben sich ihre Einkaufs- und Kostenvorteile mit den Kunden geteilt, und die Rechnung ging auf. Die beiden publikumsscheuen Handelsunternehmer sind heute Multimillionäre, und sie haben eine Menge für den kleinen Mann erreicht, weil sie jedermann den Zugang zu preiswerten Lebensmitteln ermöglicht haben.

Herb Kelleher gelang ähnliches mit seinen billigen Flugreisen, und obwohl ihm heute nur 1,8 Prozent der Anteile am Unternehmen gehören, ist er auf diese Weise zum Besitzer eines Millionenvermögens geworden.

◆

Wie also wird man Millionär? Muß man dafür zum Chef geboren sein, ein Superego, menschenfressend, durchsetzungsstark?

Bestimmt nicht. Was alle meine Gesprächspartner gemeinsam hatten, war ein gewisses Maß an Durchhaltevermögen; sie alle hatten sicher etwas mehr davon als der Durchschnittsmann oder die Durchschnittsfrau, die auch nach 20 Jahren Beruf noch kein sechsstelliges Einkommen erreicht haben – dafür aber ein behütetes und sicheres Leben im Angestelltenverhältnis.

Die Erfolgreichen können über so manche Widrigkeiten, die ihr Aufstieg mit sich bringen mag, hinwegkommen, sie stehen auch nach einem Mißgeschick bald wieder auf den Beinen. Sie sind vielleicht ausgeprägtere Optimisten als andere und haben eine Geisteshaltung, die sie nicht im Gram der Welt ertrinken läßt.

Millionäre sind Machertypen, die lieber anpacken als herumreden und die lieber über das Gelingen als über das mögliche Scheitern reden. Die drei Worte „Das geht nicht" sind ihnen fremd oder zumindest unverständlich. Albert Jugel, der über eine Leiterplattenfabrik in Dresden gebietet, hat seine Abneigung gegen diese Art Neinsager so weit getrieben, daß er einfach gesagt hat: „,Das geht nicht', das ist bei mir verboten!"

Was sie also vereint, ist die Freude am Gelungenen; ich habe bei meinen Gesprächspartnern immer wieder eine sehr ausgeprägte Das-geht-Mentalität gefunden, also gerade das Gegenteil von akademisch-kompliziertem Umständlichkeitsdenken.

Aber hinsichtlich der Charaktere sind es gewiß nicht nur die großen Egos, die zu Erfolg und Vermögen gekommen sind. Bis auf einige Besonderheiten sind die Millionäre durchaus Menschen wie du und ich. Ich habe eitle Personen erlebt, laute und leise, schüchterne, extrovertierte, Selbstdarsteller und wortkarge. Es gibt bestimmte Merkmale, die oft zu finden sind bei den In-Bewegung-Setzern, aber ein einheitliches Strickmuster habe ich nicht gefunden. Millionäre sind verschieden.

◆

Verglichen mit dem kettenrauchenden Selbstdarsteller Herb Kelleher könnte beispielsweise die folgende Geschichte eines Unternehmers aus der Oberpfalz gar keinen krasseren Gegensatz liefern; lange Zeit war ich mir nicht einmal sicher, ob ich überhaupt in der Lage sein würde, sie aufzuzeichnen.

Es gibt sie nämlich, die Zurückhaltenden – also jene Menschen, die Erfolge haben, aber selten darüber sprechen. Die stillen Macher.

Ich meine damit nicht die professionellen Versteckspieler. Von manchen Großen der Wirtschaft gibt es nur Fotos, die verschwommen mit Teleobjektiv aufgenommen und zehn oder 20 Jahre alt sind. Theo und Karl Albrecht etwa, die Aldi-Gründer, zählen dazu. Von ihnen ist kaum bekannt, wie sie heute aussehen, und über ihre Firmen wird alle Jahre dasselbe geschrieben, dasselbe Nichts.

Auch die Mitglieder der Familie Brenninkmeijer gehören zu diesen Sagenumwobenen, weil niemand etwas über sie weiß. Sie betrieben mit einigem Erfolg die Kleiderkaufhäuser unter dem Namen C&A, aber keiner von meinen Kollegen hat je einen Brenninkmeijer zum Interview bitten können. An der Brenninkmeijer Firmenzentrale in der Düsseldorfer Bleichstraße 20 hängt noch nicht einmal ein Firmenschild.

Oder nehmen wir ein Gespräch, das ich im Hause Peek & Cloppenburg hatte. Es sollte um die Geschicke des erfolgreichen Bekleidungshauses gehen, die Firma hatte zu meiner Vorbereitung auch einiges an erklärendem schriftlichem Material geschickt. Ein Herr aus der Personalabteilung sollte mich empfangen und mir Rede und Antwort stehen, begleitet von einem der Direktoren.

Und dann die Überraschung, als sich zu dem Gespräch ein netter, zurückhaltender Mensch namens James Cloppenburg gesellte – der Firmeninhaber und Namensgeber. Das ganze vollzog sich aber so diskret, daß ich es fast nicht glauben mochte – noch bei meiner Reise nach Düsseldorf, bei der ich alle Unterlagen studiert hatte, wußte ich nicht, daß es überhaupt einen Herrn Cloppenburg gab. Kaum eine halbe Stunde später saß er mir leibhaftig gegenüber!

◆

Mein Gesprächspartner aus der Oberpfalz war lange Zeit gar nicht greifbar. Ich hatte den Kontakt über einen langjährigen, sehr guten Geschäftsfreund angebahnt, weshalb die Aussichten, den Publikumsscheuen an seinem Firmensitz zu treffen, durchaus gut waren. Aber die Zusage für eine Verabredung ließ auf sich warten: Es gab weder ein Ja noch ein Nein aus dem Büro meines Wunschgesprächspartners, eine Situation, in der jeder einigermaßen Erfahrene merkt, daß es zwar keine handfesten Gründe für eine Ablehnung gibt, wohl aber eine gewisse Scheu, sich dem Gespräch zu stellen.

Muß jeder vermögende Unternehmer telegen sein, ein Darling der Öffentlichkeit, für jedes Interview bereit? Nein, denke ich, hier besteht genauso ein Recht auf persönliche Zurückhaltung und Privatsphäre wie bei jedem anderen Menschen. Auch die erfolgreichen Wirtschaftsmenschen sollten sich nicht unter allen Umständen und mit allen Einzelheiten ihres Lebens vor das Publikum zerren lassen.

Eher schon machen sich jene Wirtschaftspersonen verdächtig, die eine allzugut geölte Presseabteilung haben, um jede kleinste Chance von öffentlicher Darstellung wahrzunehmen – meist steckt dann bei näherem Hinsehen nicht viel hinter deren Geschichten. Diese haben deshalb genausowenig Eingang in dieses Buch gefunden wie die von mir Angesprochenen, die einen Kontakt einfach ablehnten, aus welchen Gründen auch immer.

◆

So gesehen dürfen wir uns glücklich schätzen, daß Klaus Conrad all seine Scheu zurückgestellt hat, um uns an seiner Geschichte teilhaben zu lassen:

Man avisierte mir seinen Fahrer, der mich am nächstgelegenen Bahnhof abholen sollte – der Hauptsitz des Conradschen Unternehmens ist Hirschau in der Oberpfalz; für einen Großstadtmenschen ist das ein kleiner Flecken, der überhaupt nur auf Landkarten großen Maßstabs zu finden ist.

Die Firma Conrad Electronic ist eines der Unternehmen, für die die Gleichung gilt: Firma ist gleich Gemeinwesen. Conrad ist der größte Arbeitgeber in der Region, er nährt 800 Familien, ist der größte Steuerzahler und somit der größte Wohlstandsbringer. In einer Metropole wie München wäre Conrad immer noch eine große Firma, aber eben neben den anderen Megafirmen nicht weiter der Rede wert. Hier aber, in der Oberpfalz, ist die Firma Conrad das eigentliche Kraftzentrum, hier schlägt der wirtschaftliche Lebensnerv eines ganzen Landstrichs.

◆

„Er wird sie dort im Glaspalast treffen", sagt mir mein Fahrer. Er, das ist Klaus Conrad, und der Glaspalast ist das wichtigste und imposanteste Gebäude im 6000-Seelen-Städtchen Hirschau.

Klaus Conrad gebietet hier über das größte Versandhaus für Elektronikartikel in Europa. Sein Geschäft läßt sich am besten so erklären: Einmal im Jahr bringt Conrad einen Versandhauskatalog heraus, der sich in Gewicht und Seitenzahl mit dem besser bekannten Otto-Katalog (oder Quelle-Katalog) messen kann. Er wird allein in Deutschland in einer Auflage von 2,2 Millionen Stück verschickt. Auf seinen 1.200 Seiten wird alles angeboten, was auf die Vorsilbe „Elektro-" hört: Alarmanlagen, Steckdosen, Elektronikteile wie Widerstände, Transistoren und Kondensatoren, Radios, Kameras, Diskobeleuchtungen, Geräte zum Aufspüren von Gold- und anderen Schätzen, Scheinwerfer, Kabel, Stecker, Solarkollektoren – insgesamt 30.000 Artikel, die mit Strom betrieben werden oder in Elektrogeräte hineingehören; außer Waschmaschinen, Toastern und Geschirrspülautomaten bietet Conrad fast alles. In vornehmlich männlichen und bastelnden Kreisen ist der Conrad-Katalog eine Art Technologiebibel geworden, weil er Auskunft über den Stand der Dinge in unserer schönen, neuen, elektronisierten Welt gibt.

◆

Klaus Conrads Glaspalast ist in jeder Weise imposant. Der Bau wirkt wie ein Transplantat, das direkt aus den modernen Industriezonen unserer Wirtschaftsmetropolen in die Provinz des ehemaligen Zonenrandgebietes versetzt wurde, in eine Gegend mit kleinen Dörfern, freundlichen, zurückhaltenden Menschen und sehr gutem Essen.

Im Glaspalast dominiert allerdings wieder die Wirtschaftsatmosphäre – dämpfende Teppiche, Vorzimmer, Chefzimmer, dicke Türen, dezent-graue Konferenzstimmung. Conrads Alter ego, der mir diese Geschichte überhaupt ermöglicht hat, verfügt in seinem Büro über einen original Schleudersitz, der in seiner aktiven Zeit in einem russischen MIG-Luftwaffenflugzeug im

Einsatz war, aber heute als Souvenir und Spaßobjekt nur noch friedlichen Zwecken dient. Er zeugt von den weitreichenden Geschäftsverbindungen des Hauses Conrad – auf einem Bild ist der Geschäftsführer im Gespräch mit Michail Gorbatschow zu sehen; später zeigt Klaus Conrad mir einen seiner neuesten Versandhauskataloge – gedruckt in russischer Sprache.

Das Conrad-Versandhaus verlassen jeden Tag mindestens 12.000 Päckchen. Mit diesem Geschäft und einer Kette von Handelsgeschäften für die Elektronikartikel macht das Unternehmen heute beachtliche Umsätze, die Verkäufe belaufen sich auf eine Milliarde D-Mark im Jahr. Klaus Conrad ist Alleineigentümer des Unternehmens, das inzwischen Tochterfirmen in Frankreich, den Niederlanden, Österreich und Tschechien unterhält sowie in Rußland, dem Scheichtum Oman und einigen weiteren Ländern vertreten ist.

Das Unternehmen von Klaus Conrad wird heute als Branchenführer bewundert, aber seine Anfänge liegen in kleinsten, ja fast widrigen Verhältnissen. Gut Ding braucht Weile – diese Weisheit gilt auch für Unternehmen und Unternehmer.

◆

Zu ihrer Geburtsstunde 1923 war die Firma im Vergleich zu heute von vernachlässigbarer Größe. Die Geschäfte fanden damals in Berlin statt, weil die Familie Conrad dort ansässig war. Unser Firmeninhaber in der dritten Generation, der heute in Bayern lebt, läßt im Gespräch immer wieder das Idiom seiner Herkunft durchklingen.

Die Geschäftsgründung des Familienunternehmens fand in Berlin-Neukölln statt. Im Oktober des Jahres 1923 ging in Berlin das erste Radioprogramm über die Antenne. Ein neues Medium war geboren, das schnell viele Menschen in seinen Bann zog; was damals das Radio war, ist heute das Internet – eine neue, elektronische Welt.

Auch Max Conrad, der Großvater des heutigen Unternehmers, war von der anfangs ungläubig bestaunten technischen Neuentwicklung fasziniert. Nicht nur das: Er erkannte in den zaghaften Gehversuchen dieses quietschenden, rauschenden und in der Gründerzeit noch schwierig zu handhabenden Sprach- und Musikfernübertragungsinstruments seine geschäftliche Chance.

„Radios werden bald viele Menschen haben wollen", das zu denken war damals keine Selbstverständlichkeit, aber Max Conrad hatte seine Vision vom radiohörenden Berliner und sah große Zukunftsperspektiven. In seinem Einzelhandelsgeschäft in Neukölln bot er seinen Kunden alles an, was man damals zum Radiohören brauchte.

Dazu muß man wissen,daß Radiohören in den zwanziger Jahren noch ein wahres Technikabenteuer war, denn verkauft wurden nicht fertige Radiogeräte. Vielmehr mußte der Hörwillige aus Spulen, Kondensatoren, Drähten und Detektoren das Gerät selbst zusammenbauen, das ihm dann mittels eines Kopfhörers das Abhören der Sender möglich machte. Eine große Hilfe für das Publikum waren die bei Conrad erhältlichen Bausätze, die alle Teile in der richtigen Zusammenstellung enthielten. Und damit das Radio auch zu einem für jeden erschwinglichen Preis angeboten werden konnte, verwendete der sparsame Großvater Conrad viele Teile aus ausgemusterten Funkgeräten der Armee.

Im Olympiajahr 1936 hatte das Fernsehen in Deutschland seine Premiere, und in diesem Jahr wurde der heutige Unternehmensinhaber Klaus Conrad geboren. Im Geschäft der Familie in der Berliner Straße 92 stellte man sich auf die Neuerungen der Technik ein: Für den Mann auf der Straße gab es Bausätze, aus denen sich ein Fernseher zusammensetzen ließ. Die Menschen staunten, daß mit den Conradschen Apparaten die Wettkämpfe im Stadion auch dann zu verfolgen waren, wenn der Zuschauer sich nicht am Ort des Geschehens aufhielt.

Mit dem ersten Versandkatalog in der Firmengeschichte zog das Familienunternehmen weitere Kreise: „Radio-Conrad, das Haus der Neuheiten", wie sich die Firma im Katalog nannte, bot Artikel im Bestellverfahren an. So fanden sich darin etwa auch wieder Radios zum Selbstbau – das Publikum konnte sich freuen über ein Modell namens „Der neue eiserne Trumpf, Wechselstrom-Zweikreis-3-Röhren-Empfänger, hervorragende Trennschärfe und Reichweite, einfachste Bedienung, übersichtlicher Aufbau. Preis des gesamten Materials einschl. Röhre: 55 Reichsmark." Viel Geld damals.

Unter der Rubrik „Einige Reklame- und Geschenkartikel" bot der Katalog an: „Füllfederhalter ‚Knirps', in einer neuartigen Form, schöne bunte Muster, auch bei den Damen gerne gesehen. Vergoldete *Kruppstahl*feder, und selbstverständlich auch mit Druckfüller, 1,60 Reichsmark." Waren das Zeiten, ein Füller von Conrad aus Kruppstahl!

Der Großeinsatz von Kruppstahlkanonen und das Kriegsgeschehen bereiteten der kleinen Blüte des Conradschen Geschäfts ein jähes Ende: 1945 fiel das Unternehmen einer Brandbombe zum Opfer, und mit einem Schlag war alles vorbei. Die Familie mit dem damals neunjährigen Klaus flüchtete Richtung Südwesten, nur weg vom Zugriff der Roten Armee.

Auf ihrer Flucht landete die Familie in Hirschau, obwohl es eigentlich weiter gehen sollte. Die Großstädter wollten wieder in eine Großstadt: nach München. Doch dort brauchte man eine Zuzugsgenehmigung, und die war in diesen Zeiten nur zu bekommen, wenn eine Unterkunft nachzuweisen war, und die hatte Familie Conrad nicht.

So blieb es Hirschau, wegen nichts weiter als der Zufälligkeiten der kriegsbedingten Flucht. Was tat Vater Werner Conrad, der Unternehmer? Er zögerte nicht lange und schlug hier seine Zelte auf, um rasch an den Wiederaufbau seiner Geschäfte zu gehen. Es sollte die Wurzel sein für alles spätere, denn aus dem, was Werner Conrad aus den kleinsten Anfängen wieder zustande brachte, sollte viel später der Glaspalast werden: Europas größtes Elektronik-Versandhaus.

Doch davon war der Vater im ausgehenden Jahr 1945 noch weit entfernt. Man war einstweilen froh, mit heiler Haut davongekommen zu sein. Eines der ersten Geschäfte machte Werner Conrad mit einem gewissen Max Grundig. Der schickte sich an, dem Volk Radios zu verkaufen, allerdings keine fertigen, sondern Bausätze – denn die Besatzungsmächte hatten den Handel mit Radios vorerst verboten. Grundig brachte deshalb Radios in Einzelteilen unter das Volk, den Radiobausatz „Heinzelmann".

Werner Conrad war sein Zulieferer – er hatte einen Lastwagen voller Teile des italienischen Herstellers Ducati aus dem untergehenden Reich herübergerettet, und genau diese Teile brauchte Grundig für seine „Heinzelmänner". Das Geschäft war schnell gemacht, und die Unternehmer Conrad und Grundig hatten sich darüber bald angefreundet: Grundig erhielt die Teile, Conrad im Gegenzug vollständige „Heinzelmann"-Bausätze. Mit denen war der Grundstock für den alten neuen Radio-Conrad mit Sitz in Hirschau/Oberpfalz gelegt.

◆

Im Alter von 18 Jahren trat der heutige Unternehmer in die väterliche Firma ein: Klaus Conrad sollte nach Ansicht der Eltern einen kaufmännischen Beruf erlernen, obwohl der Junior damals gern seinen Neigungen nachgegangen wäre – sein Interesse galt Motoren und Autos – und lieber Maschinenbau studiert hätte.

„Aber damals hörte man noch auf seine Eltern", beschreibt Klaus Conrad heute, wie er sich dem familiären Votum fügte. Die Zukunft sollte in der väterlichen Firma liegen; zuvor hatte er schon eine Banklehre absolviert, für den Job als Lehrling bekam Conrad 27 D-Mark Wochenlohn und zwölf Tage Urlaub im Jahr.

Zu Reichtümern war die Familie damals noch nicht gelangt, aber die Firma warf genug ab für ein ordentliches Auskommen. Es war 1952, die Zeit der

Röhrenradios, des magischen Auges und der ersten Musiktruhen; Werner Conrad betrieb eine „Rundfunk-, Elektro-Großhandlung mit Auslieferungslagern in Berchtesgaden, Berlin, Düsseldorf und Nürnberg", wie uns ein Prospekt von damals verkündet.

„Wir waren die Gräulinge", beschreibt der heutige Firmeninhaber, was die Conrads seinerzeit taten. Gräulinge, das waren jene Händler, die die damals noch geltende allgemeine Preisbindung mehr oder weniger geduldet unterliefen.

Ein Radio kostete wegen der gebundenen Preise überall in der Republik denselben Preis – eine komfortable Situation für Hersteller und Händler. Aber die Conrads, die keinen stationären Verkauf betrieben, sondern per Katalog anboten, unterliefen die Preisbindung: Bei ihnen waren die begehrten Elektrogeräte (etwa der Grundig 2000 W 8-Röhren-7-Kreis Superhet mit Klaviertastenautomatik, 298 D-Mark, oder die Kuba-Musiktruhe „Trantella" mit Mende 187 WU, 798 D-Mark) billiger zu bekommen als zu den offiziellen Preisen.

Der Versandhandel der Gräulinge rentierte sich, obwohl die fünfziger Jahre eine schwere Zeit waren: Das Geschäft lief per Post, aber es gab kein Material für den Versand. Kein Vergleich zu heute, wo jeder Artikel in eine ihm angemessene, schöne neue Kiste verpackt werden kann. Schmalhans regierte damals die Firma, und die Conrads mußten erfinderisch sein. Da es beispielsweise keine Briefkuverts gab, wurden eingehende Umschläge einfach noch einmal benutzt: Die Mitarbeiter schlitzten sie auf, drehten sie um und verwendeten sie ein zweites Mal. „Büroklammern hatten fast Goldwert", erinnert sich Klaus Conrad; man konnte keine kaufen, also wurden die Drahtklammern wieder und wieder verwendet, ebenso die Paketschnüre: Der Seniorchef hatte angeordnet, daß in der Verpackerei jedes Paket aufgeknüpft wurde, damit brauchbare Schnüre zur Verfügung standen.

◆

Der Sohn merkte bald, daß ihm das Versandgeschäft des Vaters keinen rechten Spaß bereiten wollte. „Mir lag das nicht", bemerkt er lakonisch, und er zog auch gleich die Konsequenz: Er schied wieder aus der Firma aus, um seine eigenen Wege zu gehen.

Erfolgreiches Unternehmertum war dem damaligen Junior schon durch Familie und Begabung mitgegeben, und so darf es nicht verwundern, daß Klaus Conrad in den folgenden Jahren durch eigene Kraft eine Kette von 18 technischen Kaufhäusern aufbaute.

„Mein Unternehmen hatte bald eine bessere Bilanz als das des Vaters", bemerkt Klaus Conrad stolz – der Sohn hatte es sich selbst und seinen Mitmenschen bewiesen. Er konnte etwas und hatte das Zeug, aus eigener Anstrengung ein florierendes mittelständisches Unternehmen aufzubauen. 20 Jahre lang gingen Vater und Sohn getrennte Wege: Der Vater werkelte weiter mit seinem Versandgeschäft in Hirschau, während Sohn Klaus den süddeutschen Raum mit seiner Kette technischer Kaufhäuser überzog. 20 Jahre, in denen der Sohn Kräfte, Ideen und Erfahrung sammeln konnte.

Erst 1973 kamen Vater und Sohn wieder unter einem unternehmerischen Dach zusammen. Der Vater nahm den 37jährigen als Miteigentümer auf wie einen fremden Gesellschafter: Klaus mußte die Anteile an der väterlichen Firma – 40 Prozent – für 600.000 D-Mark beim Vater kaufen. „Eine große Summe für mich", taxiert Klaus Conrad den Kraftakt der Bezahlung – er stotterte die Einlage beim Vater nach und nach ab. Vater Conrad war 67 Jahre alt, als der Sohn wieder in die Firma eintrat.

◆

Erst der Lauf der folgenden Jahre sollte zeigen, wie richtig es war, daß Vater und Sohn wieder zusammengekommen waren. Drei Jahre nach dem Eintritt des Sohnes starb Vater Conrad – urplötzlich.

Nur durch das Engagement des damaligen Juniors konnte die Firma ein Familienunternehmen bleiben, und nur so ist der Firma ein Weg erspart geblieben, den so viele andere Unternehmen einschlagen mußten, weil kein Inhabernachfolger aus der Familie antreten konnte.

Die nachfolgerlosen Firmen erleben oft ein trauriges Los: Sie geraten an einen mehr oder weniger glücklosen Käufer, werden in irgendeinen Konzern eingegliedert – dort ist die gekaufte Firma meist ein Anhängsel, ein Unternehmen von vielen in einer riesigen Flotte, ein Unternehmen mit einem mittelmäßigen Kapitän; keiner kümmert sich wirklich um den rechten Kurs. Zahllose Unternehmen, auch solche mit einst bekannten Namen, sind auf diese Weise bereits von der Bildfläche verschwunden. Sie fristeten nach dem Verkauf noch ein paar Jahre ihr Dasein und wurden dann stillgelegt oder aufgelöst.

Auf diese Weise ist etwa das Werk von Heinz Nixdorf verschwunden; heute ist das einst angesehene Unternehmen Teil des Siemenskonzerns, und nur noch der Buchstabe „N" (für Nixdorf) im Firmennamen SNI erinnert an den einstigen Ruhm des Gründers. Auch das Lebenswerk des Conrad-Zeitgenossen Max Grundig ist im Begriff, langsam von der Bildfläche zu verschwinden. Einen Unternehmernachfolger namens Grundig gibt es nicht, ein Konzern hatte das

Werk von Max Grundig übernommen und bald wieder verkauft, jetzt treiben die Reste des einst stolzen Unternehmens wie ein führerloses Schiff in der rauhen See.

Der Firma Conrad blieb das erspart, weil Klaus Conrad aus heutiger Sicht gerade noch rechtzeitig in die Unternehmernachfolge einsteigen und das Aufbauwerk des Vaters fortführen konnte. Er hat dem Firmennamen Conrad, dem blauen C mit gelbem Schatten, zu einigem Glanz verholfen, der freilich in der Öffentlichkeit aufgrund des zurückhaltenden Auftretens des Firmeninhabers wie des ganzen Unternehmens noch kaum wahrgenommen wird.

◆

Klaus Conrad ist ein kontrolliert wirkender Mensch; seine Ausstrahlung ist nicht die eines dominierenden Patriarchen. Er mag es im Laufe seines Unternehmerlebens gelernt haben, seine Emotionen und Leidenschaften zu zügeln, wohl wissend, daß es Aufgabe des Inhabers eines wachsenden Unternehmens ist, dem Wirken der Menschen an seiner Seite Raum zu geben, damit das Unternehmen insgesamt wachsen kann. Seine Kollegen, die in seiner nächsten Umgebung arbeiten, berichten von dem grenzenlosen Vertrauen, das er einigen ausgewählten Mitarbeitern zu geben bereit war.

Conrads Habitus läßt durchscheinen, daß es ihm durchaus gegeben ist, Tacheles zu reden und auf den Tisch zu hauen. Das ist der Einschlag des Berliners und auch das emotionale Erbe vom Vater. Aber die Erfahrung hat dem Inhaber den Weg gewiesen, solche Charakterzüge zu domestizieren, um sich auf das Fragenstellen, Anregungengeben und Zuhören zu verlegen. Das ist eine Rolle, die dem Chef gut ansteht, da er eher leise als auffällig auftritt, aber auch spüren läßt, daß es Kraft und persönliche Disziplin kostet, diese Rolle durchzuhalten.

Als Unternehmer, dem in der Vergangenheit einiger Erfolg beschieden war, hat er es verstanden, mit den ihm gegebenen Mitteln die Saat an den richtigen Stellen zu setzen. Sein Sohn ist im Begriff, die Unternehmensnachfolge anzutreten. Und Klaus Conrad hat dafür gesorgt, daß die wirtschaftlichen Geschicke des Unternehmens immer obenan stehen, weil er stets nur sehr vorsichtig Geld aus dem Unternehmen gezogen hat: Die Gewinne, die Conrad Electronic erwirtschaftet hat, kamen fast zur Gänze wieder der Firma zugute. Sie wurden ständig in neue Techniken und neue Märkte investiert und gaben so der Firma auch die Mittel, nach und nach einige ihrer wichtigen Wettbewerber am Markt zu kaufen und zu integrieren.

Auch in dieser Hinsicht ist der Unternehmer Klaus Conrad ein Glücksfall für die Firma, denn sein Verhalten hat ein Risiko gebannt, dem so viele Unternehmen ausgesetzt sind, die von Erben regiert werden: Wer zu viel aus der vom Vater geerbten Firma entnimmt, seinen persönlichen Lebensstil überreizt und die Firma als Melkkuh zur Finanzierung aufwendiger Privatausgaben ansieht, kann das Erbe sehr schnell ruinieren. Dann ist die Firma dahin und damit auch die Lebensgrundlage für den Unternehmer und die Familien der Mitarbeiter.

Der einen oder anderen Leidenschaft kann der Unternehmer Conrad aber heute sicher frönen, ohne sein Unternehmen auch nur im geringsten in seinem Bestand zu gefährden. Dazu gehört sein Golfclub. Er ist eine Art persönliche Belohnung des Unternehmers für ihn selbst und seine Mitmenschen, die gerne Golf spielen. Seine Geschichte ist Zeugnis dafür, daß den langjährig Erfolgreichen die Mittel gegeben sind, auch außergewöhnliche Interessen zu verwirklichen.

Was macht der Lebenskünstler und Gelegenheitsarbeiter Karl Jedermann, wenn er Golf spielen will? Er versucht, einen Golfclub zu finden und dort Aufnahme zu erlangen. Beides ist schwierig, denn so viele Golfclubs gibt es nicht in unseren Landen, und wenn einer in der Nähe ist, dann herrscht meist Aufnahmesperre für neue Mitglieder. Oder die Mitgliedschaft ist so teuer, daß dadurch wesentliche Teile der zur Bestreitung des Lebensunterhalts zur Verfügung stehenden Mittel aufgezehrt würden. Die üblichen Begrenzungen im Leben eines Durchschnittsmenschen.

Was macht Klaus Conrad, wenn er keinen Golfclub hat? Er baut sich einen.

„Irgendwann hat mich der Golfbazillus befallen", gesteht Conrad, der das Golfspiel in den USA kennengelernt hat, sich anfangs aber nur über die kleinen unscheinbaren Bälle und die komisch geformten Schläger wunderte.

Golf interessierte ihn, aber zuerst mehr von der geschäftlichen Seite. Ende der siebziger Jahre investierte er sein Geld gemeinsam mit dem Bankier Raimund Herden in ein Golfprojekt: In Bluewater Bay in Nordwestflorida wurde in zuvor urwaldartiger Landschaft ein Golfplatz mit viermal neun Löchern angelegt. Das Projekt wurde aus dem Stand ein großer Erfolg, auch finanziell, die beiden Investoren hatten aus dem Nichts eine hervorragende Anlage geschaffen, in deren Umgebung heute 7.000 Menschen leben und arbeiten.

Vom Golffinancier wurde Klaus Conrad zum Golfspieler: Auf Anraten eines Freundes machte er dann doch einen Golfkurs, und im Laufe des Lernens sprang der Funke über, wie es so oft von golfspielenden Menschen zu hören ist.

Nur fehlte dem so Infizierten die Möglichkeit, sein neues Hobby unter annehmbaren Bedingungen auszuüben – der nächste Golfplatz war von

Hirschau aus nur mit einer längeren Fahrt im Auto zu erreichen. Kein Zustand für einen richtigen Millionär!

Aber diesem Mangel ist inzwischen reichlich Abhilfe geschaffen. Heute fährt Conrad von seinem Glaspalast aus in sieben Minuten zu seinem eigenen Golfclub, und mit dem ihm gegebenen Ehrgeiz hat er beim Bau der Anlage gleich Nägel mit Köpfen gemacht. Das Clubhaus macht dem Golfland Amerika alle Ehre: Conrad hat es im Stil eines Südstaaten-Countryclubs gebaut; wer das Haus in der ländlichen Umgebung der Oberpfalz zum ersten Mal sieht, muß sich durch einen zweiten Blick vergewissern, daß diese fremde Architektur keine Fata Morgana ist.

Ein Golfführer lobt an der Anlage den „edelsten amerikanischen Clubhauscharakter" und spricht von einer „Perle der Golfplatzarchitektur".

Um seinem Hobby nachgehen zu können, hat es Conrad sogar geschafft, die langen Arbeitstage zu verkürzen. Sein Ziel war, im Alter von 60 Jahren weniger zu tun zu haben als all die Jahre zuvor, die oft von Zwölf- oder Vierzehn-Stunden-Tagen im Büro bestimmt waren. Klaus Conrad hat dieses Ziel umgesetzt, indem er sich auf die Geschäftsführung der Holdinggesellschaft beschränkte, die der Conrad Electronic GmbH vorsteht. Sein Sohn Werner wird nach und nach die Führung des Unternehmens übernehmen.

◆

„Ich war 44 Jahre lang eingespannt", schildert er sein Arbeitsleben, „jetzt sind Jüngere da, die meine Aufgaben übernehmen können." Was seinem Hobby zugute kommt: „Ich will selbst entscheiden, wann ich zum Golfspielen gehe, und nicht die Firma entscheiden lassen."

Die Leidenschaft des Golfspielens verbindet er jedes Jahr mit einem großen Anlaß: Klaus Conrad ist Ausrichter des Golfertreffens „Conrad Open", der Ort ist natürlich sein Golfclub. Hier kommen Golfliebhaber aus ganz Europa zusammen, die Gästeliste liest sich wie ein Auszug aus dem Verzeichnis der Reichen, Schönen und Mächtigen. „Conrad Open" im Conrad-Golfclub sind ein Event im Kalender vieler Very Important Persons geworden; unter den Gästen finden sich etwa Marc Wössner (Bertelsmann), Matthias Wissmann (Bundesminister für Verkehr), Norman Rentrop (Verleger), Harry Valérien (Sportjournalist), Rudi Carrell und Otto Waalkes (beide Unterhaltungskünstler) oder Howard Carpendale (Sänger).

Ein geradliniger Weg zum Erfolg, garniert mit den Genüssen, das ein Leben frei von materiellen Sorgen zu bieten vermag?

Wieder einmal lautet die Antwort: nein.

Mehr als einmal mußte Klaus Conrad die Ärmel hochkrempeln, große Anstrengungen unternehmen und sich gegen Widerstände durchsetzen.

Mein Kollege Jürgen Dunsch beschreibt die Arbeit des Unternehmers so: „Wer Unternehmer wird, wählt eine besondere Lebensform. Er sucht mehr als andere das Risiko und den schmalen Grat zwischen außergewöhnlicher Leistung und spektakulärem Mißerfolg. Dies birgt eine besondere Gefahr ..."*

Klaus Conrad hat wahrscheinlich eine der härtesten und risikoreichsten Zeiten seines Lebens durchgemacht, als er Seite an Seite mit dem Vater das Unternehmen führte – oder zu führen versuchte. Es waren turbulente Zeiten, in denen der Vater oft „Hü" sagte, wenn der Sohn gerade ein „Hott" vorgegeben hatte. Es krachte zwischen den Generationen, wie es wohl krachen muß, wenn der eine Chef um 30 Jahre jünger ist als der andere und beide nicht eben schwache Persönlichkeiten sind.

Der Sohn war im Begriff, Tuchfühlung mit der Zukunft aufzunehmen, während der Vater gedanklich in seiner 30jährigen unternehmerischen Vergangenheit hing. Klaus Conrad wollte der Firma einen neuen, starken Wachstumsimpuls verleihen, wollte ausbauen und alle Innovationen nutzen, die das Geschäft zu verbessern in der Lage waren. Der Vater hatte seine Firma über Jahre stets stückweise verbessert und vergrößert, der Sohn strebte nach dem großen Wurf.

Der Computer sollte Einzug halten in das Versandgeschäft, in dem immer noch mit mechanischer Adreßverwaltung und vielen Schreibmaschinen gearbeitet wurde. Das Tagespensum des Versenders in Hirschau waren damals 150 Pakete, die an die Besteller abgingen. Nicht genug für den ehrgeizigen Sohn. Conrad dachte an ein Versandhaus, das 1.000 Pakete pro Tag verschicken sollte.

Dazu der Vater: „Unmöglich!"

Der Sohn: „Wir machen das, aber das geht nur mit einer modernen EDV!"

Widerwillig und mit schlechten Gefühlen über die Sache ließ der Vater den Sohn gewähren. Klaus Conrad setzte eine Projektgruppe jüngerer Manager ein, holte einen erfahrenen Berater der Branche ins Haus und arbeitete mit der Computerfirma Honeywell zusammen, die das System einrichten sollte. Tag um Tag wurde konferiert und konzipiert, mit fast stündlich weiter wachsendem Mißtrauen des Vaters, der sich aus der Angelegenheit heraushielt.

Dann kam der Tag, an dem das Angebot vorlag. Vater und Sohn mußten als Inhaber der Firma gemeinsam darüber befinden.

---

* Zitiert nach: Dunsch, Jürgen (Hg.), An den Schalthebeln der Wirtschaft, 33 Unternehmerfamilien im Portrait, Stuttgart 1996, Seite 11

Gemeinsam? Der Vater war außer sich. Für die Anlage, die die Conrad-Verwaltung ins Elektronikzeitalter bringen sollte, verlangte der Hersteller 200.000 D-Mark zuzüglich monatlich anfallender Ausgaben für die Wartung von 4.800 D-Mark.

„Die wollen uns die Firma ruinieren", tönte es vom Vater, und er warf die Berater und Computerleute aus dem Haus.

Ende der Veranstaltung, möchte man meinen, aber ganz so war es nicht.

Die Firma Conrad hatte das Thema Computer angefaßt, und sie sollte nicht wieder davon loskommen: Klaus Conrad betrieb sein Computerprojekt in aller Heimlichkeit weiter und traf sich ohne Wissen des Vaters wieder und wieder mit den Experten. Natürlich kam es, wie es kommen mußte: Der Vater bekam Wind davon, was hinter seinem Rücken passierte. Der Sohn warb abermals um Unterstützung, aber mehr oder weniger vergebens: „Wenn das Ding nicht funktioniert, komme ich nachts und schmeiße es aus dem Fenster."

Diesen Zweifel am Nutzen des Computers für sein Unternehmen nahm Vater Conrad mit ins Grab: Wenige Tage nach dieser Auseinandersetzung starb Werner Conrad, 70jährig.

Der plötzliche Tod kam unerwartet für seine Umgebung: „Es war wie ein Schock. Ich hatte schlaflose Nächte", beschreibt Klaus Conrad seine Gefühle als Hinterbliebener des Firmeninhabers: „Alle Leute erwarteten jetzt *von mir* die Antworten."

◆

Die erste gab Klaus Conrad wenig später: Das Computerprojekt sollte weitergeführt werden.

Der Computer kam, wurde installiert – und funktionierte nicht.

„Wie recht der Alte hatte", ging Conrad durch den Kopf, als er an die Einwände seines Vaters dachte. Aber dennoch: Es gab nur eine Richtung zum Weitermachen, nämlich sich der neuen Technik und ihren Chancen zu öffnen und den Computer zum Laufen zu bringen.

Irgendwann war es geschafft, und man war auf die neue Technik angewiesen: Das Wachstum des Elektronik-Versandhandels ging so stürmisch los, daß nach nur drei Jahren jeden Tag sechsmal mehr Pakete an Kunden verschickt wurden als zu der Zeit, als der Vater noch lebte.

Ohne Computer war das nicht mehr zu bewältigen, diese Lektion lernte Klaus Conrad, nun Alleininhaber, damals gründlich. Das Unternehmen wuchs und wuchs, immer wieder mußte gebaut werden, und das Wachstum war nur mit neuer Technik zu bewältigen. Conrad Electronic hat sich immer als investitionsfreudig erwiesen und viel Geld für Technik nach dem letzten Stand der Dinge ausgegeben – das war immer eine lohnende Investition, denn alle Pläne für die weitere Expansion waren innerhalb kurzer Zeit Makulatur, weil das Unternehmen schneller wuchs als in den Planungen vorgesehen.

Immer neue Elektronikteile, neu entwickelte Produkte und schließlich auch der anfangs verschmähte Computer fanden Eingang in das Conrad-Sortiment. Der Katalog wurde von Ausgabe zu Ausgabe erweitert und ist heute ein Innovationshandbuch, weil bei Conrad immer nachzulesen ist, was der Ferne Osten an Neuentwicklungen hervorgebracht hat. Conrad hat stets den Ehrgeiz, dem Publikum als erster Anbieter in Europa diese Neuheiten vorführen zu können.

◆

Zum Beispiel einen Designerwecker. Der Autor hatte das Vergnügen, vom Firmenchef persönlich in die Wirkungsweise dieses Produktes eingeführt zu werden. Es handelt sich dabei um ein unscheinbares, schwarzes Kästchen, etwas größer als ein Reisewecker. Produktname: „Spectaclock", Artikelnummer 664499.

Der Wecker verrichtet seine Tätigkeit, zu bestimmten, vorher eingestellten Zeiten seine Signale abzugeben, auf besondere Weise. Zur Weckzeit wird die ganze Schönheit und tiefe Tradition eines süddeutschen Landstrichs optisch und akustisch zelebriert – und das alles von einem schlichten batteriebetriebenen Kästchen, das so harmlos als Wecker daherkommt:

An der Vorderwand des Weckers springen zwei Türen auf, sodann setzt sich eine bayerische Drei-Mann-Trachtenkapelle im Maßstab 1:87 in Bewegung. Die Herren, mit Wadenwärmern und grünen Hüten ausgestattet, spielen Horn, Tuba und Trommel.

Unterstützt wird ihre Darbietung durch eine kleine Lichtanlage, die im Takt zur Musik ihr beleuchtendes Werk verrichtet. Die Illumination erhellt den Blick auf eine Art Fototapete im Rücken der Trachtenkapelle; hier sieht der durch die Musik Geweckte sogleich das schönste Motiv der bayerischen Heimat: Watzmann, Schnee und Sonne.

Daß Klaus Conrad der Versandhandel mit den Elektronikprodukten in Fleisch und Blut übergegangen ist, merkt der Besucher an der persönlichen Freude über neue Produkte.

Zum Beispiel dieses: Es trägt den schönen Namen „Rebell", was darauf hindeutet, daß seine Tätigkeit eindeutig gegen die Interessen der batterienherstellenden Industrie gerichtet ist.

„Rebell" ist eine elektronische Tischuhr, die die Zeit digital anzeigt. Die Energie für seine Arbeit bezieht dieses kleine Ding aus Wasser! Der Benutzer füllt einfach zwei an der Unterseite des Geräts angebrachte, daumenkuppen- große Näpfchen, und schon läuft die Uhr. Jeder Physiklehrer kann erklären, daß dieser Antrieb keine Hexerei ist; zu erwerben ist das Machwerk bei Con- rad Electronic, die Vorführung des Produktes durch den Inhaber ist aller- dings nicht im Abgabepreis enthalten.

Solche kleinen Spielereien bereiten Klaus Conrad auch nach 44 Jahren im Geschäft und 30.000 Produkten – die meisten etwas weniger originell als die Vorgeführten – immer noch Freude.

Überhaupt versteht es der Mann, seinen Arbeitsalltag mit einer gewissen Lebensqualität zu versehen:

Wenn sich der Durchschnittsbürger an seiner Arbeitsstelle mit einem Getränk verpflegen will, muß er in die Kantine oder zum Getränkeautoma- ten gehen, der ihm gegen Einwurf von zwei D-Mark eine Auswahl von drei Kaltgetränken anbietet. Der unternehmerische Erfolg hat Klaus Conrad die materiellen Mittel gegeben, das Bedürfnis nach einem Getränk deutlich be- quemer zu befriedigen. Sein 52-Quadratmeter-Büro ist so ausgestattet, daß eine archaische Lebensäußerung ausreicht, um die Bedürfnisbefriedigung einzuleiten:

„Durst" ruft Conrad in den Raum hinein, und in der Ecke neben der Tür setzt sich wie von Geisterhand gesteuert eine Mechanik in Bewegung. Wenn diese nach einer halben Minute ihr Werk vollendet hat, präsentiert sich eine komplett ausgestattete Bar, die zuvor im Inneren einer Holztruhe so stilvoll wie diskret verborgen war. Jetzt bietet sich dem Durstigen ein gefüllter Mini- bar-Kühlschrank dar, ein beleuchtetes Tablett mit einer Auswahl von Gläsern sowie eine Kollektion von weiteren Getränken, die nicht der Kühlung bedür- fen.

Glücklicher Klaus Conrad, der über solche Mittel gebieten darf – seinem Büro gebricht es weder an Größe noch an gepflegtem Ambiente; bereits le- gendär sind die informellen Plauderabende, die er mit einigen Mitgliedern seines Managements an lauen Sommerabenden bei guten Getränken auf der dem Büro angeschlossenen Außenterrasse verbringt.

◆

7. Und sie werden besser

◆ ◆ ◆ ◆ ◆ ◆ ◆ ◆ ◆ ◆ ◆ ◆ ◆ ◆ ◆ ◆ ◆

Was bietet das Leben eines Millionärs? Wenn er unternehmerisch tätig ist, dann vor allem eines: Arbeit, Arbeit, Arbeit.

Klaus Conrad hätte seine Frau und die fünf Kinder sicher gerne öfter gesehen, aber die stürmisch wachsende Firma forderte den ganzen Mann, nicht nur tagsüber, sondern auch nachts.

Benedikt Taschen ist zwar weniger lange im Büro anzutreffen, aber auch er ist, wie er bekundet, ein 24-Stunden-Unternehmer. Er nimmt die Gedanken an das Werden seiner Firma überallhin mit, hat immerwährende Denkarbeit zu erledigen.

Sollen wir es den Vielbeschäftigten da verdenken, daß sie sich den einen oder anderen praktischen oder emotionalen Luxus gönnen, der Karl Jedermann nur zugänglich wäre, wenn er bei seiner Bank zwei Jahreslöhne Kredit fordern und bekommen würde?

Aber der gewiß nette und lebenskluge Herr Jedermann würde wahrscheinlich ohnehin nicht so schnell auf die Idee kommen, nach Lettland zu reisen, sich einen Golfclub zu bauen oder auch nur, wie Klaus Conrad, in die Einsamkeit nach Alaska zu reisen, nur begleitet von zwei Pferden und einem Führer. Wenn Jedermann eine feste Anstellung hat, bekommt er Tarifurlaub, 28 Tage im Jahr. Taschen, Conrad und die anderen Millionärskollegen haben keinen Tarifurlaub, im Gegenteil: Viele Unternehmerleben sind eine Aneinanderreihung vieler urlaubsloser Jahre. Wir wollen nicht nach dem Grund dieser scheinbaren Trostlosigkeit des Millionärslebens suchen; den *wirklichen* Grad der Unentbehrlichkeit des Mannes an der Spitze kennen wir nicht. Manchmal mag er freilich niedriger sein, als vorgegeben wird.

Aber Neid wäre fehl am Platz, wenn jemand sieben Tage in der Woche hart arbeitet und sich dann ein schönes Auto gönnt oder vielleicht auch mehrere. Klaus Kobjoll hat einige schöne Wagen in der Garage stehen, nach denen andere Menschen schon einmal den Kopf recken, wenn er mit einem von ihnen auf der Straße auftaucht. Klar, daß diese Liebhabereien teuer sind. Für ein schönes Auto ist heute der Jahreslohn eines höheren Angestellten aufzubringen.

Ferrari war lange Zeit die Marke der Wahl von Klaus Kobjoll. Er fuhr das Modell 346 und freute sich über den Wohlklang des Motorengeräusches und die italienische Form.

Heute hat Kobjoll umgesattelt. Mit seinen täglichen Fahrten zu seinem Betrieb informiert er die Einwohner des Dorfes Boxdorf über den aktuellen Stand seiner Vorlieben für schöne, teure und seltene Wagen.

Zur Zeit verfügt er über einen Range Rover, einen Morgan Plus Eight und einen Jaguar Kompressor, der einzige Wagen dieser Ausführung in Deutschland. Den Morgan nimmt er vorzugsweise bei schönem Wetter: Das Verdeck offen, schiebt er eine Kassette mit schöner Musik in den Rekorder und fährt nach dem Aufstehen (um fünf Uhr!) und einer Joggingrunde (mit seinem Hund) in den Betrieb.

Neiden muß ihm die Freude an den Autos eigentlich niemand. Er läßt seine Mitarbeiter sogar daran teilnehmen: Die Führungspersonen in seinem Unternehmen dürfen so wie Kobjoll selbst Millionärsfreuden genießen; statt einer Aufbesserung des Salärs können sie sich ebenfalls ihr Wunschauto vor die Türe stellen lassen.

Auf diese Weise kann der Koch in Kobjolls Firma schon mal mit dem eigenen Porsche zur Arbeit kommen; später fuhr derselbe Mann einen Mercedes 300 SL auf Firmenkosten. Die stellvertretende Restaurantleiterin ließ sich ein Cabrio der Bayerischen Motorenwerke hinstellen, die Hotelleiterin bekam in einer eigens dafür abgehaltenen Zeremonie einen Mercedes SLK überreicht, eines der ersten Modelle, die aus dieser Reihe vom Band gelaufen waren. Diese Autos, deren Neuwert zwischen 60.000 und 80.000 D-Mark liegt, sind Draufgaben zum Arbeitslohn und sollen Freude machen.

Aus reiner Spendierlaune freilich vergibt Kobjoll die Autoprivilegien nicht. Der Mann hat Spaß an seiner Arbeit, und er wünscht, daß er von Mitarbeitern unterstützt wird, die ebenfalls Spaß an der Arbeit haben. Sie sollen sich über den Extrabonus freuen und genau wissen, warum sie sich gerade in diesem Unternehmen abrackern.

◆

Kobjolls Unternehmen, das ihm einigen persönlichen Reichtum gebracht hat, ist ein Hotel, aber ein besonderes.

Die meisten Hotels zeichnen sich durch mittelmäßige Dienstleistungen, schlechtes oder dauernd wechselndes Personal ohne Interesse am Gast sowie durch hohe Preise, an denen der Wirt noch nicht einmal etwas verdient, aus.

Klaus Kobjoll hat die Gesetze des Hotelführens neu geschrieben. Sein Haus ist das Landhotel Schindlerhof in Nürnberg-Boxdorf.* Wie außerordentlich beliebt das Hotel bei seinen Gästen ist, zeigt die Tatsache, daß es fast immer ausgebucht ist. Die Auslastung liegt bei 80 Prozent an 365 Tagen, ein Wert, von dem die Hotelierskollegen noch nicht einmal träumen. Denn die meisten wären froh, wenn sie 60 Prozent hätten.

Ohne bereits zu sehr ins Detail zu gehen: Auch im Betrieb von Kobjoll arbeiten keine Übermenschen – auch hier passieren Fehler. Aber wenn der Gast darunter leidet, dann soll er dafür auch entschädigt werden. Da wird dann schon einmal eine Einladung zu einem schönen Menü ausgesprochen, oder der Gast darf sich auf seine Geld-zurück-Garantie berufen, also gratis übernachten. Es versteht sich von selbst, daß diese Garantie eigentlich noch nie in Anspruch genommen werden mußte.

◆

Wenn dem Gast andernorts etwas nicht gefällt (etwa die Koffer zu spät gebracht wurden, das Tischtuch bekleckert oder das Essen kalt war), dann erlebt er die besondere Begabung des deutsch sprechenden Europäers in Serviceberufen: Er erhält eine lange und gewöhnlich unfreundliche Erklärung, daß eigentlich er selbst schuld an der Sache habe.

Kobjoll hatte solche Erlebnisse ebenso satt wie all die anderen Gäste; deshalb hat er unter seinen 38 Mitarbeitern die Order ausgegeben: Jeder Fehler ist verzeihbar, nur nicht der, der gegenüber dem Gast gemacht wird.

Solche schlichten Ideen zahlen sich aus in einem Gewerbe, das dafür bekannt ist, daß viele Unternehmer kein Geld verdienen. Kobjoll verdient mit gutem Service und dem gewissen Plus, immer noch etwas mehr zu tun für den Gast, als dieser erwartet (Sie spüren es förmlich, wenn Sie die Hotelhalle betreten: Hatten Sie schon irgendwo sonst in einem Hotel den Eindruck, daß Sie wirklich willkommen waren, und nicht nur Ihr Geld?). Mit seinem Schindlerhof macht Kobjoll heute nach satten Steigerungen in den zurückliegenden Jahren 8.400.000 D-Mark Umsatz.

---

* Für Leser, die Kobjoll und sein Hotel gern selbst kennenlernen möchten, hier die Adresse: Steinacher Straße 6–8; Tel. 0911-93 020. Der Autor versichert, daß die Angabe dieser Adresse keine bezahlte Werbung ist und auch keine Vergünstigungen anderer Art für ihre Nennung gewährt wurden (die dem Autor während seiner Arbeit gewährte Bewirtung beschränkte sich auf zwei Tassen Tee und einige der Jahreszeit angemessene Lebkuchen).

Aber es gibt noch etwas, worauf die Kollegen in der Hotellerie neidisch sind: Jeder Mitarbeiter erwirtschaftet hier einen Umsatz von 200.000 D-Mark im Jahr, das bringt der Firma eine schöne Rendite und Kobjoll den Ruf, Wunder zu vollbringen, denn so manches gute Hotel wäre froh, wenn es die *Hälfte* dieses Wertes erwirtschaften würde.

Dienstleistung enthält das schöne Wort „Dienen", darauf schwört Kobjoll seine Mitarbeiter mehr oder weniger gnadenlos ein. Aber sie sollen keinen Schaden daran haben: Hier wird gut gearbeitet und auch gut verdient. Nicht nur, daß Kobjoll seinen Mitarbeitern mehr bezahlt, als sonst in der Branche üblich ist; sie bekommen auch das, was der Chef und Inhaber als „Wunschgehalt" bezeichnet. Mitarbeiter werden gefragt, was sie verdienen wollen, und das bekommen sie dann auch. Eine Lizenz zum Ausruhen und Reichwerden ist das natürlich nicht, denn in dieses Verfahren ist wieder eine unternehmerische List nach dem Muster eingebaut: Nichts ist wirkungsvoller und anspornender als die selbstgelegte Meßlatte, die selbstgemalte Ziellinie. Der selbstgewählte Lohn wirkt wie ein täglicher Anreiz, zu zeigen: „Schaut her, ich bin mein Geld auch wert!"

◆

Kobjoll schaut sich sehr genau an, wer überhaupt bei ihm arbeiten darf. Stellenbewerbern schickt er erst einmal seinen Lebenslauf und eine Selbstdarstellung. Sodann müssen die Kandidaten einen außergewöhnlich ausführlichen Fragebogen zur Person beantworten, der weit über das Übliche hinausgeht. Kobjoll erlaubt sich außerdem, Bewerber um eine Lehrstelle grundsätzlich am Samstag oder am Sonntag zum Vorstellungsgespräch einzuladen – um die, die zu faul sind, am Wochenende anzureisen, ist es dem Hotelier nicht schade. Dann gibt es drei Tage Probearbeit am zukünftigen Arbeitsplatz, ohne Lohn, versteht sich.

Wer das alles besteht, hat Chancen, im Team zu Erfolgen zu kommen: Der Schindlerhof ist ein begehrter Arbeitgeber, daher kann Kobjoll es sich leisten, immer nach den Besten Ausschau zu halten (in die Arbeitsverträge schreibt er denn auch: „Sie sind der Beste, den wir für diesen Arbeitsplatz finden konnten ..."). Außerdem verpflichtet er seine Leute, entgegen dem sonst üblichen Tarifvertrag, zu ernsthaftem Engagement: Jeder Mitarbeiter unterschreibt für 45 Stunden Arbeit die Woche, aber es ist ungeschriebenes Gesetz, mindestens 50 Stunden zu arbeiten. Der Hotelier, der selbst eine Sieben-Tage-Arbeitswoche bestreitet, hat seine eigene Meinung zu den harten Arbeitszeiten:

„Für mich ist die 40-Stunden-Woche ein Teilzeitjob für einen Blutarmen. Das wissen meine Mitarbeiter." Außerdem wird den Mitarbeitern für jede Krankheitswoche ein Urlaubstag gestrichen.

Und dennoch: Im Schindlerhof werden den Menschen Entfaltungsmöglichkeiten geboten, die es sonst in der Branche kaum gibt. Der Inhaber gibt sehr viel Geld aus für die Weiterbildung seiner Mitarbeiter; in welchem anderen Hotelbetrieb können die Mitarbeiter fünf oder acht Tage auf Seminare fahren? Persönlichkeitskurse oder auch Mentaltraining nach allen am Markt verfügbaren Methoden sind dem Unternehmer besonders wichtig.

Die Investition in die Köpfe lohnt – denn der Erfolg eines Hotels hängt ganz wesentlich von den Menschen ab, die darin arbeiten, und wie gut diese ihrerseits mit Menschen umgehen können.

Wenn jemand neu eingestellt wird, bekommt er viel Vertrauen entgegengebracht – eine Rezeptionistin etwa erhält gleich am ersten Arbeitstag den Safeschlüssel, nicht erst nach einem Jahr Bewährung. „Vertrauen bekommt man, indem man welches gibt", begründet der Hotelier sein Vorgehen und zitiert das Goethe-Wort: „Behandle die Menschen, wie sie sind, und sie werden schlechter. Behandle sie, wie sie sein könnten, und sie werden besser."

Zur guten Behandlung gehört auch, daß es im Schindlerhof keine Geheimnisse gibt. Klaus Kobjoll legt gemeinsam mit allen Mitarbeitern Jahreszielpläne fest, in denen auch steht, wieviel Umsatz die einzelnen Bereiche machen wollen. All das wird minutiös durchbesprochen, so daß jeder Mitarbeiter jede Woche weiß, wie gut oder schlecht seine Einheit dasteht und wieviel Umsatz noch fehlt, um das Monats- oder Jahresziel zu erreichen.

Zahlen sind offen: Jeder weiß, was die Kollegen verdienen, und jeder weiß auch, wie es um die Geschicke des Chefs steht. Sein Vermögen ist der Wert des Hotels. Außerdem hat der Boß aufgrund der Kreditfinanzierung eines Neubaus noch 11.000.000 D-Mark Schulden abzutragen. Auch sein Gehalt ist für alle nachzulesen; vor einigen Jahren, so wird berichtet, zahlte sich Kobjoll die nicht einmal sehr üppig bemessene Summe von 120.000 D-Mark im Jahr aus, knapp mehr, als sein Küchenchef verdient. Seine Frau Renate, ebenfalls im Unternehmen tätig, bezog 60.000 D-Mark.

Diese Art von Ehrlichkeit beugt Gerüchten und Kritiken vor, außerdem hat es sich gezeigt, daß die Transparenz auch leistungsfördernd ist, weil jeder weiß, wie es um das Gesamtgeschäft steht. Die Ausrede, der Chef verdiene sich reich und stecke alles in seine Taschen, gilt nicht mehr. Reich ist der Chef nicht, weil er viel verdient, sondern allenfalls, weil er mit seiner Arbeit bleibende Werte geschaffen hat. Wenn Kobjoll sein Werk heute verkaufen würde, wäre mit Sicherheit eine hübsche Summe daran zu verdienen.

Selfmademan – so lautet die zutreffende Beschreibung des Lebensweges von Klaus Kobjoll. Er ist, ebenso wie Benedikt Taschen, bekennender Nichtakademiker.

Dieses Beispiel zeigt wieder einmal, daß es keinen Königsweg gibt, um ein vermögender Mensch zu werden. In vielen Fällen ist ein längerer Aufenthalt an der Universität sogar vertane Zeit auf dem Weg zum Millionär.

Sehen wir uns das Leben von Heiner an, dem Bruder des Lebenskünstlers und Gelegenheitsarbeiters Karl Jedermann. Heiner ist Sohn eines Tankstellenbesitzers. Er absolvierte die Höhere Schule, machte sein Abitur und schlug den Weg über die heimatliche Universität ein. Juristische Studien sollten es sein, da Heiner einen Job „in einer internationalen Organisation" anstrebte, wie er den Eltern gegenüber immer wieder bekundete. Aber außer einigen teuren, allesamt vom Vater bezahlten Reisen mit internationalem Bezug machte er keine Anstalten, sich seinem Berufsziel zu nähern.

Dafür wuchs die Unzufriedenheit mit seinen juristischen Studien. Eines Tages verkündete er dem Vater, daß er die Universitätsstadt und sein Studienfach wechseln wolle: Betriebswirtschaft habe er eigentlich schon immer studieren wollen. Der Vater begann sich zu fragen, was er falsch gemacht hatte, da der Sohn die Schritte in ein selbständiges Leben offenbar auf so sackgassenreichem Weg begann. Ob seiner Gewissensbisse hatte er offene Ohren für den Wunsch seines Sprößlings nach der Anschaffung eines Autos, „damit ich morgens schneller in die Uni komme", wie der Sohn verkündete. In Wirklichkeit wurde das vom Vater gesponserte Auto dann für ausgedehnte Reisen genutzt: Der Sohn begann, republikweit Selbsterfahrungskurse (Tai-Chi, Blockhaus-Training, Tiefenentspannung, Yoga) aufzusuchen.

Die Geschichte endet nicht überraschend: Mit 30 Jahren war Heiner Jedermann von Beruf Studienabbrecher. Er hatte viele Bücher gelesen, einige Vorlesungen gehört, hatte auf Reisen Lebenserfahrung gesammelt und viel Geld vom Vater ausgegeben. Aber für den Eintritt in den väterlichen Betrieb war er nicht geeignet, auch nicht für andere Anforderungen des praktischen Lebens.

◆

Wie gern setzen wir hier mit dem Bericht über den so farbigen Lebensweg des Klaus Kobjoll fort: Der gebürtige Bamberger sollte nach sechs Jahren auf dem Gymnasium eine praktische Laufbahn einschlagen; das allein schon aus dem Grunde, weil seine Eltern kein Geld hatten, um ihm ein Studium zu bezahlen. Kobjoll wuchs mit vier Geschwistern auf; für den 16jährigen gab es 60 Pfennig Taschengeld am Tag.

Er besuchte Hotelfachschulen in Tegernsee sowie in Straßburg, und im Alter von 22 Jahren, als Heiner Jedermann sich gerade entschloß, von einer brotlosen Existenz in die nächste zu wechseln, stand Kobjoll bereits auf eigenen Füßen.

Er war Unternehmer, wobei seine Betriebsstätte eine Art Hausflur in der Innenstadt von Erlangen war. Hier hatte er 1970 eine Crêperie eröffnet. Er hatte nichts weiter als 5.000 D-Mark Startkapital, sieben Tische für die Gäste und die Unterstützung von zwei Hilfspersonen – eine der beiden war Renate, die er später zur Frau nehmen sollte.

Es war eine aberwitzige Idee, im Land der Buletten mit dem Verkauf hauchdünner Eierkuchen anzufangen, und das 1970, als das Volk sich noch nicht einmal etwas unter McDonalds vorstellen konnte, weil es diese amerikanische Fast-Food-Kette noch gar nicht gab.

Aber Kobjoll hatte mit seiner „Crêperie Rennaise", benannt nach der Partnerstadt Rennes, den richtigen Riecher. Er kann für sich das Verdienst in Anspruch nehmen, die Deutschen an den Genuß dieser im wesentlichen aus Mehl und Wasser gefertigten, dünnen Fladen herangeführt zu haben: Schon im ersten Jahr verkaufte er jede Woche für 5.000 D-Mark Eierkuchen. Nach Abzug des geringfügigen Wareneinsatzes für Wasser, Mehl und Eier, der Kosten für einige Zutaten und der Raummiete von 88 D-Mark in der Woche dürfte eine beachtliche Wertschöpfung in Kobjolls Händen übriggeblieben sein.

◆

Über den Menschen Kobjoll ist zu vermerken, daß er schon immer ein begeisterungsfähiger Mensch voller Energien war. Die Begeisterung in seiner Jugend äußerte sich heute für dieses, morgen für jenes. Die, die ihn schon damals kannten, beschreiben den jungen Gastronomen als energisch, aber flatterhaft wie ein schöner Schmetterling, der mal an dieser, mal an jener Blüte seinen Nektar zieht. Länger an einem Ort zu verharren, ist dem Schmetterling auf Nahrungssuche nicht gegeben, und in ganz ähnlicher Weise verhielt es sich mit Kobjolls Erwerbsquellen: Bald reizte ihn die Crêperie nicht mehr und er verkaufte das von ihm gegründete Kleinunternehmen.

Der schmetterlingshafte Wechsel von einer Ernährungsquelle zur nächsten sollte lange Zeit zum Lebensprinzip werden: Kobjoll gründete nach dem Verkauf seiner Crêperie eine Diskothek, die er ebenfalls schnell wieder verkaufte. Dann war es ein französisches Bistro („Prison St. Michel"), danach das Landhotel Mörsbergei, dann das „Café des Arts". Immer zog Kobjoll etwas auf und brachte es zum Laufen, um es dann gleich wieder zu verkaufen.

Unternehmensgründung im Zweijahrestakt – so ging das über 14 Jahre. Der Mann verbrachte sein Leben in hochgradiger Unrast, und er lernte nach eigenem Bekunden nach der Methode „heiße Herdplatte". Also ohne Bücher, ohne lange Erklärungen, sondern durch das Tun, Scheitern und Gelingen.

„Das ist schmerzhaft, aber man lernt schnell und viel", beschreibt der Unternehmer die Vorzüge seiner Methode.

◆

Erst im Alter von 36 Jahren kommt etwas mehr Seßhaftigkeit in das Leben von Klaus Kobjoll. Er entdeckt in Boxdorf eine Immobilie, mit der sich der aus kleinen Verhältnissen Stammende seinen Traum verwirklichen kann: Auf *eigenem* Grund und Boden soll sein *eigenes* Hotel entstehen; Kobjoll hatte die Lust daran verloren, als Pächter in die Tasche seiner Vermieter zu wirtschaften.

Gemeinsam mit seiner Frau Renate baut er den denkmalgeschützten, 400 Jahre alten Bauernhof zu seinem Landhotel aus, begleitet von den argwöhnischen Blicken der Dorfbewohner, die ihm nicht zutrauen, aus seinem Vorhaben einen Erfolg zu machen.

Aber Kobjoll zeigte es diesen und anderen Zweiflern – er katapultierte sich mit seinem Schindlerhof an die Spitze der Tagungshotels in Deutschland. Einzigartig ist sein Unternehmenssystem, einzigartig ist auch, was er für seine Tagungsgäste tut.

Während sonst in der Branche die Phantasielosigkeit der hauptsächliche Produktionsfaktor zu sein scheint, hat sich Kobjoll über das Wie seines Geschäfts einige nützliche Gedanken gemacht. Seine Tagungsgäste werden morgens mit einem Duft, Note: Pink Grapefruit, angeregt, die Räume haben gelbe Wände, weil das emotional als angenehm empfunden wird, und an den Vormittagen werden grünflächige Wände in die Räume geschoben, in denen die Menschen arbeiten. All das soll Konzentration, Produktivität und Wohlfühlen gleichermaßen fördern, und Kobjoll propagiert diese Farben-Duft-Methode gegenüber seinen Kunden so: „Schaffen Sie bei uns an einem Tag, wofür Sie andernorts zwei Tage brauchen."

In der Tat werden Vorkehrungen getroffen, die das langsame Einnicken der Teilnehmer etwa an einer Verkäuferschulung verhindern sollen: Mittags wird der Raumduft gewechselt, nun ist es Minze, und die Wände kommen in Orange daher. Abends dann, wenn der Geist endgültig zu erschlaffen droht, steigert sich das Kobjollsche Farbenreich zum Finale: Die Wände sind jetzt rot – rot für Dynamik und Aggression.

Natürlich gibt es darüber hinaus Zutaten, derer sich auch andere bessere Hotels rühmen: Plattenspieler auf den Zimmern, Videorekorder am Bett, eine Bibliothek, einen Fitneßraum und sogar einen Meditationsraum, in dem die Gäste im halben Lotussitz auf dick gepolsterten Kissen die Zeit anhalten können. Dazu kommen Vorkehrungen für ausgefallene Wünsche: Wenn ein Gast allein an einem Tisch sitzt (oder mangels Begleitung sitzen muß, was auch vorkommt), dann kann er sich zum Essen auch noch einen kleinen Fernseher an seinen Platz stellen lassen, der dann die Unterhaltung übernimmt.

◆

All diese Übungen mit dem Zweck, den Gast zu umsorgen, machten Kobjoll in der Branche bekannt. Sein Hotel wurde das Ziel vieler Interessierter und Bewunderer. In Unternehmerkreisen wurde der Schindlerhof lange Zeit regelrecht als Geheimtip gehandelt.

1990 wurde Klaus Kobjoll für Deutschland zum „Hotelier des Jahres" gewählt. Spätestens diese Auszeichnung machte ihn auch außerhalb seiner Branche und seiner Stammkundschaft bekannt – mit entscheidenden Folgen für das Berufsleben des Hoteliers: Es bahnte sich ein Wandel an, dessen Folgen heute noch wirksam sind. Kobjoll sagt dazu:

„Das war das einzige in meinem Leben, das ich nicht geplant habe, dieses Hobby. Aber wenn es einem Spaß macht, kann man es kaum verhindern, daß es auch gut wird."

Wie gut, das ist am Verdienst abzulesen: Klaus Kobjoll bekommt für einen Tag, an dem er das ausübt, was er sein Hobby nennt, ein Honorar von 15.000 D-Mark.

Dieses Hobby besteht darin, Manager und Unternehmer für ihren Beruf zu trainieren. Die hohen Preise – 15.000 D-Mark bekommt er für ein Training, wenn er zum Kunden reist, 10.000 D-Mark am Tag berechnet er, wenn er seine Trainings im eigenen Hotel veranstalten kann – rühren daher, daß Kobjoll zu den Gefragtesten seines Standes gehört.

Begonnen hatte alles, nachdem er die Auszeichnung „Hotelier des Jahres" erhalten hatte. Der Zuckerlimonadenhersteller Coca-Cola lud ihn daraufhin ein, einen Vortrag über seine Erfolgsrezepte zu halten. Kobjoll nahm diese Einladung an, und in der Folge viele andere. Er und auch seine Auditorien merkten, daß er etwas zu sagen hatte, und dem Vortragenden machten diese Auftritte Spaß: „Ja, ich habe Lunte gerochen."

Die Folge war, daß er das zu einem zweiten Geschäft ausbaute. In den letzten Jahren war er als Prediger seiner eigenen Erfolge manchmal 180, manchmal 200 Tage im Jahr vor Publikum. Dieses Engagement bringt dem Hotelier zusätzlich zum Schindlerhof noch einmal 1.400.000 D-Mark im Jahr an Umsatz ein.

Das Geheimnis von Trainer Kobjoll? Es ist eigentlich kein Geheimnis, sondern ein von der Natur gegebenes Talent, das der Unternehmer entdeckt, gepflegt und ausgebaut hat: Er kann gut Energien auf andere Menschen übertragen. Er mobilisiert, rührt auf und schafft Zukunftsperspektiven. Er ist selbst ein Energiebündel und sorgt dafür, daß das auf Menschen abfärbt, die sich in seiner Nähe befinden – Mitarbeiter wie zahlende Zuhörer.

◆

8. Lady Kitty

Wieder ein Beispiel für einen Millionär, wenn auch mit vergleichsweise kleinem Vermögen, der sich sein Leben nach seinen Vorstellungen gestaltet hat. Klaus Kobjoll ist nicht der Typ, dessen Lebenswandel sich in engen Leitplanken einfassen läßt. Er kam aus kleinen, sehr bescheidenen Verhältnissen und suchte einen Weg, um seine persönlichen Lebensziele umsetzen zu können. Es war eigentlich nicht so sehr die Idee, ein reicher Mann zu werden, die ihn trieb. Dieser Weg, wenn er ihn denn gewünscht hätte, wäre einfacher zu erreichen gewesen.

Kobjoll wollte Unabhängigkeit, und das unbedingt. Er wollte keinen Chef und keinen Eigentümer, an den Miete zu bezahlen ist. Und er wollte wohl Spaß an seiner Arbeit haben.

Zu realisieren war das nicht mit einer Durchschnittskarriere, sondern nur mit etwas Selbstgeschaffenem – erst mit seinen Gastronomiebetrieben, zehn Versuchsballons gewissermaßen, und dann mit seiner Lebensbindung, dem Landhotel Schindlerhof. Er hatte den Traum, daß Arbeit für ihn zu einem, wie er sagt, „freizeitähnlichen Erlebnis" wird, und das hat er wohl geschafft.

Auch äußerlich: Als ich ihn zum letzten Mal zum Interview traf, trug er einen gelben Grobstrick-Pullover, verwaschene Jeans und Segelschuhe. Sein Hund liegt dann unter dem Tisch und bestimmt, wann der Termin seines Ernährers zu Ende ist.

◆

Hier zeigt sich erneut ein bereits bekanntes Muster: Der Mann arbeitet unendlich viel, mutet sich ein Sieben-Tage-Pensum zu und spricht dann von der Freizeitqualität der Arbeit. Über sein Engagement ist Klaus Kobjoll zu einem Arbeitsumfeld gekommen, das sich ein Tarifangestellter auch in den höheren Gehaltsklassen nicht so schnell verwirklichen kann; hier sind die

Freuden eher auf Betriebsrentenansprüche, auf den von der Firma gestellten Dienstwagen und die 30 Tage Tarifurlaub beschränkt. Zudem hat Kobjoll über seine Anstrengungen nicht nur ein ordentliches Einkommen, sondern auch Eigentum an seinem Aufbauwerk erworben. Noch würde zwar die Bank einen großen Teil der Millionensumme erhalten, wenn er sein Werk verkaufte. Aber Kobjoll hat außerordentlichen unternehmerischen Erfolg: Mit einer halben bis einer Million D-Mark Gewinn im Jahr ist er in der Lage, den Kredit so schnell und zuverlässig abzustottern, daß seine Kreditgeber ruhig schlafen können und er im Laufe der kommenden Jahre gemeinsam mit seiner Frau Renate das vollständige Eigentum an einem Millionenwert erwerben kann.

◆

An Kobjolls Unternehmergebaren ist ersichtlich, daß Unternehmer keineswegs ein menschenfressendes Besitzergehabe an den Tag legen müssen, um durchzukommen und zu Reichtum zu gelangen. Spaß und Arbeit schließen einander keineswegs aus, das vermag der Nürnberger Hotelier auch seinen Mitarbeitern zu vermitteln. Nicolas Hayeks Beispiel hat ebenfalls gezeigt, daß einen Unternehmer durchaus menschenfreundliche Ideen umzutreiben vermögen: Hayek hätte seinen ganzen Erfolg und seinen ganzen Reichtum wahrscheinlich auch erreichen können, wenn er all das, was er und sein Team sich ausgedacht hatten, im Fernen Osten produziert hätte. Aber Hayek hat alles darangesetzt, *seine* Ideen in *seiner* Heimat umzusetzen, also dort die Arbeitsplätze zu schaffen, wo er wohnt. Das war eine Wohltat für die Menschen dort, aber letzten Endes auch für den Unternehmer, denn wer lebt schon gern in einer Umgebung, wo in der Nachbarschaft nur noch Arme ohne Arbeit wohnen?

Wenn Unternehmer sich dazu entschließen, den Menschen in ihrer Umgebung Beschäftigung zu geben, so ist das nicht zu ihrem Nachteil; freilich sollten die alten Arbeitsbeziehungen dabei kein Tabu sein. Klaus Kobjoll hat das auch gezeigt: Er hat ein Hotel mit außergewöhnlich guten Arbeitsbedingungen geschaffen und dabei die Gefühlswelt seiner Mitarbeiter mit einbezogen, aber er verlangt auch, daß sich keiner vor einer 50-Stunden-Woche drückt.

Den abhängig Beschäftigten in der Umgebung der kreativen Reichen kann es durchaus besser gehen als ohne diese; und die Unternehmer profitieren ihrerseits davon, wenn sie für Wohlergehen in ihrer Umgebung und nicht irgendwo sonst sorgen.

Ein erwähnenswerter Fall, wo Kapital und Ideen schon den Ausreiseantrag gestellt hatten und im Begriff waren, die Heimat zu verlassen, ist das Beispiel des Heizkesselherstellers Martin Vießmann. Hier sollte die Arbeit in eines der neuen Marktwirtschaftsländer auswandern, die das Herz mancher Kapitalisten höher schlagen lassen, weil dort die Löhne so niedrig sind.

Martin Vießmann hat jedoch gemeinsam mit Mitarbeitern und Betriebsrat entschieden, mit einer neuen Produktion in der Heimat zu bleiben. Keine schlechte Entscheidung für die Heimat: Es konnten 170 neue Mitarbeiter in Vießmanns Firma angestellt werden, und Anfang 1997 bestand die Aussicht auf weitere 80 Arbeitsplätze, die am Stammsitz eingerichtet werden können.

Wie das funktionierte? Vießmann hatte schon die Auslagerung der neuen Produktion ins Ausland angebahnt und Grundstücke für das neue Werk beschafft, da stand das im Raum, was „Bündnis für Arbeit" genannt wurde: Arbeit schaffen am Stammsitz, und nirgendwo anders. Alle Beschäftigten in Vießmanns Fabriken in Allendorf und Battenberg haben diesem Bündnis zugestimmt. Es funktioniert nach der Regel: Alle arbeiten ohne zusätzlichen Lohn etwas mehr, um die neuen Arbeitsplätze möglich zu machen. Dafür gibt es eine Jobgarantie.

Also muß heute der Arbeiter in der Firma Viessmann (die sich tatsächlich anders schreibt als die Familie Vießmann) nicht 35, sondern 38 Stunden in der Woche arbeiten. Das ist um etwas mehr als eine halbe Stunde am Tag länger, als die Arbeiter bislang in der Firma waren. Ein vertretbares Opfer für neue Arbeitsplätze, fanden die Mitarbeiter (Zustimmung: 96 Prozent) und auch der Betriebsrat – bis auf die Einpeitscher aus der Firmenzentrale der Metallgewerkschaft. Sie zerrten Martin Vießmann wegen seines Bündnisses für Arbeit zweimal vor Gericht, weil es irgendwelchen gewerkschaftlichen Grundsätzen nicht entsprach. Zum Glück verlor die Gewerkschaft; die 170 Familien, deren Ernährer (oder Ernährerin) dank des kollektiven Opfers in Lohn und Brot bleiben konnte, werden es den Richtern danken.

◆

Auch das gehört also zum Leben des Millionärs: Er muß damit rechnen, öffentliche Prügel zu beziehen und von Gegnern, Neidern oder, wie hier, von Gewerkschaftsfunktionären vor die Gerichte gezerrt zu werden. Eigentlich können wir froh sein über jeden, der nicht frustriert die Sache hinwirft, sein unternehmerisches Werk verkauft und sich in Florida oder am Genfersee mit seinem Geld ein schönes Leben macht. Es gibt genügend Unternehmer, die das getan haben – oft zum Nachteil derer, die sie zurückgelassen haben.

„Leistungsträger unserer Gesellschaft sind die Prügelknaben. Wir werden von früh bis spät geprügelt. Man muß sich in dem Land wirklich fragen, ob nicht der Faule belohnt wird", lamentiert auch Klaus Kobjoll. Bei jeder Steuerprüfung ist er kurz davor, aus Frustration seine Zelte hier abzubrechen, um sich in Richtung USA oder Schweiz aufzumachen.

Aber so wie Kobjoll uns als Hotelier in Nürnberg erhalten geblieben ist, hat glücklicherweise auch Martin Vießmann trotz all der Auseinandersetzungen nicht die Sache hingeworfen. Ernsthaft daran gedacht hat er nicht, aber manchen Menschen ist es wohl nicht klar, daß man auch Unternehmern nicht unendlich lange auf den Nerven herumtrampeln kann. Wir haben von den Vießmanns, Kobjolls, Hayeks, Taschens und Stollmanns nicht genug, also sollten wir alles daransetzen, sie nicht in die selbstgewählte Untätigkeit zu vertreiben, sondern sie besser auf die Artenschutzliste zu setzen.

◆

Daneben gibt es auch viele Fälle, wo zwar nicht liquidiert wurde, aber eine Art kalte Stillegung einsetzte. Das ist ein Vorgang, der sich über Jahre hinzieht und dazu führt, daß am Ende nur noch eine Villa dasteht, bevölkert von einer Handvoll Angestellten. Diese besorgen das Büro des Inhabers und verwalten die Geldströme, die die ins Ausland abgezogenen Werke erwirtschaften.

Am Anfang dieser kalten Abwanderungen steht meist die Schließung eines unproduktiven Werkes und die Entlassung der Mitarbeiter. Jahre später wird ein zweites an einem andern Ort geschlossen. Dann, wieder später, folgt ein drittes, das wegen angeblich unfähigen Managements am Ende ist und nur noch geschlossen werden kann.

Auf diese Weise sind bereits viele große Unternehmen, Marken und bekannte Produkte verlorengegangen – denn mit der Produktion wandern auch Einkommen und Wissen ab.

◆

Martin Vießmann dagegen hat ein klares Bekenntnis zu seinem Standort abgegeben. Es ist ihm etwas wert, seine Werke in seiner Heimat zu haben. Martin Vießmann ist Unternehmer in dritter Generation, und schon sein Vater hat eine Grundlage gelegt für die Verbundenheit mit der Scholle.

Kennen Sie Allendorf? Nein? Der Autor kannte es auch nicht, bis er vor einigen Jahren das Vergnügen hatte, den Unternehmensinhaber dort zum ersten Mal zu besuchen.

Allendorf (Eder) ist ein kleiner Ort im nördlichen Hessen, der etwa gleich weit weg ist von allen größeren Ansiedlungen und Wirtschaftszentren. Es gibt keine Autobahn, keinen Bahnhof, von dem aus sich Reisen antreten ließen, und es gab keinen Flughafen.

Dafür bietet es eine Lebensqualität, die in den Wirtschaftszentren fehlt: saubere Luft, Wald und einen Arbeitsstil, der offensichtlich weniger hektisch und nervös ist als das, was in unseren Wirtschaftszentren gepflegt wird.

Martin Vießmann nutzt das auf seine Weise. Der passionierte Jäger hat schon einmal einen Feierabend nach dieser Art: Um Viertel nach fünf verläßt er sein Büro, zieht sich rasch um, fährt in den Wald – und sitzt gut eine halbe Stunde später schon, von Einsamkeit und hereinbrechender Dunkelheit umgeben, auf dem Hochsitz.

„Um fünf nach sechs hatte ich die erste Sau geschossen", berichtet der Unternehmer über sein Jagdglück.

◆

Johannes Vießmann, der Großvater des heutigen Unternehmers, zog mit der Firma in die hessische Provinz um: Im Jahr 1937 verlegte er den Betrieb aus dem bayerischen Hof nach Allendorf. Was den Großvater damals bewog, von einer Provinz in die andere umzuziehen, läßt sich nicht mehr eruieren. Aber die Entscheidung hatte Bestand, 1997 konnte Viessmann sein 50-Jahre-Jubiläum am heutigen Standort feiern.

Die Tatsache, daß die Leitung der Firma dort verbleiben konnte, hängt sicher mit einer klugen Entscheidung vom Vater des heutigen Unternehmers zusammen: Der machte aus der Not eine Tugend und nutzte die ihm gegebenen Mittel für eine außergewöhnliche Maßnahme.

Sie zeigt wieder, daß Reichtum auch oft mit dem nötigen Weitblick kombiniert ist, wirklich große, nützliche Dinge in Bewegung zu setzen. Statt über den abgelegenen Standort zu lamentieren, der ja nur vom Gründer der Firma ererbt war, machte der damalige Inhaber das Beste daraus:

Er baute sich seinen eigenen kleinen Flughafen. Seit 1966 kann Allendorf an der Eder auch bei schlechtem Wetter und schlechter Sicht problemlos von den im Geschäftsreiseverkehr üblichen Düsenflugzeugen erreicht werden. Martin Vießmann unterhält für seine eigenen Bedürfnisse sowie für die der Mitarbeiter und Kunden zwei Firmenflugzeuge, Modell Cessna Citation.

Was ist das Geschäft der Firma Viessmann? So abgelegen der Standort sein mag, so allgegenwärtig ist die Firma in deutschen Haushalten: Martin Vießmann leitet jenes Unternehmen, das die in vielen Kellern zu findenden, orangefarbenen Heizkessel mit der Aufschrift „Viessmann" herstellt. In Deutschland ist sein Betrieb der bedeutendste Hersteller dieser Wärmeversorger.

Das Geschäft mit den Heizkesseln für Gas, Öl und feste Brennstoffe ist kein kleines. Die Viessmann-Werke GmbH & Co. erwirtschaftet damit einen Jahresumsatz von 1,7 Milliarden D-Mark, das Unternehmen beschäftigt im In- und Ausland insgesamt 6.400 Mitarbeiter.

Die wichtigste Botschaft des Unternehmens ist auf dem Uhrwerkdeckel einer Armbanduhr untergebracht, die Martin Vießmann an Mitarbeiter und Geschäftsfreunde verteilt hat: „Verläßliche Spitzentechnik – gemeinsames Engagement für sparsame, umweltschonende, komfortable Ware", so lautet das Motto, das die Geschicke des ganzen Unternehmens bestimmt. Inhaber Vießmann trägt das Motto ebenso am Handgelenk wie viele der Mitarbeiter. Auf dem Zifferblatt der Uhr sind die Symbole des Unternehmererfolgs zu sehen: zwei Dreiecke. Das graue, nach oben gerichtete steht für Spitzentechnik, das orangerote (in der Farbe der Heizkessel!) steht für Wärme.

Für den Inhaber in dritter Generation war das Verteilen der Uhr eine symbolische Handlung: Die knapp 7.000 Uhren sollten für jeden sichtbar und am Körper, am Handgelenk tragbar, die gemeinsame Bindung symbolisieren. „Wir sind eine Sinn- und Wertegemeinschaft", beschreibt Martin Vießmann das gedankliche Dach seiner Firma.

Der 1953 Geborene hat das Unternehmen von seinem Vater übernommen – Dr. Hans Vießmann hatte einen geordneten Rückzug aus der Unternehmensführung angetreten, der am 31. Dezember 1992 beendet war. Seither ist Sohn Martin der Alleinverantwortliche – und für den Vater gibt es eine Art Altenteil: Der mittlerweile 80jährige leitet die früher zum Stammunternehmen gehörenden bayerischen Werke in Hof und Schwandorf, eine Kältetechnikproduktion und eine Maschinenfabrik.

Für das Unternehmen war diese Art des Generationswechsels ein Segen: Die Firma wurde aufgeteilt; der Nachwuchs übernahm den größeren Teil, und der Senior konnte sich selbständig um ein ausgegliedertes Unternehmen kümmern. Wir wissen nicht, wieviel Auseinandersetzung es Vater und Sohn Vießmann gekostet haben mag, diese so glückliche Lösung zu finden. Aber wir kennen das Elend so vieler Unternehmen, die am Dauerkonflikt von zwei im gleichen Hause regierenden Generationen fast zugrunde gegangen sind. Hier wurde einmal eine vernünftige Lösung für beide Beteiligten gefunden; der Sohn hat den Rücken frei, und der Vater hat ein eigenes Feld, für dessen Gedeihen er seine gesamten Energien einsetzen kann.

Außerdem habe ich selten einen Unternehmernachfolger getroffen, der ohne Nervosität und mit soviel Hochachtung vom Werk des Vaters sprechen kann.

◆

Der galt in seiner aktiven Zeit als Blockadebrecher in der Heiztechnikbranche. Der Markt war in der Nachkriegszeit fest in der Hand der etablierten Konkurrenten Buderus, Rheinstahl und Krupp. Hans Vießmann war zu der Zeit, als er den Betrieb übernahm, nichts weiter als ein namenloser Außenseiter. Die Großen verdienten das Geld am Markt.

Aber Vießmann trat mit einer neuen Technik an: Als einziger Hersteller fertigte er seine Heizkessel nicht aus Eisenguß, sondern aus Stahl. Mit dem Auftauchen dieser neuen Technik begann der Wettlauf zwischen Stahl und Guß. Vießmann wußte die Vorteile des Stahls, der gebrauchstechnisch und in der Produktion sehr vielseitig ist, gezielt zu nutzen. Der Unternehmer erwies sich als produktiver Erfinder, meldete ein Patent nach dem anderen an und überraschte den Markt mit ständigen Innovationen.

Das Ergebnis: Die etablierte Konkurrenz lernte das Fürchten. Eigentlich hatten Buderus, Rheinstahl und Krupp darauf gesetzt, daß sie mit dem Siegeszug des billigen Öls ein hübsches Geschäft machen konnten, indem sie dem Publikum ihre Brenner verkauften. Aber die Etablierten hatten die Rechnung ohne Vießmann gemacht.

Der Außenseiter rollte den Markt durch günstige Preise auf – das nahm den bisherigen Anbietern einen Teil der erhofften Gewinne, und die Viessmann-Werke gediehen in dieser Zeit überaus prächtig. Auch die Ölkrisen konnten dem Newcomer auf dem Markt nicht ernsthaft etwas anhaben: Konkurrenten machten dicht, Vießmann machte neue Produkte. Die Vormachtstellung der alten Gußtechnik war gebrochen, und die deutsche Presse titelte über Vießmanns Erfolg: „Die Materialschlacht ist entschieden."

◆

Zum Zeitpunkt des Übergangs der Führung vom Vater auf den Sohn konnte Martin Vießmann ein gut bestelltes Haus übernehmen. Der Vater hatte das Unternehmen mit seiner Innovations- und Expansionsstrategie von 35 Mitarbeitern auf über 6.000 Mitarbeiter wachsen lassen.

Der Sohn war auf die Unternehmensnachfolge gut vorbereitet. Er kannte den Betrieb schon aus seiner Schulzeit wie seine Westentasche, denn der Vater schickte alle vier Söhne in eine Art Schlosserlehre. Während sich die Mitschüler an den schulfreien Nachmittagen den Freizeitvergnügungen hingeben konnten, ging Martin so wie seine Brüder dreimal pro Woche in die Schlosserwerkstatt, um dort den Umgang mit den Werkstoffen der Heiztechnik von der Pike auf zu erlernen.

Nach dem Abitur orientierte sich der heutige Unternehmer in Richtung des Kaufmännischen: Er widmete sich dem Studium der Betriebswirtschaft an der Universität Erlangen/Nürnberg. Auch während des Studiums arbeitete er immer wieder im väterlichen Unternehmen, wie sich das für einen anständigen Unternehmersohn gehört.

Die Nachfolge war zwar gedanklich durchaus vorgegeben, aber für den Filius keineswegs eine von vornherein ausgemachte Sache. Er sympathisierte mit dem Gedanken, aber es gab auch andere ernsthafte Pläne. So hatte Martin beispielsweise seine Liebe zur Fliegerei entdeckt: Er betrieb schon als Jugendlicher Modellflug und Segelflug, und mit 18 Jahren, als seine Schulkollegen aus weniger begütertem Hause vielleicht den Autoführerschein machten, hatte er bereits die Lizenz zum Führen von Motorflugzeugen in der Tasche. Das baute er als Student noch weiter aus: Nach und nach erwarb er den Berufspilotenschein und die Instrumentenflugberechtigung.

All das hatte einen durchaus praktischen Hintergrund: „Wir wurden damals kurzgehalten", beschreibt Martin Vießmann den Lebensstandard, den Vater Hans seinen Kindern Karl-Johann, Thomas, Ulrich, Annegret und Martin ermöglichte. Das war kein Unternehmerkinderleben in Saus und Braus mit schönen Autos und teuren Reisen, sondern ein bescheidenes Auskommen.

Also suchte Martin nach einem Weg, sich etwas dazuzuverdienen: Mit seinen Kenntnissen in der Bedienung von Fluggerät verdingte sich der Student als Pilot für gewerbliche Flugzeugbetreiber und flog immer wieder Linienmaschinen des Nürnberger Flugdienstes.

„Ich wäre gern Pilot geworden", sagt Martin Vießmann, der Spaß daran gehabt hätte, mit seiner Fluglizenz auch in den Dienst der Lufthansa einzutreten. Aber es ist ihm nicht gegeben, undiplomatisch zu sein, mit dem Kopf durch die Wand zu gehen oder seine Interessen auf Kosten anderer durchzusetzen – Martin Vießmann ist ein Konsensmensch. So hängte er nicht nur die Pläne für den Berufspiloten, sondern auch den Gedanken an ein Ingenieurstudium an den Nagel, als der Vater ihn rief.

Das Unternehmen brauchte das Engagement der Familie. Es war die Zeit der Ölkrise, und das bedeutete neue Herausforderungen beim Absatz von Geräten, die Öl verbrauchten oder überhaupt mit der Herstellung von Wärme-energie beschäftigt waren.

Martin Vießmann stellte seine persönlichen Pläne hintan und diente den Interessen des Familienunternehmens. Zu dieser Zeit arbeiteten sechs Familienangehörige im Unternehmen: der Vater, seine vier Söhne und Tochter Annegret, die sich als Werksärztin betätigte. Die Firma brauchte die Kraftinfusion aus der Familie, denn der Vater wollte die Führung auf sicheren Fundamenten sehen: Die siebziger Jahre waren die Zeit, als wegen der Ölpreiskrise an einigen Sonntagen keine Autos fahren durften und die Ölpreise in zwei Schüben auf ein nie gekanntes Maß stiegen. Niemand wußte um diese Zeit, auf welchen Füßen die Energieversorgung des Landes in der Zukunft stehen würde.

◆

Der Junior Martin stieg zunächst für ein halbes Jahr in die Fertigung ein, um an dieser Stelle das Herz des Unternehmens kennenzulernen. Anschließend ging er daran, sein zuvor erworbenes kaufmännisches Wissen einzusetzen, indem er das Zahlenleben der Firma neu ordnete und die Werke so für die Zukunft rüstete.

Seine früher hobbymäßig betriebene Leidenschaft wurde eine berufliche – das Fliegen. Er machte die Flugberechtigungsscheine für die beiden Firmenflugzeuge und konnte bei Terminen im immer weiter wachsenden Viessmann-Reich auf Reisen selbst am Steuerknüppel sitzen.

Fünf Mitglieder der Familie Vießmann arbeiteten zeitweise in der familieneigenen Firma, aber nur einer sollte später dazu auserkoren sein, die Gesamtleitung zu übernehmen. In Absprache mit dem Vater machte sich Martin daran, in die Startlöcher für die Unternehmernachfolge zu treten. Seine Brüder sind heute alle nicht mehr für das Stammhaus tätig, nur die Schwester arbeitet noch in ihrer Funktion weiter. Die Familie wollte wohl einem tätigen Inhaber den Vorzug geben gegenüber einer ausschließlich mit Familienmitgliedern besetzten Leitung – denn diese Großfamilienlösung klappt nicht immer; oft gibt es Streitereien zwischen den Familienstämmen, die sich dann zum Nachteil des Unternehmens auswirken können.

Fälle mit einer funktionierenden, aus mehreren Familienmitgliedern zusammengesetzten Unternehmensführung sind selten – ein Beispiel ist die Bitburger Brauerei, die die Biermarken gleichen Namens in der Eifel herstellt. Das Unternehmen wird seit seiner Gründung 1817 in sechster Generation von der Familie Simon geführt.

Aber Vießmann wählte nicht die Clan-, sondern die Einzellösung. Damit ist die Firma gut gefahren: Der Generationswechsel ist verdaut, wenn auch die ganze Branche Mitte der neunziger Jahre nicht in einfachen Zeiten steckt. Das ist auch am Primus Viessmann nicht spurlos vorübergegangen; die Firma hat schon Zeiten größeren Wachstums erlebt.

Aber der neue, zum Zeitpunkt meines letzten Kontaktes regierende Inhaber setzt alles daran, nicht nur die vom Vater begonnene Tradition fortzusetzen, sondern an alte Zeiten erfolgreichen Wachstums wieder anzuknüpfen. Es scheint auch, daß die Viessmann-Werke mit den Turbulenzen auf dem Markt besser zurechtkommen als die Konkurrenz.

◆

Der heutige Unternehmer hat eine Haltung, die davon geprägt ist, das Erbe zu wahren und für die Zukunft des Unternehmens einige Weichenstellungen vorzunehmen. In dritter Generation in der Leitung, gehört Martin Vießmann erst ein ganz kleiner Abschnitt auf dem Zeitstrahl, der das Leben der Firma markiert. Aber es wird schon sichtbar, daß Vießmann nicht hektisch irgendwelche Neuerungen probiert. In einigen Bereichen hat er das Unternehmen umgebaut, neue Produkte aufgelegt und sich, wo nötig, veränderten Gegebenheiten angepaßt.

Aber der Inhaber ist kein Freund des raschen Wechsels und der erzwungenen Brüche. Zwar hat er im Unternehmen als Eigentümer das letzte Wort, aber ihm ist es mehr gegeben, durch Fragen, Anregungen und im Gespräch zu regieren.

In einem gut bestellten Haus gibt es keinen Bedarf, nach dem Generationenwechsel das Steuer herumzureißen. Vießmann scheint eines der Unternehmen zu sein, wo der scheidende Senior keinen großen Modernisierungsstau hinterlassen hat. So kann sich der Inhaber auch darum kümmern, sein Millionenerbe mit einigen langfristigen Maßnahmen zu sichern: Nach seinem Eintritt modernisierte er behutsam die Corporate Identity, also das Erscheinungsbild des Unternehmens. Die Viessmann-Uhr für alle Mitarbeiter war eine der zentralen Maßnahmen in diesem Prozeß. Außerdem wurde das Leitbild der Firma aktualisiert – das Grundgesetz des unternehmerischen Handelns, das die Aktivitäten von Vießmann bestimmt. Dieses Leitbild wurde schon in den sechziger Jahren – damals eine bahnbrechende Neuheit – aufgestellt. Der Sohn paßte es jetzt der neuen Zeit an.

Die Standortbestimmung der Firma fängt nicht damit an, daß vom Geldverdienen oder Heizkesselmachen erzählt wird. Das wäre für Vießmann zu kurz gedacht. Vielmehr ist zuerst von der Gesellschaft, dann von den Mitarbeitern und schließlich von den Geschäftsfreunden die Rede:

„Wir liefern, entsprechend unserer Verantwortung gegenüber der Gesellschaft, energiesparende und umweltschonende Produkte; wir produzieren, verwerten und entsorgen umweltverträglich. Wir fördern Wissenschaft, Kunst und Kultur als Werte der Gesellschaft."

Über die Mitarbeiter:

„Wir arbeiten kooperativ und zielorientiert zusammen und bieten fähigen, leistungswilligen Mitarbeiterinnen und Mitarbeitern gute Entwicklungschancen. Wir wissen um den Wert der Menschen im Unternehmen und bekennen uns zur sozialen Verantwortung."

So weitreichende Aussagen kommen selten von Industrieunternehmen; freilich war auch Vießmann mit diesen Grundsätzen nicht davor gefeit, in der Folge stagnierender Umsätze Arbeitsplätze abzubauen.

◆

Mit der Arbeit an einem aktualisierten Erscheinungsbild läßt sich nicht von heute auf morgen mehr Geld verdienen. Aber diese Aktivität ist eine der lohnendsten Investitionen in die Zukunft eines Unternehmens. Viele Leitungspersonen und Unternehmer unterschätzen den Wert dieser Investition total, was sich in den Folgejahren meist bitter rächt.

„Die Corporate Identity wird immer wichtiger, wenn sich die Produkte auf den Märkten immer weniger unterscheiden", erklärt Martin Vießmann seine Leitlinie: Die Verliebtheit in den guten Geschmack und in die vernünftige Gestaltung von allem, was das Unternehmen betrifft, hat er von seinem Vater übernommen.

Nicht nur die Produkte sehen unverkennbar nach Viessmann aus, auch alles andere wird auf das Bild von der Firma abgestimmt: Lastautos, Visitenkarten, Broschüren, die Güterwagenzüge, die Briefbögen. Selbst ein Viessmann-Architekturstil hat sich entwickelt, so versessen sind die Unternehmer auf ihr einheitliches Erscheinungsbild.

Vater Vießmann hat sich dafür eines wichtigen Verbündeten versichert, der heute noch für das Unternehmen tätig ist: Anton Stankowski, ein Graphik-Designer aus Stuttgart. Er entwickelte schon vor Jahrzehnten das, was heute noch als Kleid der Firma benutzt wird, und ist Mitschöpfer des unverkennbaren und vielbewunderten Erscheinungsbildes.

Sollte es Sie nach Allendorf in die hessische Provinz verschlagen, dann werden Sie schon von der Bundesstraße aus die ersten Zeichen vom Werk des kongenialen Zeitgenossen Stankowski sehen. Der kurz nach der Jahrhundertwende Geborene hat auch andere Firmenkleider entwickelt: Für die Deutsche Bank etwa entwarf er das noch heute verwendete Firmensignet, das Quadrat mit dem aufsteigenden Balken darin. Die Bank hat seinerzeit 20.000 D-Mark für dieses Firmenzeichen bezahlt, ein lächerlicher Preis, gemessen an der Werbewirkung, die der Blaublock heute noch ausstrahlt.

Es ist wie mit vielen Dingen im Leben: Die schlichten, aber durchdachten Arbeiten sind oft dafür bestimmt, die Zeiten zu überdauern. Sie halten lange und machen ihrem Nutzer über Jahre Freude, schon weil etwas einmal Angeschafftes oder Inganggesetztes nicht so bald wieder nach Ersatz verlangt. Der Sparsame kauft teuer, weil das zunächst Günstige meist schon nach kurzer Zeit seine Funktion verliert und ersetzt werden muß.

Das gilt für das einheitliche Erscheinungsbild der Firma, die Corporate Identity, ebenso wie auch für einen Herrenanzug, einen Koffer oder ein Möbelstück.

◆

Vießmann schätzt denn auch einige alte Werte. Sein Jagdhobby ist alles andere als ein Trendsport, eher ein perfektes Entspannungsmittel für den Vielbeschäftigten.

In seinem Büro finden wir im Rücken seines Schreibtisches das Modell einer Dampflok aus dem Jahr 1923. Der Besitzer ist stolz auf dieses Stück, das einfach nur dasteht und ihn selbst wie den verständigen Besucher erfreut. Vießmann entdeckte es bei einem Antiquitätenhändler, der es eigentlich nicht verkaufen wollte – aber kaum hatte er es gesehen, war das Feuer im Eisenbahnnarr Vießmann entbrannt: Er schwatzte es dem Händler ab, sicher zu einem Preis, der diesen auch zufriedengestellt haben mag. Sodann wurde das Stück in der Lehrwerkstatt aufgearbeitet, denn es handelt sich bei der Lok, die auf den schönen Namen „Lady Kitty" hört, um eine voll funktionsfähige Dampfmaschine. Selbst bei den Kohlen auf dem Tender handelt es sich um Originalstücke.

Das Büro zeigt sonst wenig von den Vorlieben des Unternehmers – ein großer Raum, der bequem eine Drei-Zimmer-Wohnung aufnehmen könnte, mit langer Fensterfront in Richtung der leicht gehügelten Landschaft des Edergebietes. Ein Schreibtisch, ein Konferenztisch, viel freier Raum, keine herumliegenden Papiere, das Ambiente grau, weiß und schwarz. Auch hier wird kaum etwas zu verändern sein, um den Anschluß an einen zukünftigen Zeitgeist herzustellen.

Wir entdecken noch eine weitere Dampflok: Das Modell der Baureihe 01, gebaut 1953 von Märklin. Der Unternehmer ist Modellbahnsammler, und er freut sich, wenn er seine Kollektion regelmäßig um das eine oder andere seltene Stück vervollständigen kann.

An den Wänden hängen Stankowski-Motive, außerdem einige Bilder der von der Firma unterhaltenen Flugzeuge. Wir sehen ein Büro, das nicht die Aufgabe oder die Last der Arbeit, sondern die darin wirkenden Menschen auffällig in den Vordergrund treten läßt.

◆

Die Inhaber haben dem Unternehmen nicht den Stempel ihrer Person aufgedrückt, sondern haben eine selbstlebende Identität geschaffen. Nicht Herr Vießmann ist die Firma, sondern die Viessmann-Werke sind die Firma. Der junge Inhaber hat die Leitung der Firma personell auf eine breite Basis gestellt. Zwar wird er als alleiniger Geschäftsführer nach außen hin angegeben, aber er wird von einem Geschäftsleitungsteam unterstützt, zumal er die Leistung des Vaters – dieser war oberster Unternehmer *und* oberster Erfinder der Firma – als Kaufmann gar nicht fortführen kann.

Ein anderer Grund für die Loslösung der Firma von der Person ist auch ihre Größe: Zwar ist der tätige Inhaber immer Primus inter pares, aber niemand mehr wird einen Heizkessel „von Herrn Vießmann" oder „beim Vießmann" kaufen, diese Zeiten waren schon unter der Regentschaft des Vaters vorbei. Bei einem 6.400-Mitarbeiter-Unternehmen ist das Ganze wichtig, nicht nur der Unternehmer als sichtbare Figur an der Spitze. Diesen Wandel hat das Unternehmen gut bewältigt, was Martin Vießmann so beschreibt:

„Groß sind wir, ja. Aber wir sind kein Großkonzern." Da spricht der Familienunternehmer, der weiß, daß er das Unternehmen in ferner Zukunft an eines seiner beiden heute noch kleinen Kinder weitervererben wird. Mit Dingen, die noch lange Bestand haben sollen, geht man umsichtig um, auch mit Unternehmen.

Wir brauchen mehr solcher Menschen wie Martin Vießmann. Sie treten ohne großen Paukenschlag auf und gehören mit ihren Unternehmen eher zu einer Gruppe, die Hermann Simon als „Hidden Champions", also sinngemäß als „Heimliche Stars" bezeichnet hat. Sie wirken im stillen, sind nicht sehr bekannt, haben aber einigen unternehmerischen Erfolg, der sich selbstredend auch in einem als erfreulich zu bezeichnenden privaten Vermögen niederschlägt.

Martin Vießmann und sein Unternehmen tauchen nur selten auf den

Wirtschaftsseiten in der Presse auf, aber mit der Innovationskraft des Unternehmens und dem dauerhaften Erfolg zählt er durchaus zu den Vorbildern des Mittelstandes. Es liegt ihm nicht, viel Aufhebens um seine Person zu machen, sich ins Rampenlicht zu stellen und seine Erfolge feiern zu lassen. Aber Grund dazu hätte er.

◆

9. Gewonnen!

Natürlich ist das Understatement des Allendorfer Familienunternehmers nicht jedem Millionär gegeben. Es paßt auch gar nicht zu jeder Lebenslage. Martin Vießmann ist etablierter Marktführer, sein Vater war es noch nicht. Der Vater brauchte den Paukenschlag, weil er als kleiner Neuling den Markt aufrollen wollte – anders ist die Aufmerksamkeit nicht zu bekommen, wenn Traditionsanbieter dominieren.

Wer die Nummer eins werden will, braucht ein klares Ziel vor Augen, das jeden Tag motiviert und bei dem sich immer wieder sagen läßt:

„Ja, es geht weiter – aufwärts!"

Das Getöse des Angreifers gehört ebenfalls dazu: Wer mit einer kleinen Armee eine große in die Flucht schlagen will, muß Aufmerksamkeit auch über seine Verhältnisse hinaus erlangen. Schließlich geht es um Käufer und Kunden, deren Gunst gewonnen werden soll. Diese sind aber nur zu bekommen, wenn ein Feuerwerk abgefeuert wird.

So ging es auch einem Studienabbrecher. Er trat im Alter von 25 Jahren in das väterliche Unternehmen ein – teils, weil ihm das Studium zu langweilig geworden war, teils auch, weil der Vater den Sohn zur Mitarbeit in die Firma rief. Unser Mann hatte sich zuvor in den Hörsälen herumgedrückt und dem gelauscht, was die Herren Professoren an betriebswirtschaftlichen Weisheiten zu verkünden hatten. Diese Lehrer, die wahrscheinlich noch nie Verantwortung in einem Unternehmen getragen hatten, erzählten von Märkten, die gesättigt sind, und von Produktlebenszyklen.

Davon hatte der Mittzwanziger schnell die Nase voll – das konnte nicht das Leben sein! Er wollte anpacken und etwas bewegen. Das konnte er, als er nach der glücklos beendeten Universität Geschäftsführer im väterlichen Betrieb wurde.

Das Geschäft: Autovermietung. Die Firma betrieb damals zwei Vermietstationen in München, eine in Frankfurt, eine in Düsseldorf und eine in Hamburg. Das Ganze lief mit einem bescheidenen Erfolg: Immerhin standen den
Kunden einige hundert Wagen, hauptsächlich der Marken Volkswagen und
Mercedes, zur Verfügung.

Unser Junior hatte noch selbst miterlebt, wie der Vater die Firma nach
dem Krieg aus kleinsten Verhältnissen aufgebaut hatte. Der erste Wagen war
ein Mercedes, der während des Krieges in einem Heustadel bei Bad Tölz versteckt gehalten wurde – alle anderen Autos waren längst von der Armee re-
quiriert. Mit nichts als einem einzigen fahrtüchtigen Auto und einem Büro
in der zerbombten Münchner Herzog-Rudolf-Straße fing der Vater 1947 an.
Gegen gute Dollar fuhr er im damaligen Reichsmark-Deutschland vornehmlich amerikanische Soldaten. Damit konnte er der Familie einen Lebensstandard sichern, der schon deutlich mehr bot, als Otto Normalverbraucher in
diesen schweren Zeiten zur Verfügung hatte.

Der Vater war der Typ Abenteurer, ein echter Unternehmer, der darauf
setzte, daß es mit Anstrengung, Engagement und Mut zum Risiko der Familie bald noch besser gehen konnte. In den fünfziger Jahren liefen bereits um
die hundert Autos unter der Flagge des Münchner Autovermieters – aber ein
Nervenkitzel war das Geschäft dennoch für die ganze Familie. Jeden Tag konnte
etwas Unvorhergesehenes passieren.

„Wenn die Kunden ausbleiben, kann uns das Kopf und Kragen kosten",
wußte Vater Hans. Und ein einziger Unfall konnte die Wirtschaftsergebnisse
eines einzigen Jahres auffressen. Wenn ein Kunde gar einen Mercedes nicht
zurückgab, dann entstand durch diese Unterschlagung ein immenser Schaden für die Firma, den keine Versicherung bereit war zu ersetzen.

Aber ohne Risiko kein Gewinn: Der Unternehmer setzte unter schwierigen Bedingungen auf den weiteren Ausbau des Angebots.

◆

Die vom Vater eingeschlagene Strecke einfach weiterzufahren – das wollte
der Sohn nach seinem Eintritt ins Unternehmen jedoch nicht. Er war früh
von der Idee beseelt, aus dem geerbten Laden etwas richtig Großes zu machen. Etwas ganz Großes.

Das ist ihm wohl gelungen. Heute gebietet er über ein Unternehmen mit
über 1.000 Mitarbeitern, das er von einer Villa im Münchner Stadtteil Pullach aus leitet. Aus den bescheidenen Anfängen mit 250 Autos in der Flotte
wurde ein sehr respektables Unternehmen.

Auf der Hauptversammlung der inzwischen zur Aktiengesellschaft umgewandelten Autovermietung konnte im August 1994 verkündet werden:
„Gewonnen!"
Gemeint war das Rennen um die Position der Nummer eins im Markt der Autovermieter. 25 Jahre hatte es gedauert vom Eintritt des Juniors in die damals noch kleine Firma des Vaters bis zur Meldung, daß gegen alle Konkurrenz die Marktführerschaft errungen war. Der Sohn, der Ende der sechziger Jahre sein Studium abbrach und mit einigen Vermietstationen das Geschäft begann, führt heute dieselbe Firma, inzwischen aber mit einem Jahresumsatz von zwei Milliarden D-Mark.
Sein Name: Erich Sixt.
Er ist mittlerweile der größte Autovermieter des Landes, der größte Gebrauchtwagenhändler, der größte Einzelkäufer bei Mercedes (10.000 Wagen im Jahr) und der innovativste Unternehmer seiner Branche.
Aber diesen Rang zu erlaufen, brauchte Ausdauer, Ausdauer und nochmal Ausdauer. Die Platzhirsche hießen: Europcar, Interrent, Hertz und Avis. Sie alle hat Sixt inzwischen hinter sich gelassen.
„Es war ein verbissenes Rennen", bekundet der Unternehmer, dem heute 73 Prozent der Stammaktien des Unternehmens gehören, das bei einem Verkauf leicht einen drei- bis vierstelligen Millionenbetrag einbringen würde. Heute kommt jedes fünfte Auto, das in Deutschland gemietet wird, von Sixt. Das gibt Selbstbewußtsein, und der Unternehmer spielt das mit diebischer Freude an seinem Erfolg aus.

Zu seinen Aktionärsversammlungen veröffentlicht er die Tagesordnung in den großen überregionalen Zeitungen, etwa auf einer ganzen Seite in der „Frankfurter Allgemeinen Zeitung". In dieser Ankündigung, die Sixt 51.000 D-Mark kostet, heißt es dann:

„Programm zur heutigen Jahreshauptversammlung:
11.00 Uhr: Begrüßung.
11.15 Uhr: Gemeinsames Freuen über den Erfolg.
12.00 Uhr: Verkündung der Dividendenerhöhung.
13.30 Uhr: Schulterklopfen und Glückwünsche.
13.59 Uhr: Kurzes Bedauern der Konkurrenz.
14.00 Uhr: Ende."*

---

* So war es auf einer ganzen Seite in der FAZ vom 4. August 1995 zu lesen.

Der Münchner Unternehmer feixt gerne über die Konkurrenz, und auf die Frage, warum er nicht Mitglied im Club seiner Branche sei, dem Verband der Autovermieter, sagt er:

„Mit der Konkurrenz trifft man sich nicht in einem Verband. Konkurrenz wird bekämpft."

Das hat er getan, und zwar so lange, bis er an der Spitze seiner Branche stand. Der Aufstieg zum Marktführer war schnell und steil – Anfang der achtziger Jahre konnte sich unter dem Namen Sixt Autovermietung noch kaum jemand etwas vorstellen. Damals war die Firma noch ein kleiner Fisch und der Markt fest in der Hand der etablierten, alten Platzhirsche. Niemand hätte geglaubt, daß ein Konkurrent namens Sixt zu einem ernsthaften Wettbewerber werden könnte.

Aber er wurde es. Den Startschuß gab ein Werbeslogan:

„Mieten Sie einen Mercedes zum Golftarif!" Erich Sixt schickte sich an, die ehernen Gesetze des Marktes durcheinanderzubringen. Damals waren Mietautos in erster Linie ein teures Vergnügen, und die Gesellschaften verdienten auf Kosten ihrer Kundschaft mehr als gut.

Bis Sixt kam und einen Mercedes zum Preis von 66 D-Mark am Tag anbot. Das war sensationell günstig in einem Umfeld, wo die Konkurrenz selbst für einen Kleinwagen solche Tagespreise verlangte.*

Die ersten schlaflosen Nächte der Manager der etablierten Gesellschaften setzten ein, und es sollten viele weitere folgen. Denn der Konkurrent aus München war immer noch klein, aber er machte alle Anstalten, auf der einmal eingeschlagenen Linie zu bleiben.

Interventionen der Etablierten nutzten nichts. Sie versuchten, Sixt seinen Werbespruch vom Mercedes zum Golftarif verbieten zu lassen, was ihnen am Ende auch gelang. Doch unterdessen war der Außenseiter so bekannt geworden, daß auch das Verbot nur noch zusätzliche Publizität bewirkte.

Die Kunden freuten sich: Einen Mercedes zu diesem Preis, das hatte es vorher noch nicht gegeben.

Und Sixt legte nach:

„Heißt 190. Fährt 190. Kostet 190."

So lautete ein Spruch aus einer weiteren Anzeige, die den Kunden den neuen Mercedes 190 schmackhaft machen sollte. Immer wieder kamen sol-

---

* Millionärsvergnügen für das Volk: Der schöne Mercedes war bei Sixt in der Tat für 66 D-Mark am Tag zu bekommen, zuzüglich 49 Pfennige für jeden gefahrenen Kilometer. Wer mit unbegrenzter Kilometerzahl mieten wollte, zahlte 175 D-Mark am Tag.

che preiswerten Angebote aus München, und die Konkurrenz wurde langsam unruhig. Zwar war Sixt kein großer Spieler am Markt, aber dafür ein um so lauterer und unbequemer.

So sollte es auch bleiben: Sixt ließ keine Gelegenheit aus, um mit seiner Schmunzelwerbung das Publikum auf seine Angebote aufmerksam zu machen.

„Neid und Mißgunst für 99 Mark am Tag", das war wieder einer dieser Slogans. Damit wurde ein Porsche 911 Cabrio zu einem in der Branche bis dahin vollkommen undenkbaren Preis angeboten. Und wieder freuten sich die Kunden.

„Lieber zu Sixt als zu teuer", damit blies der Münchner noch einmal zum Generalangriff auf die Apothekenpreise der Konkurrenz, und all diese Aktionen wurden Erfolge. Die Kunden liefen Sixt in Scharen zu, und viele konnten sich jetzt zum ersten Mal überhaupt einen Leihwagen leisten. Studenten mieteten für einen Tag eines der Billigangebote, um die Freundin auszufahren. Karl Jedermann, der Lebenskünstler und Gelegenheitsarbeiter, konnte sich zumindest für einen Tag vollkommen seinem Traum hingeben, ein Cabriolet einer bekannten deutschen Automarke zu steuern. Und viele Urlauber in Deutschland waren erstmals in die Lage versetzt, sich statt eines Busfahrscheins ein Mietauto zu leisten.

„Mieten können Sie den auch bei der Nummer eins. Aber bezahlen?", lästerte Sixt in einem neuen Werbespruch, der auf Plakaten und Zeitungsanzeigen die Abbildung eines schönen Autos wirksam ergänzte. Das war eine Breitseite gegen die alte Nummer eins am Markt, die amerikanische Autovermietung Hertz.

In dieser Zeit werden die neuen Autovermietstationen gleich im Dutzend neu eröffnet, um dem Ansturm der Kunden gerecht zu werden. Die Autovermietung erwirtschaftet bald einen dreistelligen Millionenbetrag im Jahr, und der Umsatz wächst mit einer Geschwindigkeit, die nicht nur die Konkurrenz aufhorchen läßt. Mit dem Erfolg mehren sich auch die Neider, die Sixt ein schnelles Ende prophezeien: Er sei unterfinanziert, heißt es von seiten seiner Kritiker, und Gerüchte machen die Runde, daß das Unternehmen bald pleite sei.

Doch das Gegenteil ist der Fall: Die Firma wächst, blüht und gedeiht. Selbst die kritischen Banken stellen Sixt ein gutes Zeugnis aus; im Jahr 1986 wandelt der Münchner sein Unternehmen, das er bis dato als persönlich haftender Inhaber leitete, in eine Aktiengesellschaft um.

Mit einigem Weitblick erschließt sich Erich Sixt nach und nach neue Märkte, für die sich noch keiner seiner etablierten Konkurrenten so recht interessiert hatte.

„Autofahren soll den Kunden Spaß machen", gibt er als Devise aus und entwickelt ein Angebot, das sich nicht nur an den Yuppie im Geschäftsanzug und in Begleitung eines Aktenkoffers richtet, sondern auch an eben jenen Menschen, wenn er seine kostbare Freizeit genießen will: Bei Sixt gibt es Nobelkarossen mit Chauffeur (für die Hochzeit etwa) oder das berühmte amerikanische Motorrad der Marke Harley Davidson; es gibt besagten Porsche 911 Cabrio oder einfach einen Jaguar für alle jene, die der Meinung sind, daß sie zwar diesen englischen Wagen einmal für ein paar Tage genießen wollen, aber nicht für die Folgekosten in Form notorischer Reparaturen an diesem lange Zeit als unsolide geltenden Fahrzeug aufkommen wollen. Dazu gibt es wieder einen Spruch, der lautet:

„Ist die Katze günstig, freut sich der Mensch."

Der Jaguar ist bei Sixt für 199 D-Mark am Tag zu haben.

Ständig quellen neue Ideen aus der Münchner Unternehmenszentrale, und das in einem Tempo, das die Konkurrenz in Staunen versetzt. Ein Beispiel: Unternehmer Sixt entdeckt bei einer Probefahrt, daß ein Diesel nicht mehr ein Diesel ist.

Er dachte dabei immer noch an die lahmen, stinkenden Röhrlinge von einst, aber die neuesten Produkte der einschlägigen Hersteller hatten nichts mehr davon. Der Selbstzünder ist salonfähig geworden; das war die Entdeckung zur richtigen Zeit. Die Kunden hatten gerade zu sparen begonnen, da legte Sixt sein Diesel-Angebot auf. Er leitete das mit einem neuen Werbeslogan ein:

„Die Rezession nagt. Und Sixt schlägt zurück ."

Hinter diesem Spruch stand ein Angebot, nach dem der Golf Turbodiesel Ende 1993 für den Spottpreis von 99 D-Mark am Tag zu bekommen war. Die Münchner rechneten ihren Kunden vor, daß das Dieselfahren – billige Mietkosten, niedriger Benzinverbrauch, billigerer Sprit – wirklich eine preiswerte Alternative war. Sixt war so konsequent, daß er in kurzer Zeit einen großen Teil seiner Flotte von Benzinautos auf Dieselfahrzeuge umstellte. Das war seine Antwort auf die Rezession.

Typisch für das Haus Sixt: Der Chef, Vorstandsvorsitzende und Inhaber hat eine Idee. Dann wird alles andere liegengelassen, um das Neue mit hoher Priorität umzusetzen. Nach dem Aha-Erlebnis beim Dieselfahren war die Entscheidung für das neue Angebot in wenigen Stunden gefällt und die Werbekampagne mit Unterstützung der Agentur Jung von Matt in wenigen Tagen entwickelt.

Das ist der Stil: schnell neue Ideen entwickeln, schnell handeln. Da freut es Sixt, daß seine Wettbewerber mit gefesselten Entscheidungsstrukturen an den Start gehen: „Die müssen sich ja wegen jeder Kleinigkeit bei ihrer Konzernmutter in London oder New Jersey eine Genehmigung holen", lästert Sixt über die Schwerfälligkeit in der Branche: Hertz, Avis und Europcar sind an Konzerne gebunden, Sixt hingegen ist ein inhabergeführtes Familienunternehmen, in dem von einem Tag auf den anderen ein neuer Kurs eingeschlagen werden kann.

Zudem kam Sixt bei seinem Markterfolg auch seine Herstellerunabhängigkeit zugute: Die großen Wettbewerber waren Ableger von Autoherstellern, das heißt, diese Vermieter mußten vorzugsweise die Konzernmarke anbieten – beim einen Ford, bei anderen Opel oder Volkswagen.

„Warum sollen wir nur die unverkäuflichen Autos irgendwelcher Hersteller anbieten?", fragt Sixt zu Recht. Er ist nicht an eine Marke gebunden und kann das vermieten, was die Kunden am meisten mögen. So findet sich bei Sixt auch eine sonst selten angebotene Vielfalt an Marken: Neben den Allerweltsautos wie Volkswagen, Opel, Mercedes und BMW bietet Sixt auch Lexus, Saab, Fiat und Alfa Romeo.

Weil Sixt bei den meisten Autoherstellern Großkunde ist, bekommt er die Wagen mit einem Rabatt, den Branchenkenner auf über ein Viertel des Listenpreises schätzen. Die Autos laufen dann wenige Monate als Mietwagen, anschließend werden sie über den firmeneigenen Gebrauchtwagenhandel verkauft. Reparaturen fallen an den stets fast neuen Mietwagen kaum an; das spart ebenso Kosten wie die günstigen Einstandspreise, die die Hersteller gewähren. Für Sixt ist das ein gutes Geschäft.

◆

Der Millionär – ein Provokateur? In diesem Falle ja. Sixt mischt auf, provoziert, bricht Konventionen, und das mit Leidenschaft. Ihn interessiert nicht, was andere Leute über ihn denken, ihn interessiert nur das Gedeihen der eigenen Firma.

Zwar ist das Unternehmen heute eine Aktiengesellschaft, deren Anteile auch an der Börse verkauft werden, aber die Mehrheit gehört immer noch dem Familienunternehmer. Alles, was er erfolgreich tut, mehrt sein Einkommen und sein Vermögen.

Wer als kleiner Unbekannter wie der Münchner einen Markt umkrempelt, hat sich Großes vorgenommen. Das funktioniert nur, wenn bestehende Konventionen umgeworfen werden und der Neue auch die Gesetze des Marktes neu schreibt. Denn sonst würde nicht die nötige Bewegung entstehen, die es braucht, damit ein Außenseiter an die Spitze kommen kann. Der Autovermieter läßt sich gern mit der Aussage zitieren: „Für mich gibt es keine gesättigten Märkte. Es gibt nur Chancen."

Recht hat er. So kann jemand in einer Welt, in der die meisten nur Hindernisse, Probleme und eben Sättigungserscheinungen sehen, zu Erfolg und großem Vermögen kommen. Man muß nur die Annahmen umkehren! Natürlich gehört zum Erfolg von Sixt, daß ihm nicht alle Anläufe gelungen sind. Wer den Erfolg will, muß das Risiko suchen, und zum Risiko gehören Gelingen und Mißlingen. Es geht nicht, das Mißlingen einfach zu vermeiden. Wer das will, sollte sich besser mit 13 Monatsgehältern auf einem ruhigen Posten anstellen lassen. Die Chancen, dort Millionär zu werden, sind allerdings sehr klein.

Wenn sich das Mißlingen nicht vermeiden läßt, dann muß man eben lernen, damit zu leben, und dafür sorgen, daß die Folgen des Gelingens die Folgen des Mißlingens regelmäßig mehr als ausgleichen können.

Bei Sixt läßt sich diese Theorie gut nachvollziehen. 1991 griff er nach einer ganzen Hotelkette. Die Überlegung dahinter war, daß Hotels und Autovermietungen gut zusammenpassen. Von der Klientel her ergänzen sich die beiden Dienstleistungen: Beide wenden sich an Geschäftsreisende. Wenn man dieser Gruppe schon Autos vermietet, warum dann nicht auch noch die Übernachtungsmöglichkeiten dazu?

So wollte Erich Sixt die Hotelkette „Interhotel" aus der ehemaligen DDR übernehmen. Dieser Deal war spektakulär, weil der Hering versuchte, den Wal zu schlucken: Die Sixt AG machte damals gerade knapp eine Milliarde D-Mark Umsatz und wollte ein Unternehmen kaufen, das dreimal soviel kosten sollte.

Übernahmen dieser Art sind nichts von vornherein Ungewöhnliches in der Wirtschaftswelt – aber in diesem Fall scheiterte der Kauf des Größeren durch den Kleineren. Sixt wurde sich mit dem Eigentümer der „Interhotels", der Treuhandanstalt, in einigen Details nicht einig. Die Presse munkelte, daß ihm im letzten Moment klargeworden sei, daß er doch nicht genügend Geld zusammenbringen könne, um diesen Kauf durchzusetzen.

Das ist eben der Lauf der Dinge: Wer hoch hinauswill, muß auch damit rechnen, daß es nicht immer nur kontinuierlich in Richtung Gipfel gehen kann. Kaum ein Unternehmer, der nicht die eine oder andere Delle in seiner Wachstumskurve zu verzeichnen hätte – nur: von vielen erfahren wir es nicht, andere dafür stehen im Blickpunkt der Öffentlichkeit und müssen dann auch Schadenfreude ertragen können.

Erich Sixt liefert ein gutes Beispiel dafür, wie man mit solchen Ereignissen umgeht: Man steckt sie weg und macht weiter. Er hat sich nicht lange um die Folgen des nicht zustande gekommenen Interhotel-Deals gekümmert, sondern sich neuen Projekten zugewandt, die seinem Unternehmen gut bekommen sind.

Oft sind seine Entscheidungen Spontanaktionen, und er ist bereit, sich durch den Fortgang der Dinge zeigen zu lassen, ob eine Sache funktioniert oder nicht. Einer solchen spontanen Eingebung folgte er auch, als er zum Angriff auf die Telekom blies. Ja, er legte sich richtiggehend mit der Telekom an.

Denn irgendwann wurde Sixt nervös durch den Werberummel, den die staatliche Telefongesellschaft um ihre Aktien machte. Das sichere Gefühl eines Unternehmers, der gut zwischen Erfolg und Mißerfolg unterscheiden kann, reizte ihn dazu, eine Attacke gegen den Giganten zu reiten.

Zuerst äußerte er sich zur Sache Telekom auf der Aktionärsversammlung seiner eigenen Firma. Ein Aktionär fragte den Vorstandsvorsitzenden:

„Sie haben eine gute Aktie, warum machen Sie keine Werbung dafür?"

Sixt antwortete: „Die beste Werbung für meine Aktie ist, wenn mein Unternehmen Gewinn macht, wir eine ausreichende Dividende bezahlen und ich das Unternehmen vorantreibe. Das ist Werbung genug. Bei der Telekom wird Werbung gemacht, und der Anleger wird über den Tisch gezogen."

Über eine Agenturmeldung bekam die Telekom Wind von dieser Äußerung. Prompt folgte ein Anruf des Pressesprechers der Telekom bei Sixt:

„Herr Sixt, diese Äußerung, die muß wohl ein großes Mißverständnis sein. Das können Sie doch gar nicht so gesagt haben."

Aber Sixt beharrte: „Sie, das stimmt Wort für Wort, was ich dort gesagt habe. Und ich habe mich noch vornehm ausgedrückt, weil gerade Hauptversammlung war!"

◆

Dann verbreitete er eine Anzeige, mit der er Werbung für die Sixt-Aktie machte:

„Wollen Sie lieber Aktien mit großer Werbung? Oder Aktien mit großer Rendite?", so lautete der Spruch einer Anzeige im Sixt-Outfit (schwarze Schrift auf orangefarbigem Balken), mit der er in den Tageszeitungen für seine Aktie und gegen die vielbeworbene T-Aktie warb, der er keine großen Gewinnchancen einräumte.

Der aus der Sicht des Riesenunternehmens Telekom unternehmerische Winzling Sixt schickte sich an, sich am Elefanten zu reiben. Dazu brauchte Sixt einen Tag und eine Nacht, dann stand mit Hilfe des Werbers von Matt die Anzeige, und schon wenige Tage später war die Provokation öffentlich. Sixt gab für seine Aktion keine 100.000 D-Mark aus (das Werbebudget der Telekom war hundertmal höher), aber das alte Muster funktionierte: Getretener Hund bellt.

Die Telekom geriet in Aufruhr, Sixt feixte. Die Vertreter des Monopolisten hatten sehr unfreundliche Worte für den Unternehmer übrig. So berichtet der Autovermieter glaubhaft, daß er von Vertretern der Telefongesellschaft mit Ausdrücken wie „Bayerischer Rambo" oder „Parasit" bedacht wurde.

Sixt lacht.

Einem Selfmademan wie ihm war es Vergnügen und Bedürfnis gleichermaßen, gegen die frühere Staatsfirma zu agitieren.

Als er mir von seiner Attacke berichtet, läuft er zu großer Form auf: Er lebt auf, rutscht voller Erregung auf seinem Stuhl herum und verfällt in einen Erzählton voller diebischer Freude.

Hier zeigt der Erfolgreiche seine Gefühle. Die Abneigung gegen das Gebaren des Staatsmonopolisten kommt aus seinem tiefsten Innern, und aus seiner Bewegung spricht seine ganze Abneigung gegen Bürokratie, Verwaltung und Beamtentum. Für Sixt ist die Wirtschaft eine Veranstaltung streng profitorientierten Handelns; für eine Verwaltung, die sich einmischt in die Geschicke der Unternehmer, mag er kein Verständnis aufbringen.

◆

Immer wieder ist er auf der Jagd nach den Auswüchsen des Bürokratismus. „Parkinson lauert überall", sagt der Engagierte, der Aktennotizen verabscheut und jeden Morgen die gleiche typische Handbewegung macht: „Neben meinem Stuhl ist ein Papierkorb, da werfe ich die Hälfte der Post gleich rein", beschreibt er seinen Arbeitsstil, „damit erspare ich der Sekretärin erhebliche Ablagearbeit."

Einen Organisationsplan hat er zuletzt vor vielen Jahren gemacht. Arbeitsanweisungen gibt es nicht. Die Mitarbeiter müssen ihre Aufgaben selbst finden und den Mut haben, Entscheidungen auf die eigene Kappe zu nehmen – denn Stabsabteilungen, die irgend etwas vorbereiten, untersuchen oder absichern, das gibt es bei Sixt nicht.

Er hält sein Unternehmen schlank wie einen Besenstiel und läßt keine Möglichkeit aus, nach Chancen zu suchen, eine Sache noch besser, noch kostengünstiger und mit noch weniger Personalaufwand zu machen.

Sein besonderer Stolz ist die Datenverarbeitung: Die Sixt Autovermietung ist jenes Unternehmen, das weltweit die niedrigsten Computerkosten hat. Von 100 D-Mark Einnahmen wird nur eine Mark für Computer ausgegeben; der Konkurrent Avis hat Kosten in der Höhe des Zehnfachen. Selbst eine seiner größten Vermietstationen, Frankfurt-Flughafen, läßt Sixt mit Hilfe eines Personal Computers managen, der beim Discounter um die Ecke für

5.000 D-Mark zu haben ist. Das Betriebssystem basiert auf der Entwicklung eines finnischen Studenten, die sich Sixt ohne Lizenzgebühren aus dem Internet besorgen konnte.

Schon feixt Sixt wieder über die schwerfälligen Wettbewerber: „Die brauchen ja eine ganze Wachmannschaft, damit ihre komplizierten Computer überhaupt am Leben bleiben", und er verweist darauf, daß der Sixt-Betrieb mit Tausenden von Autobewegungen am Tag über Jahre hin in der Zentrale von einer Anlage bewältigt wurde, die nicht mehr als 30.000 D-Mark gekostet hat.

„Das wollte uns keiner glauben, daß wir es so billig machen können."

◆

Als Sixt wieder einmal eine Vermietstation besuchte („Ich muß einmal in der Woche eine Vermietstation sehen"), gefror ihm das Blut in den Adern: Vor dem Tresen hatte sich bereits eine lange Schlange gebildet – alles Kunden, die auf den Schlüssel für ein Sixt-Auto warteten. Immer wieder traten welche aus der Reihe und gingen weg: Sixt sah seinen Umsatz förmlich davonspazieren. Eine schweißtreibende Erfahrung, die den Unternehmer auch noch Monate danach in Wallung bringt:

„Dieser Besuch an der Station war der streßreichste Tag des Jahres für mich. Physisch unerträglich."

Er suchte nach den Gründen, warum diese Menschen an seinem Schalter Schlange stehen mußten, und wurde rasch fündig: Es dauerte 25 Sekunden, bis der Mietvertrag des Kunden ausgedruckt war! Das war bei weitem zu lange, wenn dahinter bereits 15 andere Kunden standen. Sixt fand denn auch die Lösung und ist heute noch erleichtert über seine Idee: Der Vertrag ist schon ausgedruckt, bevor der Kunde kommt.

Tempo, Tempo – das ist Sixts Arbeitseinstellung. Im Waschraum der Chefetage seiner Bürovilla hängt eine Uhr, die unerbittlich mahnt, hier keine Zeit zu verschwenden.

Der Unternehmer saust im Sturmschritt auf seine Gesprächspartner zu, begrüßt sie ganz kurz, dann geht's schon zur Sache. Smalltalk, diese Übung hat er von seiner Agenda gestrichen.

Sigrid Wörle, die Assistentin, ist das Abbild ihres Herrn: schnell, effizient, keine Zeit für Schnörkel. Noch nie bin ich nach einem Besuch zum Empfang, zur Türe oder zum Auto gebracht worden – „Sie finden ja den Weg", und weg ist er. Beschränkung auf das Wesentliche, und keinen Zentimeter mehr.

Eigentlich gibt es auch keinen Empfang in der Villa in Pullach. Das erste, was jeder Ankommende sieht, ist ein Automat in der Lobby. Dort kann man Autos mieten. Der in anderen Betrieben übliche Pförtner ist nicht da, statt dessen enthält der Eingang das, was wir auch von den Flughäfen und Bahnhöfen kennen: eine komplette Sixt-Autovermietstation im Originaldesign mit den riesigen Autopostern im Hintergrund, alles echt, von den Mädchen hinter der Theke (Sixt: „Unsere sind natürlich die hübschesten") bis zu den Ständern mit den Preislisten.

◆

Dem Unternehmer Sixt ist also wichtig: das Geschäft. In seinem Konferenzraum, in dem alle unsere Treffen stattfanden, hängt eine Eigenwerbung, ein Poster von 1991:

„Don't try harder. Try Sixt." Das ist eine Anspielung auf die Werbung seines Konkurrenten Avis mit dem Motto: We try harder.

Die anderen Poster in diesem Raum zeugen nicht eben von Avantgarde-Geschmack: Wir sehen auf je einem Bild Paris, den Mont-St.-Michel und Chicago. Das Ganze sieht aus wie aus dem Kaufhalle-Postershop, Kollektion 1977. Wahrscheinlich war es teurer.

Für Autos empfindet der Geschäftsmann keine Leidenschaft. „Autos, das sind für mich Zahlen, Abschreibungen", bekundet der Unternehmer unsentimental. Einen eigenen Wagen hat er nie besessen; er fährt aus seiner Flotte mal eine Woche diesen, mal jenen Wagen. Bei unserem letzten Treffen war es ein Audi A 8, und das einzige, was er für die Fahrzeuge übrig hat, faßt er so zusammen: „Man muß ja über die Modelle im Bilde sein."

Bei seinen Kunden kitzelt er die Emotionen zum Auto heraus, er selbst hat keine.*

◆

Was, wenn nicht Autos, bereitet Erich Sixt Freude?

„Die einfachen Dinge im Leben", beschreibt er seine Vorlieben. Er sitze nicht gern in einem Luxusrestaurant bei einem teuren Essen, sagt er. Das nimmt ihm jeder, der ihm persönlich begegnet, sofort ab – der Mann ist nicht auf die Welt gekommen, um in Anzug und Krawatte sein Leben als

---

* Das mag es ihm erleichtert haben, sich vorübergehend von einem Auto zu trennen: Ich durfte, als Sponsorship der Sixt AG für dieses Buch, während meiner Recherchen einen VW Golf des Hauses benutzen. Das hat meine Arbeit erleichtert: Ich danke Erich Sixt für diese Unterstützung.

Topmanager zu fristen. Sein Outfit wirkte noch bei jeder Begegnung zerwühlt, und seine Existenz als Krawattenmann ist allenfalls eine vorübergehende.

Ein paar Meter von seinem Büro entfernt ist einer der schönsten Biergärten Münchens. Hier ist Sixt anzutreffen, wenn er genießt: „Die Kastanienbäume über sich. Einen schönen Leberkäs' auf dem Teller", das sei für ihn Entspannung. Man könne dasitzen, philosophieren.

„Viele Entscheidungen sind bei einem Besuch im Biergarten getroffen worden."

Bergsteigen oder vergleichbare sportive Vergnügungen eines Münchners, die braucht Sixt nicht.

Der Autovermieter zeichnet sich also weder durch auffälligen Luxus noch durch extreme Vorlieben aus.

Die größte Herausforderung ist für Sixt, die Leiter zum Erfolg immer weiter hinaufzusteigen. Das ist für ihn Abenteuer genug, deshalb reicht ihm die Entspannung im Biergarten.

Hier zeichnen sich gewisse Parallelen ab: Je interessanter die Aufgabe, die ein tätiger Millionär hat, desto weniger begibt er sich auf die Suche nach außerberuflichen Extremen. Menschen, die fünf Sportarten auf drei Kontinenten betreiben, sind oft Schullehrer oder mittlere Manager, die ihre Energie darauf konzentrieren, in der Freizeit eine dichte Abfolge von interessanten Ereignissen zu organisieren, welche mit einer gewissen Anstrengung verbunden sind.

Für Sixt birgt die Unternehmerarbeit beides: Spannung und gleichzeitig auch einen kontemplativen Wert, weil das Anstreben und Erreichen immer neuer Ziele ein zutiefst befriedigender Akt ist, dessen emotionale Ergebnisse jeweils schon für die nächste Herausforderung fit machen.

„Ich brauche keinen Kuraufenthalt, um meine Akkus aufzuladen", beschreibt Sixt sein Genußverhalten: Bei ihm finden das Bergsteigen und die Freuden über den Gipfelsturm im Kopf statt.

Zu dieser Art Einstellung gehört auch ein zynisches Verhältnis zum Geld. Als Sixt kein Geld hatte, hat er gelernt, mit wenig auszukommen und nicht nach den Genüssen zu streben, die allein Geld in der Lage ist zu verschaffen. Ende der sechziger Jahre übernahm er den väterlichen Betrieb mit kleinem Einkommen. Sixt verdiente damals im Monat weniger als viele seiner angestellten Jahrgangskollegen. Das ist das Unternehmerlos: Ist der Betrieb klein oder in wirtschaftlich schwierigen Zeiten, dann muß oft zuerst der Lohn des Unternehmers daran glauben. Als Unternehmer ist man nicht zum Millionär geboren – ich kenne viele Firmeninhaber, die sich weniger Gehalt ausbezahlt haben als ihren nächsten Mitarbeitern. So war es auch bei Sixt, freilich nur eine Zeitlang.

Heute kann er gelassen sagen: „Mir ist das Geld egal" – weil er ja genug hat. Aber es mußte ihm auch vorher schon egal sein, denn wie anders hätte er sonst all die Risiken eingehen können, die letzten Endes zum Erfolg führten? Auch ein Multimillionär darf nicht an seinem Geld hängen, wenn er weiter aufbauen will. Er muß seine Habe einsetzen, mit der Möglichkeit, dabei auch alles zu verlieren.

Vor dieser Situation stand Sixt mehrmals, und zu seinem Glück ist es nicht schiefgegangen. Aber der Unternehmer hätte für die finanziellen Konsequenzen einstehen müssen, wenn sich eines seiner Projekte als Fehlentscheidung erwiesen hätte: „Ich haftete bereits Ende der siebziger Jahre für Hunderte von Millionen mit meinem letzten Hosenknopf."

Er stand unter der ständigen Bedrohung, einfach alles zu verlieren. Das gehört zum Lauf der Dinge in einem schnell wachsenden Unternehmen. Erst 1986 stellte der Inhaber die Haftung auf eine breitere Basis, indem er die Firma in eine Aktiengesellschaft umwandelte.

„Man braucht eine gewisse Verachtung gegenüber Geld, um das durchstehen zu können", beschreibt Sixt rückblickend seine Einstellung. Die wahren Dinge sind einfach im Leben. Um glücklich zu sein, braucht er oft nur eine Maß Bier unter dem Kastanienbaum.

„Schließlich bin ich ja ein Bayer! Zum Leben braucht man nicht soviel Geld."

◆

10. Jede Sekunde nützen

◆ ◆ ◆ ◆ ◆ ◆ ◆ ◆ ◆ ◆ ◆ ◆ ◆ ◆ ◆ ◆ ◆

Wer dem Geld nachjagt, vertreibt es. Wer viel Geld besitzen will und das zu seinem Ziel macht, hat anschließend die Last, es zu verwalten.

„Die mir bekannten Menschen, die viel Geld haben und sich dafür interessieren, sind nicht sehr glücklich damit", hat Erich Sixt festgestellt.

Was macht die Millionäre glücklich? Die Antwort auf diese Frage ähnelt eigentlich immer jener von Erich Sixt: Man kann mit viel Geld einiges machen, aber man kann sich damit offensichtlich kein persönliches Glück bereiten. „Nein, das geht nicht", sagt der Münchner Unternehmer nachdrücklich, und er verweist auf die Freude, die ein schöner Sonnenuntergang bereiten kann oder Gespräche mit Freunden. All das ist nicht käuflich, auch nicht mit den Mitteln, über die ein reichlich besser als der Durchschnitt ausgestatteter Mensch gebietet.

Sich die Freude eines Besuchs im Biergarten zu verschaffen, verlangt nicht die Mittel des Millionärs. Der Schatten der Kastanien, so vorhanden, ist kostenlos zu bekommen, und selbst die Biergärten in besseren Lagen verlangen nur Preise, die es auch Karl Jedermann durchaus gestatten, ein- oder zweimal in der Woche eine Maß Bier und einen Leberkäse dortselbst zu verzehren.

Auch viele andere Werte, auf die mich Millionäre ansprachen, haben wenig mit dem Besitz und der Verfügungsmöglichkeit über Geld zu tun. Den meisten ist ihre Familie wichtig, deshalb schaffen sie es auch auf ihre Art, Zeit für ihre Nächsten zu haben. Sicherlich sind die Ehen, die die Vielbeschäftigten führen, nicht gerade einfache Beziehungen – aber gerade bei ihnen habe ich oft eine stabile Beziehung zu einem Partner festgestellt.

Viele blickten auf 20, 30 oder noch mehr Jahre Eheleben zurück, und soviel läßt sich auch sagen: In den Millionärskreisen, die mir zugänglich waren, besteht durchaus eine hohe Neigung zu Familien mit vielen Nachkommen. Jost Stollmann hat fünf Kinder, Klaus Conrad hat ebenfalls fünf Kinder, Benedikt Taschen vier, Erich Sixt und Nicolas Hayek haben je zwei.

Was den Lebensgenuß mehrt, ist offensichtlich eine gute Mischung aus starkem beruflichem Engagement auf der einen Seite und ein wohldosiertes Maß an außerberuflichen Freuden, die nichts mit Geld, Macht und Einfluß zu tun haben, auf der anderen Seite. Auf beides nicht verzichten zu müssen, schafft bei den hier Portraitierten das, was in der Summe als Lebensqualität zu bezeichnen wäre. Niemand von denen, die ich getroffen habe, wäre noch darauf angewiesen gewesen, sein berufliches Engagement fortzusetzen. Bei allen hätten die Mittel bei weitem ausgereicht, um sofort aus allem auszusteigen und ein Leben ohne Arbeit, sagen wir: am Südufer des Genfersees, zu führen.

Zugegeben, einige in der Vergangenheit zu Erfolg und Vermögen gekommene Millionäre tun das auch, aber von diesen ist an dieser Stelle nichs zu berichten, weil sie ihre Schaffenskraft, Kreativität und Intelligenz nicht mehr dafür einsetzen, in großen Kreisen noch etwas für andere Menschen zu bewirken.

Es scheint dieses Moment der Dualität zwischen Beruf und Familie zu sein, das die hier Vorgestellten weiter an der Spitze eines Unternehmens hält – denn Erwerbsarbeit hat weder Erich Sixt noch Jost Stollmann, noch Klaus Conrad nötig. Die Unternehmer und deren Familien wären bestens versorgt, wenn die Firma verkauft würde und sich der Mann an der Spitze auf das Privatisieren zurückzöge. Aber er tut es nicht, vielleicht *gerade weil* er von den Nöten frei ist, einer Erwerbsarbeit nachgehen zu müssen.

Man kann gespannt sein, was die Zukunft Jost Stollmann, dem Gründer von Compunet, bringen wird. Er hat das von ihm geschaffene Werk zu hundert Prozent verkauft, ist nur noch angestellter Vorstandsvorsitzender und hat durch den Verkauf ein Millionenvermögen erworben, das ihm und den Seinen auch ohne Arbeit lange Zeit ein geregeltes Auskommen geben könnte.

◆

Was hat der Angestellte in seinem Berufsleben? Er ist abhängig beschäftigt, steht auf der Gehaltsliste seines Arbeitgebers und hat Rentenansprüche, Tarifurlaub und Kündigungsschutz. All das haben die Millionäre nicht, sie brauchen es auch nicht mehr. Soweit sie ihr Unternehmen schon in die Lage versetzt hat, frei von Erwerbs- und materiellen Sorgen zu sein, hat das Unternehmertum den Charakter eines Spiels bekommen: Es ist das Gewinnenwollen, das die Machertypen vorantreibt. Sie wollen jeden Tag einen kleinen Sieg sehen, den ihnen natürlich nur die *eigene* Firma zu zeigen in der Lage ist. Der Wunsch nach mehr Siegen mobilisiert die Kräfte ebenso wie die bereits am eigenen Leib verspürte Niederlage. Wer, wenn nicht die Unternehmer, spürt auch den Mißerfolg so tief? Im Falle, daß es wirklich schlimm kommt, verlieren sie ihre gesamte Existenz. Damit einhergehen kann die Vernichtung großer Vermögen, die dann von einem Tag auf den anderen ins Nichts zerfallen. Der Angestellte – auch der, der ein Unternehmen leitet – verliert allenfalls seinen Job, wenn etwas schiefgeht. Beim Unternehmer ist es wirklich die eigene Existenz und die der Familie, die dahingeht. Das mag erklären, warum Unternehmer im Falle des Gelingens mehr verdienen können als ein Angestellter: Wer seine Sache als Inhaber richtig macht, dem sind auch bei der Bildung des Vermögens weniger Grenzen gesetzt als den Beziehern von Tariflöhnen und Angestelltengehältern.

◆

Wofür werden die Vermögen eingesetzt? In vielen Fällen wird alles wieder in die Firma gesteckt. Das heißt dann „konservative Entnahmepolitik" und kommt am Ende dem weiteren Gedeihen, der Solidität und den Mitarbeitern des Unternehmens zugute .

Norman Rentrop zum Beispiel, der heute über einen dreistelligen Millionenumsatz gebietet, hat sich lange wenig gegönnt. Er trat regelmäßig Flüge in die USA an, weil er sich dort auf Ideensuche für seine Firma begeben konnte und Lizenzrechte für Bücher erwarb. Auf den acht- oder neunstündigen Flügen war er stets mit dem billigsten Ticket unterwegs, das zu bekommen war, weil er sich über die saftigen Preisaufschläge in den komfortableren Klassen der Fluggesellschaften immer ärgerte und von dem Gedanken geleitet war: Lieber sich in den unbequemen Sitz hineinzwängen, das Geld sparen und in die Firma stecken.

In den USA angekommen, macht er sein Hotelzimmer zur Operationsbasis. Das heißt: Innerhalb weniger Tage, in den Metropolen oft auch in Stunden, wird das Hotelzimmer zu einer Art Verlagsquartier, vollgestopft mit neuerworbenen Unterlagen. Bücher kauft er zur Freude der ihn versorgenden Buchhändler meist gleich koffer- und kistenweise, und alles wird sofort an Ort und Stelle ausgewertet, ebenso die Zeitungen, Zeitschriften und Messekataloge.

Wenn der Unternehmer stets im ersten Haus am Platze mit den größten verfügbaren Zimmern wohnt, dann hat das nichts mit der Sucht nach Luxus zu tun: Nur das Four Seasons Hotel hat in New York Zimmer, die so groß sind, daß sie die vom Verleger produzierte Materialflut in halbwegs geordneter Form aufnehmen können.

Norman Rentrop ist amerikanophil, spricht Englisch so gut wie seine Muttersprache und betreibt einen regen Ideenimport von Amerika nach Europa. Deshalb ist er jedes Jahr wochenweise in der Neuen Welt anzutreffen, aber Urlaubsreisen sind diese Trips nicht. Der Mann mutet sich ein Programm zu, das jeden angestellten Manager nach einer Woche zur freiwilligen Kündigung treiben würde. Termine mit amerikanischen und zu Freunden gewordenen Geschäftspartnern finden von früh bis spät (morgens ab acht Uhr und bis in den späten Abend) statt, manchmal in drei Städten an einem Tag.

Was diesen Unternehmer ebenso auszeichnet wie manch andere hochstehende Wirtschaftsperson, ist seine unglaubliche Belastbarkeit. Manchmal traf ich Rentrop spätabends, war sein soundsovielter Gesprächspartner an diesem Tag, und er war immer noch in der Lage, mir das Gefühl zu geben, als hätte er die ganze Zeit nur diese eine Begegnung im Kopf gehabt.

Wir sehen hier wiederkehrende Macherqualitäten. Helmut Maucher, bis 1997 Chef des Nestlé-Konzerns, hat diese einmal in einer treffenden Selbsteinschätzung für sich selbst formuliert. Er sagte, nach den Gründen seines Erfolgs in einem nicht ganz kleinen Unternehmen befragt:

„Ich bin gesund und habe gute Nerven; ich kann alles essen, in jedem Flugzeug schlafen und jedes Klima ertragen."*

Maucher meinte, er sei auf keinem Gebiet ein Einstein, aber er bringe – zufällig – die paar Eigenschaften mit, die eine Allround-Führungsfigur brauche. Das ist leicht gesagt, aber die Ansammlung dieser Eigenschaften in einer Person ist tatsächlich nicht sehr häufig anzutreffen.

Es ist das Nehmenkönnen, auch das Aufnehmenkönnen und eine unbedingt positive Denkhaltung, die Menschen weiterbringt und sich und andere zu außergewöhnlichen Erfolgen kommen läßt.

„Positiv denken", so nennt Rentrop diese Haltung: nicht klagen, den Dingen immer die guten Seiten abgewinnen, Auseinandersetzungen schnell beenden und die Dinge voranbringen.

Hinter dem Schreibtisch in seinem Büro steht ein kleiner Bilderrahmen, der einfach nur das Wort „Think!" (Denke!) repräsentiert, und man ist geneigt anzufügen: Denk positiv! Das hat er verinnerlicht: Er ist Anhänger der Denkart des Altmeisters des positiven Denkens, Dale Carnegie. In seiner Anfangszeit hat sich Rentrop bei Dale Carnegie in die Schule begeben und sich durch diese Erfahrung in seiner Lebenshaltung bestätigt gesehen: Erfolg hat, wer seine Stärken verstärkt, wer auf Menschen zugeht und wer mit Kritik umgehen kann – Motivation ist wichtiger, als Botschaften mit schlechten Gefühlen zu verbreiten.

---

* Zitiert nach: Siegel, Monique R., Arbeit macht Spaß, Stuttgart 1993, Seite 43

Mit dieser Haltung läßt sich eine Menge bewegen: Rentrop beschäftigt heute 160 Mitarbeiter und verlegt mehrere Dutzend Zeitschriften. Er ist ein Arbeitsmensch im besten Sinne, und er hat sich angewöhnt, seine Zeit bis zur letzten Minute mit Sinnvollem auszufüllen.

Keine Sekunde vergeht in seinem Tag ungenutzt, er ist ein Effizienzfetischist. Gibt es irgendwo eine Unterbrechung, sieht man ihn gleich das Diktiergerät hervorziehen; er spricht allerhand Mitteilungen und Briefe auf das Band. Kaum sitzt er im Auto oder muß irgendwo warten, beginnt er ohne Unterlaß zu telefonieren. Mitreisende einer Busfahrt berichten, daß er auch hier keine Minute ungenutzt verstreichen ließ: Er griff gleich nach seinem tragbaren Telefon, um seine Angelegenheiten weiter voranzutreiben.

Seine Aufgaben löst er mit unglaublichem Einsatz, weshalb an vielen Abenden in seiner Chefetage die Lichter erst spät ausgehen. Wenn sich in Europa der Arbeitstag dem Ende zuneigt, ist an der Ostküste der Vereinigten Staaten gerade der Vormittag herum, und an der Westküste haben die Büros gerade aufgemacht. Rentrop folgt dem Tageslauf der Geschäftszeiten um den Globus wie ein Börsianer, der mit dem Telefon seine Gespräche von einem Börsenplatz zum anderen wandern läßt.

Er hat seine Lektion gelernt: Kommunikation ist die oberste Aufgabe eines erfolgreichen Unternehmers; die Nutzung der dafür heute zur Verfügung stehenden Mittel hat er zur Perfektion getrieben.

◆

Mit seinen Produkten hat der Verleger das Leben vieler Menschen verändert. Wenn es diese Berufsbezeichnung gäbe, dann würden wir Rentrop als Unternehmermacher bezeichnen. Im Laufe seines mittlerweile über 20jährigen Wirkens hat er den Menschen gezeigt, wie man eine Geschäftsidee findet, eine Firma gründet und diese zum Erfolg führt. Seine unternehmerische Aufgabe hat er darin gesehen, die richtigen Gebrauchsanleitungen für dieses Tun zu finden und zu verbreiten. Sein Erfolg beim Absatz dieser Produkte zeigt, daß dafür ein reger Bedarf besteht: Viele Menschen haben sich, mit seiner Hilfe, ihren kleinen Traum verwirklicht, sind aus dem Dasein eines Tarifangestellten ausgebrochen und haben heute ihr eigenes Unternehmen.

Rentrop hat vielen Menschen im richtigen Moment die richtige Idee für ein Geschäft geliefert – und damit vielleicht mehr getan als mancher Gründungsberater bei einer Industrie- und Handelskammer oder einer der vielen selbsternannten Experten, die nie selbst ein Unternehmen geführt haben, aber das Fehlen von Unternehmen oft und lautstark beklagen.

„Machen" scheint eines der Lieblingsschlagworte des Bonner Verlegers zu sein. So werden Mitarbeiter, die mit ihm zusammenarbeiten, auch häufig mit dem Auftrag „einfach machen" auf den Weg geschickt, und wenn er über seine Aufgaben spricht, fallen immer wieder dieses Worte: „Macher suchen."

Er sucht Macher, um Macher zu machen: Wer seine Zeitschrift „Die Geschäftsidee" liest, bekommt irgendwann Lust, sich selber auf den Weg zu machen und eine eigene Firma zu gründen. In der Werbung, winzigkleine Millimeteranzeigen in der „Frankfurter Allgemeinen Zeitung", heißt das: „Werden Sie Ihr eigener Chef". So wird den Zeitungslesern „Die Geschäftsidee" angeboten; durch die Antwort auf eine der Kleinanzeigen sind viele zu Lesern dieser Unternehmensgründungsrezepte und später dann zu Unternehmern geworden.

Es bleibt unbekannt, wie vielen Unternehmern und Millionären Rentrop mit seinen Veröffentlichungen Geburtshilfe geleistet hat – aber als Wirtschaftsjournalist trifft man immer wieder auf bekennende Rentrop-Gründer, in deren Leben eine Idee aus diesem Hause als Ursprung eines neuen Berufsweges zu lokalisieren ist.

Wie beliebt das Spiel mit den Gründungsrezepten inzwischen ist, zeigt die Zahl der Leser der „Geschäftsidee": Jedes Heft findet einige zehntausend Abnehmer – alles Menschen, die sich mehr als andere dafür interessieren, über den Weg eines eigenen Unternehmens Millionär zu werden.

◆

Rentrop ist es längst; angefangen hat alles mit kleinsten Mitteln im Schüleralter. Er arbeitete in der Lokalredaktion der Zeitung an seinem Heimatort – sein Ressortchef hatte gerade mitgeholfen, ein neues Unternehmen zu gründen: Es war die Gründerzeit der an die Haushalte gratis verteilten Anzeigenblätter, der Redaktionsleiter war zuvor an einer dieser Erfolgsgeschichten beteiligt, indem er für einen Unternehmer, der mit 500 D-Mark Startkapital daherkam, ein Anzeigenblatt auf Kiel legte.

Die Geschichte faszinierte den Junior-Redakteur Rentrop so sehr, daß er sich daranmachte, selbst ein Anzeigenblatt aus der Taufe zu heben. Der Detailversessene wollte es gut und gründlich machen – anders als sein Vorbild nahm er gleich 20.000 D-Mark Startkapital in die Hand, und die Sache ging schief.

Rentrop und sein damaliger Partner hatten einige der Nachbargemeinden ausgewählt, um dort ihr Projekt zu lancieren: Die dortigen Bürger, von der Lokalzeitung bisher vernachlässigt, sollten endlich ihre eigene Zeitung bekommen. Gratis von Rentrop.

Die beiden jugendlichen Gründer hatten alles vorbereitet. Die Anzeigenkunden konnten sich anhand einer vollständig gedruckten Nullnummer ansehen, was die Leser bekommen sollten. Eine Truppe von Austrägern für das Wochenblättchen war schon angeheuert, alles war für den Tag X im Jahr 1975 vorbereitet, an dem das Blatt zum ersten Mal zu den Lesern kommen sollte.

Aber Rentrop und sein Partner hatten die Rechnung ohne den Platzhirsch gemacht: In der Firmenzentrale des marktbeherrschenden Tageszeitungsverlages hatte man inzwischen entdeckt, daß mit den Anzeigenblättern eine Konkurrenz heranwuchs, bei deren Aufkommen man nicht tatenlos zusehen konnte. Denn Anzeigenkunden, die in einem Anzeigenblatt inserieren, schalten nicht noch ein zweites Mal in der teureren Tageszeitung, die noch nicht einmal in allen Haushalten gelesen wird.

Der mächtige Konkurrent „General-Anzeiger" mit einem Jahresumsatz von mehreren Millionen D-Mark holte zum Schlag gegen die 20.000-D-Mark-Gründer aus: Entweder ihr hört freiwillig sofort auf, oder wir machen euch das Leben schwer, so verstanden die beiden die Botschaft aus der Chefetage der Tageszeitung.

Sich auf eine lange, teure und kräftezehrende Auseinandersetzung mit dem soviel größeren Gegner einzulassen, dazu hatten die beiden jugendlichen Gründer wenig Neigung. Ein Großteil des Geldes, zusammengekratzt aus den Schülerlöhnen der vergangenen Jahre, war schon aufgebraucht. Also strich das Unternehmen die Segel, ehe die Fahrt richtig begonnen hatte.

◆

Was hätten Sie jetzt getan, lieber Leser, liebe Leserin, nachdem des Geld futsch und die erste, so schön ausgedachte Idee den Bach hinunter gegangen war? Den Kopf in den Sand gesteckt, eine Anstellung gesucht und die Pläne von Reichtum begraben?

Nicht so Rentrop. In dem damals 18jährigen war der Kampfgeist erwacht: Er wollte sich sein verlorenes Geld so schnell wie möglich wieder zurückholen. 10.000 D-Mark waren sein Anteil an der gescheiterten Firma.

Sein Partner ging nach Idar-Oberstein und versuchte es dort zum zweiten Mal – mit Erfolg: Das Geschäft mit den Anzeigenblättern kam in der Edelsteinstadt zum Laufen.

Aber Rentrop wollte am alten Ort bleiben. Er nutzte die einmal aufgebaute Truppe von Zeitungsausträgern und sattelte auf eine Prospektverteilagentur um. Seine Mitarbeiter steckten allwöchentlich zweimal Prospekte von Edekahändlern, Tankstellen und Getränkemärkten in die Briefkästen von einigen tausend Haushalten, und an jedem so verbreiteten Prospekt verdiente der Jungunternehmer einen kleinen Pfennigbetrag. Die Summe aller Beträge ergab bald soviel, wie Rentrop vorher verloren hatte. Er selbst trieb die Kunden für seine Prospektverteiler auf, ergänzte die Truppe und fuhr bei Wind und Wetter mit dem Moped über Land, um die Arbeit seiner Verteiler auf den Dörfern zu kontrollieren.

Für einen gerade Volljährigen hatte Rentrop eine Menge erreicht, aber er konnte sich nicht vorstellen, in der Prospektverteilerbranche zu bleiben. Zwar ließen sich mit einer genügend großen Truppe an den Pfennigbeträgen auch Millionen verdienen, aber das bis ans Ende der Tage?

So hatte Rentrop sich das Unternehmerleben nicht vorgestellt. Er begab sich auf den Absprung zu seiner nächsten Idee: In England hatte er eine Firma kennengelernt, die Unternehmenskonzepte in gedruckter Form verbreitete. Diese Methode faszinierte den jungen Deutschen so sehr, daß er die Rechte für Deutschland erwarb und sich daranmachte, Unternehmenskonzepte zu verbreiten. Es wurde seine dritte Geschäftsidee innerhalb kurzer Zeit, und es sollte die erfolgreichste werden.

Rentrop verwertete sein unternehmerisches Wissen hier gleich noch einmal – er legte die ersten Nummern einer neuen Zeitschrift auf. Der Name: „Die Geschäftsidee". Das Blättchen bestand aus mit der Schreibmaschine geschriebenen Seiten, die hektografiert und zusammengeheftet verbreitet wurden. Hier kam es auf den Inhalt an, nicht auf die Form – das Blatt sollte Gründern alle Informationen liefern, die zum Aufbau des eigenen Unternehmens nötig waren. Die ersten Konzepte waren auch die, die Rentrop selbst schon zur Reife gebracht hatte: das Anzeigenblatt und die Prospektverteilagentur.

Seine Gründertage fanden noch im Elternhaus statt, wo sich der Junior ein Büro eingerichtet hatte und offensichtlich mit Verständnis und Großzügigkeit rechnen durfte, wenn er das Wohnzimmer schon einmal dafür benutzte, um Lieferanten- oder Mitarbeitergespräche zu führen.

Natürlich war dieses erste, noch provisorische Firmendomizil schnell zu klein geworden; Rentrop hatte bald begonnen, seine „Geschäftsidee" zu professionalisieren und Abonnenten zu werben, indem er Werbebriefe verschickte.

Damit war der Kern zu seinem heutigen Verlags- und Versandgeschäft schon geschaffen, denn die Grundprinzipien sind geblieben, allerdings um ein Vielfaches multipliziert. Es geht ihm noch immer um das, was er als Credo so beschreibt:

„Wir machen Beratung mit Hilfe der Druckerpresse. Wir wollen Selbständigsein und Eigenverantwortung durch die publizistische Beratung stärken."

Zu seinen Produkten zählt neben „Die Geschäftsidee" weitere Beratungsliteratur. All das wird auf dem Postwege verkauft, das heißt: Der Rentrop-Verlag verschickt Werbebriefe, die zum Abonnement von einem der Periodika einladen. Die Kunden bestellen per Telefon, per Fax oder per Postkarte. Über sein Versandgeschäft ist Rentrop inzwischen zu einem der größten Kunden bei der Post geworden: Jeder hundertste in Deutschland verschickte Werbebrief kommt von Rentrop.

Diese Form des Geschäfts hat dem Verlag nicht nur Freunde eingetragen. Die Kunden kaufen Jahresabonnements von Beratungszeitschriften, die 200 oder 300 D-Mark im Jahr kosten. Viel zu teuer, lautet ein häufig geäußerter Vorwurf. Sicher sind 300 D-Mark für ein Abonnement eine Menge Geld, aber der Wert der Rentropschen Produkte bestimmt sich eigentlich weniger aus der Menge bedruckten Papiers, das der Kunde für sein Geld bekommt. Der Trick besteht vielmehr darin, die enthaltenen Informationen zu nutzen! Für jemanden, der alles nur liest, sind 300 D-Mark eine astronomische Summe, aber wer mit Hilfe der Information eine Entscheidung für ein erfolgreiches Geschäft fällen kann, für den war diese Ausgabe eine preiswerte Information.

Dennoch wollen die Kritiker nicht verstummen. Vielleicht liegt das auch daran, daß die Werbung recht marktschreierisch daherkommt. Die Rentropschen Werbebriefe quellen über vor Aufrufen, nun doch endlich zu bestellen, und immer wieder werden den Werbebriefen allerlei Zettel beigelegt, nach dem Muster „Lesen Sie hier nur, wenn Sie nicht bestellen wollen" oder „Die zehn wichtigsten Gründe, jetzt zu unterschreiben".

Der Verleger schwört auf diese Methoden. Er ist ein regelrechter Fan von Tests. Eine seiner Aufgaben sieht er in der Suche nach dem noch erfolgreicheren Werbebrief – ein ewiges Rennen: Jeder neue Werbebrief muß gegen alle erfolgreichen Werbebriefe der Vergangenheit antreten; alles ist meßbar, und nur der gewinnt, der noch mehr Kunden anlocken kann.

Dieses Vorgehen wurde immer weiter verfeinert – mit dem Ergebnis, daß ein Teil des Publikums bei Rentrop kauft, während der andere seine Masche nicht eben schätzt.

Aber der Erfolg ist auf des Verlegers Seite. „Die Geschäftsidee" ist nach wie vor das Flaggschiffprodukt des Unternehmermachers, daneben gibt es einige Dutzend Zeitschriften und Loseblattwerke. Die Firma Rentrop kennt eigentlich nur einen Weg: den nach oben. Jedes Jahr sind die Umsätze mit zweistelligen Prozentraten gewachsen, und so kam es, daß Norman Rentrop bereits in seinen Zwanzigern, als seine Jahrgangskollegen sich noch mit Aushilfsjobs herumdrückten, mehrfacher Umsatzmillionär war. Er baute sein Unternehmen sehr zielstrebig aus, immer auf der Suche nach neuen Produkten und neuen Märkten. So ist er inzwischen auch in einigen europäischen Ländern und in den Vereinigten Staaten vertreten – selbst in Rumänien gibt es eine Landesausgabe seiner „Geschäftsidee", und in den USA gewann er einen der Redenschreiber von Ronald Reagan, der dort die amerikanische Ausgabe seiner Loseblattzeitschrift „Der Reden-Berater" (Titel: „The American Speaker") produziert, für sich. In Irland besitzt der 1957 Geborene eine einflußreiche Tageszeitung, in Deutschland ist er Mitbesitzer des Berliner Fernsehnachrichtenkanals „ntv", was dem Sender schon den Spitznamen „Norman's TV" eingetragen hat.

Nicht, daß sich Rentrop einen einfachen Weg gesucht hätte: Neben dem Aufbau seiner Firma absolvierte er erst den Wehrdienst, dann trat er ein Studium der Betriebswirtschaft an der Universität zu Köln an, das er 1985 als Diplomkaufmann beendete. Schon der Seminarist Rentrop aber hatte gezeigt, daß er das Rüstzeug zum Unternehmertum hat.

Die Diplomarbeit und das Examen (fünf schriftliche Klausuren, fünf mündliche Prüfungen) müssen den Charakter einer leicht paradoxen Veranstaltung gehabt haben: Denn die beamteten Professoren, allesamt im Alter von Rentrops Vater, hatten sich noch nie so auf einem Markt behaupten müssen wie ihr prominenter Prüfling. Sie forderten nun von Rentrop, dem Millionenunternehmer, daß er sich neun Jahre nach seiner eigenen Unternehmensgründung noch einmal mit seinem Betriebswirtschaftswissen unter Beweis stellte – was er natürlich problemlos meisterte.

◆

Millionärsgehabe, wie man es vielleicht erwarten könnte, legt der Erfolgreiche nicht an den Tag. Seine Firmenräume sind in jeder Weise bescheiden ausgestattet: Der Besucher wird durch halbdunkle Fluchten von mit Gründerliteratur vollgestopften, braunen Billy-Regalen geführt; dieses Mobiliar ist bei einem schwedischen Möbelhaus für 150 D-Mark pro Regal zu bekommen. Andere Unternehmer geben soviel Geld für einen einzigen Briefbeschwerer aus, Rentrop ist sparsam.

Wenn er über seine Gründerzeit berichtet, schwärmt er von den Tagen, als es noch eine überschaubare Mannschaft gab, die er auf Zuruf führen konnte, und von der Zeit, als das Wachstum manchmal so stürmisch war, daß nicht einmal genügend Schreibtischstühle für alle Mitarbeiter vorhanden waren – aber niemanden störte es, man behalf sich derweil mit Apfelsinenkisten.

Der Unternehmer erscheint zum Gespräch in einem unauffälligen dunkelblauen Anzug. Seine Krawatte sieht noch Zeiten entgegen, in denen gerade dieses Muster wieder modern sein wird, und sein Schuhwerk ist so gewählt, daß sein Träger im nächsten Moment zu einer 20-Kilometer-Wanderung auf Asphalt aufzubrechen in der Lage wäre.

Wer wie ich das Vergnügen hat, im Büro des Unternehmers empfangen zu werden, kann auch hier wieder die sparsame Haltung vieler Millionäre hautnah erleben. Die Möblierung ist nicht schön, aber zweckmäßig. Der Besucher nimmt auf Stühlen Platz, die davon erzählen, was der Unternehmer von Luxus hält: nämlich nichts. Die Sitzmöbel könnten auch in einer öffentlichen Bibliothek stehen, der schon lange das Geld für Neuanschaffungen fehlt.

Norman Rentrop hat das Geld, aber er gibt es lieber für neue unternehmerische Wagnisse aus als für ein ordentliches Büro. Er hängt nicht an den Dingen, er hängt an Ideen – und deren Umsetzung.

Wo er von anderen Menschen Macherqualitäten fordert, ist er selbst ebenfalls ein Macher, und dann ist ihm keine Sache zu groß.

Zum Beispiel die mit der Post.

Rentrop ist ein großer Postkunde und ein ebenso großer Postleidensträger. Ihn stört es unendlich, wenn seine Werbesendungen nicht zur rechten Zeit zugestellt werden und seine Briefe auf irgendwelchen Postämtern zu lange herumliegen, anstatt direkt zum Empfänger zu gelangen. Als er kürzlich auch noch herausfand, daß die Post viele Briefe gar nicht zugestellt, sondern einfach weggeworfen hat, brachte ihn das zur Weißglut.

Er sieht nicht ein, daß die Zustellung der Post ein Monopolrecht sein soll, das nur einem Dienstleister zusteht. Für ihn ist Post zustellen nichts anderes als Bücher drucken oder Autos herstellen – also könnte das getrost auch privaten Unternehmern überlassen werden.

Dem Unternehmer Rentrop zum Beispiel.

Er hat bereits einen Antrag auf die Gründung eines privaten Postunternehmens gestellt. Bei jeder Gelegenheit weist er darauf hin, daß er willens ist, diesen Plan von einer vollständig privaten Briefzustellung im Verbund mit einigen Unternehmerkollegen umzusetzen, und das lieber heute als morgen – die Staatspost ist ihm zu teuer und zu umständlich.

Hier zeigt sich wieder jene Einstellung, mit der er es weit gebracht hat:
„Nicht klagen, sondern machen, unternehmen!"

◆

11. Flugzeug zu verschenken

◆ ◆ ◆ ◆ ◆ ◆ ◆ ◆ ◆ ◆ ◆ ◆ ◆ ◆ ◆ ◆ ◆ ◆ ◆ ◆

Unternehmer werde man nicht nur durch Erbschaft, sondern auch durch eigenen Willen, das sagte Bundespräsident Roman Herzog bei der Jahresversammlung 1997 der Arbeitsgemeinschaft Selbständiger Unternehmer auf dem Petersberg bei Bonn. Man könnte hinzufügen: Millionär wird man nicht nur durch Erbschaft, sondern durch eigene Arbeit.

Wie das geht, hat Norman Rentrop mit seiner Firma vorgeführt, und er hat sich obendrein noch das Verdienst erworben, aktiv an der Schaffung neuer Unternehmerexistenzen mitzuwirken. Das ist ein wichtiger Beitrag zum Gedeihen unseres Landes, denn es ist nicht so, daß wir uns über ein Zuviel an Unternehmern zu beklagen hätten.

Im Gegenteil: Mit mehr Unternehmern und mehr tätigen Millionären ginge es sicher auch unserem Lande besser, denn jeder Inhaber schafft Arbeit für sich und gleich für andere mit. Thomas Bentz, Mitinhaber der Firma Melitta in Minden, hat ausgerechnet, daß 800.000 Unternehmer fehlen, wenn man die Population in Deutschland mit der anderer Länder in der Europäischen Union vergleicht.

Würde von diesen 800.000 Unternehmern jeder nur fünf Arbeitsplätze schaffen, dann wären wir die Arbeitslosigkeit los.

Nur – woher die Fehlenden nehmen? Wie wäre es mit Ihnen, lieber Leser, liebe Leserin? Lassen Sie sich ruhig anregen von den hier Vorgeführten. Der Weg zur selbständigen Existenz ist kürzer, als Sie vielleicht denken. Ihre Chancen, selbst Millionär zu werden, könnten sich durch eine Entscheidung zur Firmengründung deutlich erhöhen.

Vielleicht haben Sie nicht einmal schlechte Voraussetzungen. Denken Sie nur einmal an den 18jährigen Norman Rentrop, der sein zweites Unternehmen mit nichts als 10.000 D-Mark verlorenem Geld und seinem Wissen startete. Der Wunsch ist stets Vater der Wirklichkeit, und insofern ist der Bundespräsident durchaus beim Wort zu nehmen: Es kommt auf Ihren Willen an.

Wenn der Gründer Rentrop nach seinem Mißerfolg nicht mehr gewollt hätte – was wäre dann aus ihm geworden? Vielleicht wäre er heute, wie so viele andere 40jährige, ein besserer Angestellter, mit einem Jahresverdienst von rund 80.000 D-Mark, einer Lebensversicherung und einem staatlich garantierten Rentenanspruch. Ohne große Niederlagen, aber auch ohne große Erfolge wäre er so sicherlich zu einem bescheidenen Wohlstand gekommen – aber Millionär wäre er auf diesem Wege mit großer Wahrscheinlichkeit nie geworden.

Rein materiell hatten die heutigen Millionäre oft denkbar ungünstige Startbedingungen. In vielen Fällen gab es am Anfang nichts als einen Haufen Schulden. Nicolas Hayek verpfändete zu Beginn seiner Millionärslaufbahn seine Möbel, um sich einen Anzug kaufen zu können, mit dem bekleidet er seine ersten Geschäfte tätigte. Norman Rentrop hatte durch das Scheitern seiner ersten Gründung all sein Geld verloren, und als er seine zweite Firma aufbaute, stand ihm noch nicht einmal ein Auto zur Verfügung. Klaus Kobjoll mußte sich mit Bankschulden in siebenstelliger Höhe belasten, um seinen Schindlerhof zu bekommen. Und Werner Conrad hatte im Krieg alles verloren: sein Geschäft, seine Lieferanten, sein Auskommen. Nur mit einem Lastauto voll Kondensatoren begann er, ein Unternehmen aufzubauen – begleitet lediglich von seinem eisernen Willen, durchzuhalten und die eigene Sache zum Laufen zu bringen.

Auch im Leben von Thomas Huber, der heute längst zu Reichtum gekommen ist, gab es deutliche Schleifspuren des Mißerfolgs. 130.000 D-Mark Schulden hatte er als junger Mensch, und dazu kein Einkommen und keine Anstellung. Eine aussichtslose Lage?

Sicher ja, wenn Huber diese Schulden mit Hilfe eines normalen Angestellteneinkommens hätte abtragen müssen. Er würde wahrscheinlich heute noch zahlen.

Aber was tat Thomas Huber?

„Du kannst dich entweder erschießen oder Verkäufer werden", rieten ihm Freunde. Er tat letzteres.

◆

Zuvor war Huber Besitzer einer Diskothek. Er hatte sich den Laden gekauft, weil er fasziniert davon war, eine Mischung aus Kneipe und Musikschuppen zu betreiben. Aber außer der Begeisterung für die Sache fehlte ihm das für die Gastronomie nötige Branchenwissen. Er hatte nie zuvor an ähnlicher Stelle gearbeitet – und das sollte sich bitter rächen: Er machte Fehler beim Einkauf, bei der Personalrekrutierung und bei vielen anderen Dingen, die jeder richtig macht, der einmal in diesem Geschäft gerbeitet hat.

Hubers Traum von der eigenen Diskothek ging deshalb ebenso schnell baden, wie er geboren worden war, und der junge Unternehmer saß auf einer Investitionsruine, eben jenen 130.000 D-Mark Schulden.

Aber der junge Mann ließ sich nicht beirren.

Er wollte Verkäufer werden, und da bei Daimler-Benz gerade eine Stelle für einen Lastwagenverkäufer frei war, bewarb er sich dort und wurde zum Gespräch eingeladen. Am Ende der Bewerberrunde teilte man ihm mit, daß noch 55 andere Kandidaten für den Job da seien. Huber schrieb daraufhin einen Brief an den zuständigen Personalleiter und nannte ihm darin die zehn seiner Ansicht nach entscheidenden Gründe, warum er gerade Thomas Huber für den Job als Lastwagenverkäufer nehmen sollte. Seine miserable finanzielle Lage verschwieg er dabei nicht.

Er bekam den Job, was seine Chefs bei Mercedes nicht bedauern sollten. Innerhalb eines Vierteljahres war er der beste Lastwagenverkäufer der Region, und kurze Zeit später war er jener Verkäufer, der bei dem Autohersteller die meisten Abschlüsse vorzuweisen hatte. Das Geld floß reichlich, und mit Hilfe der verdienten Provisionen gelang es Huber auch allmählich, seine Schulden abzutragen. Große Sprünge konnte er sich aber wegen seiner klammen Finanzen noch nicht erlauben.

Doch es sollte bald besser kommen.

Er traf einen Unternehmer, dem er einen Lastwagen verkaufte, obwohl der gar keinen Lkw gebrauchen konnte. Der Käufer war darüber nicht sauer, wie man vielleicht denken könnte, sondern vielmehr beeindruckt von Hubers Verkaufstalent. Er war sogar so beeindruckt, daß er den Twen wenig später abwarb, um ihn in seiner eigenen Firma als Verkäufer einzustellen.

Fortan verkaufte Thomas Huber Hifi-Geräte und andere Elektronikartikel aus dem Fernen Osten. Wieder wurde Hubers Einsatz schnell ein Erfolg. Seine Deals wurden größer und größer, er erschloß neue Märkte und kletterte innerhalb eines Jahres in der Firma mehrere Stufen auf der Karriereleiter hinauf bis zum Marketingleiter.

„Schön. Vielen Dank. Wir lassen von uns hören", das sagten Kunden zu ihm nach einer gut gelungenen Präsentation seiner Produkte. Aber diese Kunden kannten Hubers Methode nicht: Der junge Verkäufer sagte, er brauche eine Entscheidung, sofort. Wie um seine Forderung zu unterstreichen, setzte sich Huber in sein Auto vor dem Werkstor und wartete. Als er nach einiger Zeit immer noch nicht gefahren war, nahmen die Einkäufer seine Forderung ernst, berieten sich und gaben ihm den Auftrag.

So hatte Huber auch ein großes Geschäft für seinen Arbeitgeber eingebracht; für ihn stand eine Provision von 70.000 D-Mark auf der Abrechnung –
aus einem einzigen Geschäft!

Die Schulden waren schnell zurückbezahlt, und Thomas Huber stellte
sich die Frage: „Warum eigentlich mache ich die Sache immer noch als Angestellter?"

Mehr als zugegebenermaßen erfreuliche Provisionen und ein paar Sterne
mehr auf der Schulter waren für den jungen Verkäufer bei seinem Job noch
nicht herausgekommen.

Das sollte sich ändern. In Thomas Huber regte sich der Wunsch, vollständig auf eigene Rechnung zu arbeiten und auch die Erfolge allein einzustrei-
chen. Der junge Marketingleiter hatte einen Wendepunkt erreicht: Er hatte
keine Lust mehr, nur seinen Chef reich zu machen und selbst immer der
Angestellte zu bleiben. Für ihn war klar, daß es in diesem Alter nur einen
Weg gab, um weiterzukommen: Er mußte sein eigener Chef werden, im eigenen Unternehmen. Er wollte nicht für einen Teil von irgend etwas Verantwortung tragen, er wollte das Ganze haben.

◆

Die Selbständigkeit und ihre Vorzüge hatte er bereits als gerade Volljähriger
kennengelernt. Schon einmal war er diesen Weg gegangen – und auch er
mußte feststellen, daß der Weg nach oben selten in gerader, folgerichtiger
Linie verläuft.

Als junger Schulabgänger machte Thomas Huber, wie viele seiner Alterskollegen, eine Lehre. Er wurde Vorlagenhersteller bei der „Mainzer Allgemeinen Zeitung". Schon diese Berufsausbildung zeigte ihm, was als kleiner Angestellter möglich ist und was nicht. Mit 18 Jahren sagte er seinem damaligen Arbeitgeber adieu und gründete seine erste Firma. Dieser Schritt ent-
sprang seinem Drang, künstlerisch tätig zu werden.

„Als Kind wollte ich immer Maler werden", beschreibt Huber eine Neigung, die er früh an sich entdeckte; aber er war sich auch seiner Grenzen
bewußt:

„Um wirklich Maler zu werden, war ich nicht gut genug. Mir fehlte die
Kreativität."

Also wählte er einen Weg, der ihn zumindest in die Nähe eines kreativen
Berufs brachte: Seine Firmengründung wurde die Werbeagentur „Bulliton"
im Rheingau, die er zusammen mit einem erfahrenen Partner aus der Werbebranche ins Leben rief.

Hier hielt es ihn zwei Jahre, dann machte der Jungunternehmer zum ersten Mal in seinem Leben Kasse: Für den Verkauf seiner Anteile an der Agentur erlöste er eine für einen 20jährigen hübsche Summe Geldes, die er in den Kauf einer Diskothek steckte. Twenjahre sind Sturm- und Drangjahre. Den Ausgang des Abenteuers mit der Diskothek kennen Sie.

◆

Bei seinem zweiten Start ins eigene Unternehmen war Thomas Huber längst Krawattenträger geworden, und er hatte als nunmehr 26jähriger mehr Erfahrung gesammelt als fast alle seiner Alterskollegen. Das machte ihn sattelfest für seine Neugründung, die Deutsche Telefonmarketing GmbH in Offenbach.

Diese Firma sollte sich als Goldgrube erweisen. Denn Huber erkannte, daß es viele Unternehmen gab, die sich mit Dienstleistungen am Telefon helfen lassen wollten: Da waren Kunden für Abluftanlagen und Kühlgeräte anzurufen, da war nachzufragen, warum ein bestimmtes pharmazeutisches Produkt nicht mehr von den Ärzten verschrieben wird, oder es waren Gesprächstermine für Kunden vorzubereiten. Ein anderes Mal war die telefonische Nachbetreuung von Messebesuchern zu sichern oder einfach nur herauszufinden, wie sich eine bestimmte Schallplatte im Handel verkaufte.

Diese Dienste übernahmen Hubers „Call Manager", meist Hausfrauen, Lehrerinnen und Studentinnen, die über eine schöne Telefonstimme verfügten.

Schon zwei Jahre nach der Gründung hatte Huber 60 „Call Manager" auf der Lohnliste und vier Millionen D-Mark Umsatz in den Büchern. Der Aufstieg verlief weiterhin rasant: Vier Jahre nach der Gründung war Huber Marktführer in Deutschland, und zu seinem 30. Geburtstag war seine Telefonmarketingagentur die größte weit und breit.

1992 hatte der junge Gründer bereits 32 Millionen D-Mark in den Büchern und beschäftigte 230 Mitarbeiter – das war sieben Jahre nach der Gründung. Wie anders als über Selbständigkeit wäre das zu erreichen gewesen?

◆

Einmal Telefonmarketing, immer Telefonmarketing – das wäre nicht Thomas Hubers Sache gewesen. Er hatte es der Branche gezeigt und sein Unternehmen zu einigem Erfolg geführt; zuletzt steckte er noch einen Auftrag über zehn Millionen D-Mark von Volkswagen ein. Aber mit dem dauerhaften Erfolg war die Sache mit dem Telefonmarketing für Huber auch schon erledigt: Er strebte nach neuen Ufern, als er merkte, daß er nach dem Verkauf von 51 Prozent der Anteile an der von ihm gegründeten Firma nicht mehr Herr im Hause war.

„Plötzlich war ich Angestellter in einer Firma mit einer französischen Mutter", beschreibt er die Veränderung, die er an der eigenen Haut erlebte. Statt seinen Ideen und Zielen nachgehen zu können, sah sich der Gründer jetzt in der Rolle des Erfüllungsgehilfen der Mehrheitseigentümer. Er saß tagelang am Schreibtisch, mußte Berichte an die neuen Herren schreiben und Tabellen aufstellen – das war nicht seine Welt. Thomas Huber dachte über das Ende seiner Liaison zur Deutschen Telefonmarketing GmbH nach.

◆

Offenbar binden sich auch Unternehmer nicht immer gern auf Lebenszeit an *einen* Job. Klaus Kobjoll hat das nicht getan: Er brachte es auf elf Firmengründungen in seinem Leben und ist noch keine 50. Und auch Thomas Huber ist kein Traditionstyp, der darauf aus gewesen wäre, die Telefonmarketingagentur weiter zur Größe zu führen, um sie irgendwann an seine Kinder und Enkel zu vererben.

Die Bindung an ein Unternehmen läßt sich beenden, indem man es verkauft. Wenn es sich dabei noch dazu um eine erfolgreiche Firma handelt, die eine Vergangenheit mit stetem Wachstum vorweisen kann und gutes Geld verdient hat, dann gereicht der Verkauf dem Unternehmer zum Vorteil. Er kann den Wert des Geschaffenen zu Geld machen und diese Mittel nehmen, um sich wieder neuen Zielen zuzuwenden.

Thomas Huber dürfte einige Millionen erlöst haben, als er die Anteile an seiner Deutschen Telefonmarketing in Offenbach verkaufte. Durch den Verkauf floß dem 34jährigen auf einen Schlag ein hübsches Barvermögen zu, das er gleich wieder einsetzte. Neues Spiel, neues Glück.

Er kehrte zu dem zurück, was er schon mit 18 einmal begonnen hatte: zur Werbeagentur. Aber heute macht Huber das im richtig großen Stil: Mit seiner Firma hat er in kurzer Zeit die ganze Branche aufgescheucht und sich zur Zielscheibe einiger unschöner Äußerungen gemacht.

So wurde er von seinen Kollegen aus der Branche etwa „Rambo" tituliert, und andere nannten ihn den „Che Guevara der Werbung". Für seine Firma hatten die Kollegen nichts anderes übrig als Bezeichnungen wie „Werbe-Aldi", seine Leistungen nannten sie „Werbung vom Wühltisch", um bei den gemäßigteren Anfeindungen zu bleiben.

Was ist von einer Firma zu halten, deren Neueinstieg so bewertet wird?

Ein ganz kleiner Fisch taucht hier neu im Teich auf, und sein Erscheinen bewirkt offenbar, daß sogar die großen Fische Reißaus nehmen. Der Neue scheint wirklich ein ernstzunehmender Eindringling zu sein, und das genau ist die Lehre der Geschichte: Wenn die Etablierten anfangen, sich zu wehren, dann hat es mit dem Eindringling etwas auf sich – sonst würde sich niemand regen.

So war es auch in diesem Fall. Huber schickte sich nämlich an, die eherne Arbeitsweise seiner Branche außer Kraft zu setzen. Werbeagentur, das funktionierte bisher etwa auf diese Weise:

Die gemietete Villa im Frankfurter Westend (oder in der Düsseldorfer Cecilienallee), teuerste Lage, ist der Ort des Geschäfts. Auf dem Parkplatz draußen stehen die verbeulten Porsches und Saab Cabrios der Kreativen. Innendrin ein mit Designermöbeln und Ledersessel bestückter, neoklassizistischer Flur, hektisches Treiben in den Gängen und Konferenzräumen. Hübsche Mädels, die Kontakter im teuren Anzug, die Kreativen in einem Outfit, das so aussieht, als würden sie abends damit zu Bett gehen, ohne sich umzuziehen. Für die Kunden wird alles möglich gemacht, sie zahlen ja auch gutes Geld.

Zur Kundenbesprechung fliegen die Mitarbeiter ständig in der Weltgeschichte herum; alle haben daher stets ihre Frequent-Traveller-Karten der wichtigsten Airlines griffbereit. Gewohnt wird dann routinemäßig in den teuersten Hotels; die Werber sind im Hamburger „Vier Jahreszeiten" ebenso anzutreffen wie im Berliner „Four Seasons" oder im Frankfurter „Gravenbruch Kempinski". Das ist dort, wo eine Dose Coca-Cola aus der Minibar mit 7,50 D-Mark berechnet wird und Zimmerpreise von unter 450 D-Mark pro Nacht als anrüchig gelten. Was soll's! Wird ja ohnehin alles vom Kunden bezahlt – und deshalb sind auch die Meetings lang, teuer und häufig.

Thomas Huber hat mit all dem Schluß gemacht. Der Hauptsitz seiner Firma, der White Lion Werbeagentur, ist weder in der Cecilienallee noch im Frankfurter Westend. Huber sitzt in Krefeld am Niederrhein.

Von diesem relativ unscheinbaren Ort aus lehrte der Newcomer die Branche das Fürchten: In nur drei Jahren Tätigkeit rückte die Firma von Platz null auf Platz 60 der Liste der größten Agenturen vor und bald darauf auf den Platz 49; heute ist White Lion die effizienteste Werbeagentur im Lande.

In Krefeld sind die Mieten billig, die Gewerbesteuer ist niedrig, und von Werbeflair ist nichts zu sehen. Huber sitzt in einem x-beliebigen Gewerbegebiet, hier heißt es „Handels- und Gewerbezentrum Krefeld-Süd", Kimplerstraße 296. Nebenan beginnen die unbefestigten Feldwege, die Bauern kippen ihre Gülle auf die Felder.

Porsches und Saabs sucht man bei Huber vergeblich. Warum? Huber beschäftigt keine Kreativen. Die, die für ihn arbeiten, haben hier kein Büro, sondern sind irgendwo in Europa freiberuflich für die White Lion Werbeagentur tätig. Man verständigt sich über Fax und Telefon.

Das gilt auch bei den Kunden: Die üblichen teuren Meetings hat Huber abgeschafft; die Werbekunden bekommen keine hübschen Agenturmädels mehr zu sehen, sondern nur noch per Post zugeschickte Formulare, auf denen sie eintragen, was sie als Leistung wollen. Das ist unromantisch, aber es spart enorme Kosten.

Die einzigen Menschen, die in der Allerwelts-Büroetage in Krefeld-Süd noch arbeiten, sind die Projektmanager. Sie halten den telefonischen Kontakt zu den Kunden und kaufen die nötigen kreativen Leistungen (von Textern, Layoutern, Fotografen, Plakatgestaltern) ein. Die Adressen finden sie in einer Datenbank, die Huber extra für diesen Zweck aufgebaut hat.

Der Katalog, anhand dessen die Kunden ihre Werbung aussuchen können, sieht aus wie eine bessere Fernfahrerlektüre; die auf dem ganzseitigen Titelfoto zu sehende Frau im kleinen Schwarzen ist der Ersatz für den Kontakt zur lebensechten Weiblichkeit der konventionellen Agenturen.

◆

„Werbe-Aldi", dieses Schimpfwort läßt sich Huber durchaus gefallen. Wie Aldi ist Huber ein echter Discounter, der Preisbrecher unter den Werbeagenturen. Aldi kann seine Produkte billig anbieten, weil die Kunden die Waren selbst von den Paletten in den Einkaufswagen räumen. Huber verzichtet ebenfalls auf den ganzen Schnickschnack, der die Leistungen der konventionell, das heißt teuer arbeitenden Agenturen begleitet.

Hubers Preise für Plakate, Werbebriefe, Videoproduktionen, Prospekte und was Agenturen sonst noch zu schaffen in der Lage sind, liegen denn auch deutlich unter dem Gewohnten. Er kann zwischen zehn und 50 Prozent billiger sein als die Agentur aus der Cecilienallee oder dem Frankfurter Westend, und das ohne sichtbaren Unterschied beim Endprodukt. Es ist so wie bei dem Lebensmitteldiscounter: Schokolade von Aldi schmeckt ebenso gut wie die aus der Kaufhof-Gourmetabteilung, nur kostet sie weniger als die Hälfte.

All das hat die Edelagenturen in helle Aufregung versetzt: Vier Jahre nach der Gründung erbringt White Lion Leistungen, die einem Umsatz von 20 Millionen D-Mark entsprechen. Das ist ein Senkrechtstart in der Agenturbranche – viele etablierte Agenturen sind zehn, 20 Jahre alt und haben noch nicht einmal die Grenze von fünf Millionen D-Mark übersprungen.

Wenn Hubers Erfolg weiter anhält, dann wird man irgendwann den Lauf der Werbebranche einteilen in die Zeit vor White Lion und die Zeit nach White Lion. Denn das, was Huber bietet, nehmen die Kunden zum Maßstab und fordern es auch bei den etablierten Agenturen ein. Auf Dauer wird das die Preise in der Werbebranche nach unten drücken, was den Etablierten angst macht, weil sie ihre Privilegien zerbröseln sehen: keinen Porsche mehr und keine geschäftliche Übernachtung mehr für den Junior-Artdirector und seinen Kontakter im feinen Hotel Frankfurter Hof. Statt dessen Leistung, die nach industriellen Kriterien erbracht wird, ohne das Drumherum, das die Berufe in der Werbung lange Zeit so attraktiv gemacht hat.

Aus dem Kreis der etablierten Agenturen wird deshalb sicher noch das eine oder andere Leidensgeräusch zu hören sein. Aber Huber läßt das kalt; er freut sich, daß seine Arbeit immer mehr Zulauf findet, meist von sehr renommierten Unternehmen, die mit seiner Hilfe endlich den Dreh gefunden haben, wie sie ihre Werbung billiger machen können.

Zum Werbe-Establishment wird Huber ohnehin nie gehören; dagegen spricht allein schon sein Auftreten: Wann immer ich ihm begegnete, war er die Ruhe selbst, ein Unternehmer, der mit vielen Wassern des Lebens gewaschen ist und sich offensichtlich nicht so leicht in die werbeübliche Hektik bringen läßt. Ihm fehlt auch das, was ich als ebenfalls werbeübliche Wir-sind-gut-drauf-Mentalität bezeichnen würde.

Er kommt in einer Lockenfrisur daher, die mal mehr, mal weniger zerwühlt ist, und sein Anzug sowie sein Streifenhemd, das er meistens trägt, sind so zeitlos unmodisch, daß er am Eingang des Art-Directors-Clubs wahrscheinlich zurückgewiesen würde, weil die schrille Krawatte, gemustert nach dem letzten Schrei der Madison Avenue, fehlt.

Huber hat das Werbeschaffen aus dem Himmel der Magie heruntergeholt und damit auch die Arbeit in der Werbeagentur gründlich verändert. Er selbst verkörpert das mit grenzenloser Geduld, Liebe zum Detail, leisem Auftreten, einem hohen Maß an positiver Ausstrahlung und einer manchmal unendlich scheinenden Überzeugungskraft.

In seiner Firma arbeiten nicht die üblichen Typen, die gemeinhin unter der Sammelbezeichnung „Werbefuzzis" bekannt sind. Wie solche sehen weder Huber noch seine Leute aus, und kein Werbefuzzi würde die Agentur, wäre sie nicht von außen beschriftet, als solche erkennen.

Hubers zweiter Geschäftsführer Friedhelm Meyer ist ausgebildeter Landwirt; bei meinem letzten Besuch sah ich diesen ehemaligen Bauern gerade an einer Fernsehkampagne basteln.

„Vor ein paar Jahren ist der noch Traktor gefahren", witzelt Huber, als er uns bekannt macht, „und jetzt spricht er mit den Marketingleitern unserer Kunden über Millionenbeträge."

Ein anderer Verantwortlicher bei White Lion ist ein ehemaliger Soziologiestudent, er war früher Bürobote. Heute dirigiert er im Auftrag einer großen deutschen Bank Werbeausgaben in siebenstelliger Höhe.

◆

Der Robin Hood der Werbebranche wird immer ein Außenseiter bleiben, aber er will es auch so. Was ihn an der Werbung mit seiner Firma White Lion fasziniert, ist nicht so sehr der handwerklich-kreative Part, sondern vielmehr der unternehmerisch-technische. Er will Werbeleistungen nach industriellen Maßstäben erbringen, und deshalb hat er den Prozeß, mit dem etwa ein Werbeprospekt erstellt wird, in alle seine Einzelschritte zerlegt. Jeder einzelne Schritt soll nach immer gleichen Vorgaben in immer gleicher Zeit und stets zu den gleichen Kosten erbracht werden. Dieses Denken erinnert an Henry Ford, als dieser zum ersten Mal das Fließband einsetzte, um seine Kraftwagen nach industriellen Maßstäben herzustellen.

Huber hat eine Tüftlermentalität: Mit glänzenden Augen berichtet er mir, wie er es in monatelanger Kleinarbeit mit seinem Team geschafft hat, die einzelnen Arbeitsschritte zu identifizieren und zu beschreiben. Das hat nichts mehr mit Werbung zu tun, sondern schon eher mit Autobau: Dort sind die Rationalisierer mit derselben Akribie wie Huber an die Herstellung herangegangen und haben alles zerlegt und analysiert, um anschließend ein Auto nicht in zwölf, sondern in dreieinhalb Stunden zusammenbauen zu können – zur Hälfte der Kosten in der Montagehalle. Das muß Huber vorgeschwebt haben, als er das White-Lion-Konzept verfeinerte.

Entdeckt hat er es in den Vereinigten Staaten. Die Herren Simon und Hilden hatten dort im Jahr 1985 eine Agentur dieses Namens gegründet; bei einer seiner Reisen in die Staaten bekam Huber Kontakt zu den Gründern. Er war auf der Stelle so fasziniert davon, daß hier zwei Leute versuchten, Werbeleistungen nach standardisierten Prozessen anzubieten, daß er darin eine Geschäftsidee auch für Europa witterte. Er kaufte den beiden Gründern die Lizenzrechte für den alten Kontinent ab – und startete White Lion in Deutschland.

White Lion hat natürlich Büros in New York, Paris und London, wie es sich für eine ordentliche Agentur gehört. Huber träumt davon, Deutschland und die deutsch sprechenden Nachbarn mit einem Netz von 500 kleinen White-Lion-Standorten zu überziehen – flächendeckende Werbeangebote zum Discountpreis, White Lion immer in der Nähe.

Für spektakuläre Aktionen hat Thomas Huber ein Händchen. Das bewies er gleich zu Beginn, als es darum ging, die Branche auf die neue Agentur aufmerksam zu machen. Huber brachte dem Weißen Löwen das Brüllen bei, indem er die Aktion „Flugzeug zu verschenken" startete. Er schrieb einen Brief an 7.000 Werbeleute in Deutschland, etwa des Inhalts: Ich habe ein viersitziges Flugzeug zu verschenken. Wert: eine Viertelmillion D-Mark. Das einzige, was die Empfänger des Briefes tun mußten, um das Piper-Flugzeug zu bekommen, war, eine Zahlenkombination zu erraten, ähnlich wie beim Lottospiel. Die angeschriebenen Werber rieten und rieten, die Resonanz war gewaltig, aber alle lagen daneben, keiner bekam das Flugzeug.

Den vorerst letzten und von der Presse völlig unbemerkten Coup landete Thomas Huber Ende 1996. Er lief ab nach dem Muster „Tochter kauft Mutter". Bis dato war Huber nur Inhaber der Rechte an White Lion für den deutschen Markt, aber es ergab sich, daß die beiden Gründer von White Lion in den USA zum Verkauf ihrer gesamten Firma bereit waren. Huber zögerte nicht lange und kaufte; heute ist die Weltzentrale aller White-Lion-Werbeagenturen, auch der amerikanischen, in Krefeld. Thomas Huber spricht nicht gern und nicht ausführlich über dieses Thema, weil er zu Recht glaubt, daß es besser ist, wenn die Außenwelt die deutsche White Lion weiterhin als Ableger der amerikanischen Mutter sieht. Los Angeles hat in der Werbewelt nun einmal einen besseren Klang als Krefeld.

◆

All das bringt Thomas Huber zustande, weil er ein echter Workaholic ist, wie er auch unumwunden eingesteht. Seine Physis hält es aus – vielleicht auch, weil er sich zum Abreagieren und zum Ausgleich jene Sportart ausgesucht hat, die unter allen vergleichbaren Betätigungen den höchsten Kalorienumsatz im Körper produziert: Rudern.

In vollkommener Ruhe und bei sauberer Luft über dem Wasser tobt er sich auf dem Rhein oder dem Main aus. Früher fuhr er Vierer, heute Einer, das paßt besser in seinen Zeitplan. Im Winter verlegt er die Ruderei nach Hause und trainiert an einem stationären Rudergerät.

„Ein guter Ausgleich, wenn man den ganzen Tag am Schreibtisch sitzt", lautet seine Erklärung dafür, warum er sich zu diesem Sport hingezogen fühlt, bei dessen Ausübung er die Gedanken treiben lassen kann.

Es läßt sich nur wiederholen, was uns bereits Erich Sixt ins Stammbuch geschrieben hat: Platz für einen neuen Millionär ist überall. Gesättigte Märkte gibt es nicht, nur gesättigte Köpfe, denen nichts Neues mehr einfällt. Ein

Außenseiter, ein Dilettant kann sehr wohl dafür sorgen, daß die Karten noch einmal neu gemischt werden. Auch in einem Spiel, das schon seit Jahrzehnten nach scheinbar unabänderlichen Regeln gespielt wird. Erich Sixt hat uns dafür ein Beispiel geliefert, und Thomas Huber ist auf dem besten Weg dazu.

Wenn es Grenzen gibt, dann allenfalls die im Denken. Wer diese durchbrechen kann und dazu über eine gute Idee sowie über das nötige Maß an Tatkraft verfügt, dem stehen alle Türen offen, auch die für ein Millionenvermögen.

Thomas Huber hat sich einfach nicht an die althergebrachten Regeln der Branche gehalten, sondern kurzerhand seine eigenen erfunden und nach *diesen* sein Unternehmen aufgebaut. Er hat Aufträge, die vor seiner Zeit die Konkurrenten abgewickelt haben, auf seine Mühlen gelenkt, und – was noch wichtiger ist – er hat durch sein Vorgehen und die neuen, billigen Preise neues Geschäft erzeugt, das es ohne White Lion nie gegeben hätte.

Auf diese Weise wird ein kluger Eindringling in einen etablierten Markt auch zum Generator seines eigenen Geschäfts. Es bringt also wenig, die Zustände der Welt als gegeben hinzunehmen und sich der Annahme hinzugeben, nichts ginge mehr. Alles geht; man muß es nur wollen.

„Unternehmer wird man durch eigenen Willen", gab uns Bundespräsident Herzog mit auf den Weg. Recht hat er!

◆

12. Vergnügungssteuer

◆ ◆ ◆ ◆ ◆ ◆ ◆ ◆ ◆ ◆ ◆ ◆ ◆ ◆ ◆ ◆ ◆ ◆ ◆ ◆

Es ist ein Novembernachmittag. Zürich ist behäbig, unaufgeregt. Der Feierabendverkehr hat begonnen, der Limmatplatz füllt sich aus allen Richtungen mit Autoverkehr und den weiß-blauen Straßenbahnen. Berufstätige hasten noch schnell zum Kiosk, um vor der nächsten Tram ihre Tageszeitung zu bekommen.

Ich habe mich auf den Weg gemacht, um einen Unternehmer zu besuchen, der in den letzten Jahren ein Millionenvermögen gemacht hat. Es geht in Richtung Goldküste. Dort hat der Zürichsee seine Schokoladenseite: Das Westufer ist in jeder Hinsicht von der Sonne begünstigt; je weiter man sich von der Stadt wegbewegt, desto größer wird der Reichtum, so scheint es.

In zweieinhalb Kilometern Entfernung von der Oper zweigt eine Seitenstraße Richtung See ab.

Hornbachstraße.

„Kommen Sie in die Nummer 50", wurde mir bei der Vereinbarung des Termins beschieden.

Als ich dort eintreffe, finde ich mich vor einer freistehenden alten Villa wieder, ein Bau wie die anderen Häuser in der Straße. Davor Zementsäcke, Baureste, Spuren der Erneuerung im Vorgarten.

Ein mannshohes Schild mit einer Fünfzig weist die Hausnummer aus. „Typisch Franzen", geht es mir beim Gedanken an meinen Gesprächspartner durch den Sinn: eingängig, schlicht, auffallend.

Drinnen steige ich über eine verstaubte Treppe ohne Geländer.

Wird es jetzt gefährlich?

Kabel und Schläuche liegen herum, irgendwo in einem der Räume übt jemand Gewalt am Mauerwerk aus. Preßlufthammer. Baustelle. Neuanfang.

Suchend laufe ich von Raum zu Raum, finde eine Druckerei und darin ein wahres Schätzchen – eine alte Linotype. Sie wartet hier aber nicht zum Verschrotten, sondern ist in Gebrauch. Der Mann, der gerade an ihr arbeitet, nimmt keine Notiz von mir.

Eine Etage höher sind die Preßlufthammergeräusche bereits schwächer. Es ist aufgeräumter, fertiger. Tessiner Farben an den Wänden: pastellgrün und pastellrot in einem Jahrhundertwende-Altbau. Im Flur, wo sonst die Garderobe steht, eine Art Faß, angefüllt mit Schokoriegeln, Gummibärchen und Müslistangen.

Offene Türen. Ein Mann um die 50 kommt aus einem Konferenzraum und verabschiedet seinen Besucher, einen Jugendlichen.

Beim zweiten Blick auf den Raum merke ich, daß er kein Papier enthält. Es liegen auch keine Zettel herum. Keine Ordner, keine Broschüren, keine Zeitschriften.

Also doch kein Konferenzraum, sondern ein Bürozimmer?

„Mein Sohn", sagt der Mann und wirft dem Jugendlichen noch einen Blick hinterher, während er mich begrüßt:

„Guten Tag, Bruno Franzen."

◆

Das also ist Bruno Franzen. Ein flink dreinschauender Mensch, die Augen blitzen hinter den Gläsern seiner Rundbrille. Tiefe, laute Stimme, angenehme Ausstrahlung, Typ: Ich bin der Chef.

Der Mann hat eine enorme Leibesfülle, die der Besucher kaum wahrnimmt, weil er aus einem Guß gekleidet ist, ganz in Schwarz: schwarze Stoffhose, schwarzer Gürtel, schwarzer Rollkragenpullover. Zeitgenossen berichten, daß sie Bruno Franzen seit vielen Jahren nie anders gesehen haben als in Schwarz.

„Steht ihm", denke ich beim Gedanken an ein Foto von Franzen aus den Achtzigern, das ich bei der Vorbereitung aufstöberte; dort war er im Nadelstreifenanzug zu sehen.

Der Multimillionär und Designfetischist hat keine Sekretärin, kein Vorzimmer und auch sonst nichts, was nach den üblichen Insignien einer Firma aussieht. Aber ich bin am Sitz seiner Firma.

Aruno AG heißt sie, ein Phantasiename.

„Wie Bruno, nur eben mit A als erstem Buchstaben", erläutert mir der Unternehmer.

Aruno klinge gut, die Buchstaben ergäben ein schönes Bild, und Aruno stünde im Alphabet immer ganz vorn, das sei günstig im Branchentelefonbuch, wo seine Firma auf der Seite vor allen anderen steht, erläutert Franzen seine Schöpfung.

Eigentlich braucht Franzen keine Firma mehr: Mit seinem Vermögen könnte er bequem den Unterhalt für den Rest seines Lebens bestreiten. So hat Franzen sich eine andere Art von Firma gemacht, ein Hobby gewissermaßen. Die Räume sehen aus wie eine Mischung aus Designmuseum, Wohnzimmer und Möbelhaus, die Waschräume sind ein Schloß auf zehn Quadratmetern, alles ist eine Provokation für das Auge und die Gefühle, die diese Art von Behausung nicht kennen.

Eine Melange und einmalig in dieser Zusammensetzung ist auch Franzens Firma. Mit einer Handvoll Mitarbeitern bestreitet er die Aruno AG – eine Künstlervermittlung, eine PR-Agentur, ein virtuelles Büro, eine Druckerei und eine Buchproduktionsgesellschaft. Eigentlich ist die Aruno zu klein für all das, aber Franzen macht's möglich. Seine Firma ist zwar eine Aktiengesellschaft nach Schweizer Recht und verdient Geld, aber in erster Linie ist sie eben ein Hobby ihres Inhabers.

Er hat sich hier einen Traum verwirklicht und einmal all das gemacht im Wirtschaftsleben, wofür früher keine Zeit war. Franzen hat das zusammengepackt unter dem Dach von Aruno und so ein echtes Unikat geschaffen – einen echten Franzen eben.

So wie auch eine andere Firma, die in allen ihren Wesenszügen seine Handschrift trägt: Bruno Franzen ist Gründer der Interhome AG, Zürich. Dieses Unternehmen hat Ihnen vielleicht auch schon einmal einen schönen Urlaub in Frankreich, Spanien, Italien oder andernorts ermöglicht. Die Interhome AG ist die größte Ferienhausvermietung der Welt. Ihre Kataloge gibt es in jedem besseren Reisebüro West- und Osteuropas. Wo auf dem Globus Ferien gemacht werden, dort ist auch Interhome.

◆

600.000 Menschen aus aller Herren Länder machen jedes Jahr Ferien mit Interhome; das entspricht der Einwohnerzahl von zwei mittleren Großstädten. Selbst wenn man sich das heute kaum noch vorstellen kann, so hat auch diese Geschichte klein angefangen, und zwar im London des Jahres 1965.*

Das Jahr war gerade vier Tage alt, als die beiden Schweizer Bruno Franzen und Werner Frey einander in London zum ersten Mal begegneten. Frey kam aus Brüssel, wo er für ein Transportunternehmen gearbeitet hatte, und Franzen hatte in Tansania als Entwicklungshelfer gewirkt. Beide hatten unabhängig voneinander das Gefühl, daß sie noch etwas für ihre Englischkenntnisse tun mußten, bevor es mit einer internationalen Karriere losgehen konnte.

---

* Den Bericht über die Gründerzeit von Interhome verdanke ich in ganz wesentlichen Teilen Erich Grasdorf, der diese Jahre anläßlich des 24. Geschäftsberichtes dieser Firma für das Jahr 1988 nachgezeichnet hat.

Ort des Zusammentreffens war die Swiss Mercantile Society. Franzen, der schon einigermaßen gut Englisch sprach, war in eine höhere Klasse eingeteilt. Er lernte Frey anläßlich des Streites darüber kennen, ob er oder ein anderer Kollege die besseren Londoner Aufreißer in der Abendszene kenne. Frey hielt Franzens Version für vielversprechender. Die beiden freundeten sich an.

Sie besuchten drei Monate lang Englischkurse und wohnten während dieser Zeit zur Untermiete: Frey bei einer Familie in Balham, Franzen bei den Carrs in South Woodford. Aufreißer Franzen mußte höllisch aufpassen, nicht selber aufgerissen zu werden: Familie Carr vermietete ausschließlich an Schweizer, und zwar in der Hoffnung, daß einer dieser Mieter die Tochter des Hauses zur Eidgenossin machte. Ein Vorhaben, das später auch gelang, mit anderer Besetzung freilich.

Franzen hörte von seinen Eltern, daß bei ihnen eine Londoner Ferienhausvermittlung namens Solvis angefragt habe, ob sie nicht interessiert seien, einen Vermittlungsvertrag für die elterliche Ferienwohnung in der Schweiz abzuschließen. Er war sowohl an der Vermittlung der Wohnung interessiert als auch an einer Stelle bei der Firma Solvis. Franzen bekam beides: den Vermittlungsvertrag und die Stelle.

Für einen Nettolohn von 210 D-Mark wurde er Einkäufer für die deutschsprachigen Länder und mußte sich also für seinen Brötchengeber um vertragswillige Ferienhausbesitzer kümmern. Auch Frey arbeitete im Reisegeschäft.

Bald merkten die Freunde, daß sie das Gewerbe ebenso selbst ausüben konnten, und zwar besser als die Firmen, in denen sie tätig waren. Beide zogen daraufhin bei ihren Landladies aus, nahmen eine gemeinsame Wohnung und starteten ihr eigenes Geschäft mit der Vermittlung von Ferienhäusern. Sie hatten ein paar Adressen in ihrer Heimat parat, die sie gegen einen Aufschlag an Urlaubsreisende aus England weitervermittelten. Das Geschäft mit den Ferienhäusern betrieb das Duo zunächst abends und an den Wochenenden, um sich ein Zubrot zum kargen Einkommen dazuzuverdienen.

Doch dieses Arrangement hielt nicht lange: Bald wurde der Nebenjob zum Hauptberuf. Bruno Franzen stieg als erster aus seinem Angestelltenverhältnis aus und betrieb die Ferienhausvermittlung zwischen Couchtisch und Bücherschrank der Junggesellenwohnung. Doch bald reichte der Platz im Wohnzimmer nicht mehr aus.

Nach zehn Monaten Geschäftstätigkeit mietete die Firma Frey/Franzen in der 172 Gower Street im Londoner Bezirk N.W. 1 ihr erstes Büro.

Dieses Bürohaus renovierungsbedürftig zu nennen, hätte zwar dem britischen Understatement entsprochen; heruntergekommen und baufällig war aber die treffendere Bezeichnung für das Etablissement.

Aber Hauptsache ein Büro für das in bescheidenen Maßstäben gewachsene Geschäft. Franzen kümmerte sich darum, mit Kleinanzeigen in der „Times" und im „Observer" Kundenanfragen heranzuschaffen, für weitere Anfragen sorgte eine befreundete Sekretärin bei Solvis, der Konkurrenz, die einiges abzweigte. Der Vermieter von Franzens erstem möbliertem Zimmer, Mister Carr, steuerte einen Kleinkredit in Höhe von 1.500 D-Mark zur Firmengründung bei. Partner Frey ging tagsüber weiterhin als Angestellter im Reisebüro arbeiten – denn einer mußte schließlich das Bargeld heranschaffen, mit dem die laufenden Kosten des gerade gegründeten Geschäftsbetriebes und der Lebensunterhalt der Jungunternehmer bestritten werden konnte.

Wenn Werner Frey abends ins Büro kam, brachte er meistens noch Freunde und Freundinnen mit. Sie halfen beim Drucken, Sortieren und Einpacken. Doch die spürbarste Hilfe kam von jenen, welche Briefe dort frankierten, wo sie tagsüber arbeiteten. Das Geschäft begann langsam zu laufen, aber immer noch in bescheidenem Rahmen. Franzens Partner Frey war froh, hin und wieder die Infrastruktur seines Arbeitgebers für die Zwecke der neugegründeten Firma nutzen zu können.

Die beiden Auslandsschweizer konnten dem Londoner Publikum eine Auswahl von zwei-, dreihundert Ferienhäusern in der Alpenrepublik anbieten. Die Werbung zeigte Erfolg: Immer mehr Buchungen kamen herein. Die Arbeitsmittel in der bescheidenen Büroetage unter dem Dach waren zwei Schreibtische, ausgestattet mit Telefon, Briefumschlägen und Buchungskarten. Da den Kunden sofort nach erfolgter Reservierung eine Rechnung gestellt wurde, der Wohnungsinhaber jedoch erst einige Zeit später bezahlt werden mußte, hatte das Unternehmen Frey/Franzen genügend flüssige Mittel, um die Betriebskosten zu bestreiten.

Das Aha-Erlebnis, ausgelöst durch die Anfrage des Ferienhausvermieters Solvis, hatte Bruno Franzen und seinem Partner eine langsam erfolgreiche Geschäftsidee eingebracht. Nicht, daß die beiden überrannt wurden von Buchungen, aber die Einnahmen entwickelten sich so, daß sie immer mehr Geld für Werbung ausgeben konnten.

Daß einer der beiden Partner wegen des wachsenden Geschäfts in die Schweiz zurückkehren mußte, stand spätestens nach drei Jahren Vermittlungstätigkeit in London fest. Fragte sich nur: welcher der beiden?

Die Wahl fiel auf Bruno Franzen – weil seine Eltern in Zürich wohnten und der junge Firmeninhaber dort kostenlos wohnen konnte. Frey verfügte nicht über eine in dieser Weise Mietausgaben sparende Unterkunft.

Franzen ging 1968 nach Zürich, mietete ein Büro in der Elsastraße 16 und ließ am 7. Februar 1969 die Chalets und Ferienwohnungen AG ins Handelsregister eintragen. Frey folgte später, und das nun mit Hauptsitz Zürich betriebene Geschäft zog immer weitere Kreise. Die Partner betrieben Landesgesellschaften in England und den Niederlanden – und besorgten für ihre Kunden bald nicht nur in der Schweiz, sondern auch in Italien, Frankreich und Spanien Ferienhäuser.

Offensichtlich haben die Interhome-Inhaber den Nerv der Zeit getroffen. Das Geschäft mit den Ferienhäusern blüht: Die Zahl der Gäste, die über das Zürcher Unternehmen ihr Urlaubsdomizil wählen, wächst Jahr um Jahr stürmisch weiter an. Längst fahren mit Interhome nicht nur die Engländer in die Schweiz wie in den allerersten Anfangsjahren, sondern auch Niederländer nach Frankreich und Schweizer nach Spanien. Das Netz der Ferienhäuser wird immer dichter, und mittlerweile ist Interhome ein Unternehmen, dessen Kunden aus ganz Europa kommen.

Franzen und seine Truppe bringen es zu einiger Perfektion in einem Geschäft, das ein hohes Maß an Korrektheit verlangt: Tausende und Abertausende Buchungen auf der einen Seite und Ferienhäuser auf der anderen Seite müssen zusammengebracht werden. 200.000 Urlauber zählte Interhome im Jahr 1975, zehn Jahre später hatte sich die Zahl auf 400.000 verdoppelt, und noch einmal zehn Jahre später fahren schon knapp 600.000 Menschen in eine via Zürich vermittelte Ferienunterkunft.

Die Art und Weise, wie das Interhome-Geschäft gewachsen ist, kann nicht anders als stürmisch bezeichnet werden. Bruno Franzen sagte damals, 1976, zu seinem ersten großen Erfolg:

„Es hat sich schon seit langem abgezeichnet, daß das Vermitteln von Ferienwohnungen – eine bisher eher unterschätzte Sparte der Touristik – eben nur so lange unterschätzt werden konnte, weil sich niemand mit der nötigen Begeisterung und dem nötigen Know-how darum gekümmert hat."

Franzen stellte in diesem Jahr erfreut fest: „Wir sind die größte Ferienvermittlungsstelle Europas geworden."

Damals hat die Gesellschaft schon 105 Mitarbeiter und erwirtschaftet einen Umsatz von 25 Millionen D-Mark.

Die Expansion geht sogar so weit, daß Franzen sich bei seinen Geschäftsfreunden für das vorgelegte Tempo entschuldigt. Über Jahre plant er ein unternehmerisches Atemholen, um die Firma in ruhigeres Fahrwasser zu steuern – doch der Tatendrang des Mannes an der Spitze und der Zuspruch der Kunden vereiteln diese Pläne.

„Liebe Geschäftsfreunde, seit drei Jahren versprechen wir an dieser Stelle: Im nächsten Jahr wird konsolidiert. Aber daraus ist auch im vergangenen Jahr nichts geworden. Der Ausbau des Unternehmens wurde durch den erzielten Erfolg unumgänglich", bittet Franzen um Verständnis für seinen stürmischen Erfolgskurs, „aber es hat sich gelohnt."

Das kommt wie ein Schnaufer nach einem anstrengenden Marsch: Schöne Ziele lassen sich nur durch einen Aufstieg erreichen, und ein Aufstieg ist immer anstrengend. Franzens Entschuldigung wird aber von einem Augenzwinkern begleitet, denn schließlich ist er der Eigentümer und somit derjenige, der das Tempo vorgibt und die Firma sowie die Mannschaft vorantreibt in neue Abenteuer, bevor noch das letzte richtig verdaut ist.

Die Macher an der Spitze sind oft regelrecht süchtig nach noch mehr. Wenn sie etwas erreicht haben und wissen, wie es funktioniert, dann interessiert es sie nicht mehr. Das soll die Nachhut erledigen, die Spitze aber muß weiter.

Franzen strebte in seinem Tatendrang auch auf den US-Markt. Er war fasziniert von den dortigen Möglichkeiten, von diesem Land mit 250.000.000 Menschen, von denen sicher einige ein Ferienhaus brauchen konnten – angeboten von seiner Firma. Er riß seine Führungstruppe mit, machte ein Büro in New York auf – und scheiterte. Beim besten Willen und bei allem persönlichen Engagement des Inhabers war es nicht möglich, die Sache zum Geldverdienen zu bringen. New York wurde eine Investitionsruine, nach einem halben Jahr Geschäftstätigkeit am East River mußte Franzen seinen amerikanischen Zweig wieder dichtmachen. Aber die Expansion in Europa lief weiter.

◆

Der Inhaber war nach wie vor damit beschäftigt, pausenlos Neues in sein wachsendes Unternehmen hineinzutragen. Manche Jahre war er 100 Tage und mehr auf Reisen, weg von Zürich, seiner Frau und seiner Familie. Dann erschloß er neue Länder und neue Stützpunkte für Interhome und war eher unterwegs in Europa, zwischen Italien, Spanien, Polen und Kroatien, anzutreffen als zu Hause.

„Reisen ist mühsam, aber bereichernd", sagt der kräftige Mann. Nicht die Länder hatten ihn unterwegs fasziniert, sondern die Menschen.

Bald war auch über 100 Millionen D-Mark Umsatz und mehr zu berichten; Franzen hatte alles erreicht.

Nach 25 Jahren Unternehmertätigkeit im Ferienhausgeschäft hielt er inne, dankte seinen wichtigsten Mitarbeitern und machte Rückschau:

Seine Familie habe alles bekommen, nur den Vater nicht, der ständig unterwegs war. Seine Eltern hätten aus den Medien oft mehr über ihren erfolgreichen Sohn erfahren als von ihm selbst.

Seine Frau Lory habe ihm beim Aufbau der Firma geholfen:

„Am meisten dadurch, daß sie gar nicht erst versucht hat, mir im Geschäft zu helfen", bekundet Franzen. Dafür habe Lory um so mehr geholfen, wenn es darum ging, verborgene Kräfte freizulegen und die persönliche Entfaltung zu unterstützen.

Als ich Franzen zuletzt besuchte, erzählte er über sein gerade zurückliegendes Ehejubiläum. 25 Jahre sei er jetzt mit Lory verheiratet.

„Glücklich", wie er bekundet, und nachdenklich fügt er hinzu: „Vielleicht bin ich deswegen so lange verheiratet, weil ich soviel unterwegs war." Seine Kinder Simone und Marcel haben den Vater weit weniger zu Gesicht bekommen, als das in herkömmlichen Familien der Fall ist. Aber Franzen empfindet all seine Aktivitäten nicht als Last, im Gegenteil: „Ich bin in der glücklichen Lage, daß ich nie arbeiten mußte".

Obwohl Tag und Nacht für seine Firma aktiv, kam das für ihn nie einer Arbeit gleich. „Ich konnte immer machen, was ich gerade wollte", freut er sich und stellt fest: „Wenn das Wort Arbeit etwas Negatives hat, dann gibt es das für mich nicht."

Mein Kollege Gerhard Löhrer kommentierte Franzens Einstellung zum Arbeiten so: „Einer wie Bruno Franzen sollte für seine Arbeit gar nicht bezahlt werden – von ihm müßte man Vergnügungssteuer verlangen."

Er zahlt sogar eine Art Vergnügungssteuer, aber das freiwillig und mit Freude: Der Unternehmer und Multimillionär ist einer der engagiertesten Förderer der Zürcher Oper.

Bruno Franzen hat im Jahr 1989 die Anteile an der von ihm gegründeten Interhome verkauft; die Firma ist seitdem eine Enkeltochter des Einzelhandelsunternehmens Migros. Durch den Verkauf seiner Anteile hat Franzen ein Barvermögen in Höhe von mehreren Millionen erworben, aber er hängt nicht an seinem Geld.

„Freiheit ist mein Motor", beschreibt Franzen seine Antriebskräfte, und: „Geld macht frei."

Geld mache frei, weil es nicht dazu da sei, um es zu besitzen, sondern um es auszugeben, es kreativen Zwecken zu widmen.

„Ich wollte nicht reich sein", beschreibt Franzen seine Lebenseinstellung. Sein Tun war sein Ziel, und über das Tun ist er auch reich geworden. Aber er hängt nicht an den Dingen.

Am allerwenigsten ist Franzen ein Freund von Papier und Formularen. Alles, was er wegwerfen kann, wirft er weg. Er kritisiert die Neigung des Nordeuropäers, alles aufschreiben und dokumentieren zu wollen und durch Papier recht zu bekommen.

„Das belastet", findet er, weil das Anhäufen von beschriebenem Papier in die Vergangenheit weise und weil man das Aufbewahrte verwalten müsse. Wer so handele, habe keine Zeit mehr, sich der Zukunft zu widmen – und das sei schließlich das eigentlich Spannende.

Schon 1969 führte Franzen in der Interhome den Computer ein, und seither ist er ein Kämpfer für das papierlose Büro. Die Arbeitsplätze bei Interhome verfügen über ein Telefon und einen Computer, aber Aktenschränke gibt es keine mehr – die Wohnungsvermietung wird papierlos verwaltet. Ablagen, Aktennotizen, Ordner, all das ist dem Unternehmer ein Greuel; wo immer es ging, hat er Papier durch Computer ersetzt.

Als er die deutsche Dr. Wulf's Ferienhausvermietung in Düren für 4.000.000 D-Mark kaufte, ging die Firma im Papier unter. Überall Listen, Pläne, abgelegte Schriftstücke, durch die keiner mehr durchblickte. Ein Sanierungsfall. Ein Fall für Franzen.

Er verpaßte dem Neuerwerb sein Corporate Design und sein Organisationsmodell. Heute gibt es in Dr. Wulf's Büros keine unübersichtlichen Ecken mehr, keine überquellenden Ablagekörbe und keine handgemachten Strichlisten auf Papier. All das steckt jetzt im Computer.

Natürlich reizt es unter solchen Umständen, den Meister zu fragen: Lesen Sie überhaupt? Nehmen Sie noch Papier zur Hand?

„Ja, ich lese. Bücher. Viele Bücher", meint Bruno Franzen. So verschlingt er unter anderem die modernen Managementbücher, etwa die des Trendgurus John Naisbitt. Er liest Fachbücher, viele davon querbeet, aber insbesondere die Managementautoren nimmt er nicht sonderlich ernst.

In der Entsorgungsfrage ist Franzen anderer Meinung als die meisten von uns: Nicht das Bücherregal ist die Endstation der Lektüre, nein, der Unternehmer hat seine eigene Variante von Bücherentsorgung: „Ich werfe sie weg. Sie kommen auf den Müll. Gelesene Bücher, das ist Vergangenheit, und Vergangenheit interessiert mich nicht."

So sieht es denn auch in seinem Büro und in seinem Zuhause aus: Nirgends finden sich gelesene Bücher oder gar Bücherregale. Wenn er bei der Lektüre etwas Interessantes entdeckt, nimmt er das Werk, reißt die betreffenden Seiten heraus und wirft den Rest auf den Müll.

Nur im Keller in der Hornbachstraße stapeln sich die Bücher, aber das sind die, die er mit seiner Aruno AG verlegt und die zum Verkauf gedacht sind. Ansonsten wird wirklich nichts an Papier aufgehoben.

Vielleicht werden bald Führungen durch das papierlose Büro Franzens veranstaltet. Neugierigen Managern, deren Schreibpulte überquellen von Briefen, Faxen, Memos und Aktennotizen, könnte so gezeigt werden, daß das wichtigste am papierlosen Büro nicht ausgefeilte Computertechnik ist, sondern einfach nur Willen: der Wille, sich von etwas zu trennen, der Wille zum Wegschmeißen.

Mit dieser Lebenshaltung macht sich Franzen frei für Neues. Er muß keine Bücher und Papiere – die geronnene Vergangenheit – verwalten. Dafür hat er Zeit, sich den Gedanken an die Zukunft zu widmen. Was er nicht mehr hat, danach muß er auch nicht suchen.

Das unterscheidet ihn von anderen Wirtschaftspersonen. Ich denke an das Büro des Verlegers Norman Rentrop, das eine ganz andere Lebens- und Arbeitshaltung zeigt: Der Raum ist bis zum letzten, dafür verfügbaren Quadratmeter voll mit Hängeordnerschränken, gefüllt mit – Sie werden es erraten – Papier.

Franzen hat diese Art Verbindlichkeiten nicht.

Er ist reich, aber er bindet sich nicht an die Dinge. Das Zürcher Einfamilienhaus, das er mit seiner Frau bewohnt, wirkt eingerichtet, aber nicht vollgepackt. Für den Durchschnittsgeschmack wäre es sogar leer.

Gegenstände, an denen Franzen sich sattgesehen hat, verschenkt er. Wenn er von etwas zuviel hat, kommt es weg, aber nicht etwa in den Keller. Dort bewahrt Franzen nur ein paar leere Koffer auf – sonst nichts. Wenn er dann auf Reisen geht, nimmt er die Koffer und füllt sie mit den Dingen, die er nicht mehr will. Wenn er von seiner Reise zurückkommt, sind die Koffer leer, alles ist verschenkt.

Großzügig sein liegt Franzen.

Ein Mitarbeiter bewunderte einmal seine schöne Uhr, eine Bulgari – ein nicht ganz billiges Stück.

„Die werde ich mir auch irgendwann leisten können", meinte er zu Franzen bewundernd, aber nicht mit dem ernsthaften Gedanken, das teure Modell jemals selbst zu besitzen.

Wenige Tage später fand dieser Mitarbeiter ein flaches, längliches Päckchen vor: eine Uhr. Franzen hatte einfach so, ganz spontan, tief in die Tasche gegriffen und dem Mitarbeiter seine Traum-Bulgari geschenkt.

Eine nette Geste, die uns zeigt, wie Franzen zu seinem Geld steht: Schön, es zu haben. Schön, es auch auszugeben.

Das zeichnet das Millionärsleben aus: Spaß macht es dann, wenn die Mark (oder der Franken) nicht mehr wichtig genommen wird. Nicht jeder bringt das fertig; Dagobert Duck etwa ist ein gutes Beispiel für das Gegenteil: Er bereitet sich immer wieder selbstgemachten Gram, indem er jeden Taler zweimal umdreht. Zum Genießen scheint er unfähig zu sein, Geschenke macht er nur selten, sein einziger Lebenszweck ist das Zusammenhalten und Mehren seines Geldvermögens. Hinter allen Ausgaben wittert er Betrug, Verrat, Bereicherung.

Eine mühsame Einstellung, die der Schöpfer von Dagobert Duck aber sicher nicht erfinden mußte. Wir erleben Millionäre, die auch nach Jahrzehnten des Reichtums immer noch den Ausverkauf in der Kaufhalle wahrnehmen, um dort für 39,90 D-Mark Anzughosen einzukaufen, denen man ihre Herkunft ansieht. Und manche Millionäre geben weniger Geld aus als ein Gehältsempfänger in der Klasse der Mittelverdiener. Sie haben einfach vergessen, daß sie ihr Vermögen auch als Genußmittel einsetzen können, um sich das eine oder andere im Leben etwas angenehmer und schöner zu gestalten.

Manche Millionäre sind professionelle Geizhälse, die sich den Zugang zum Lebensgenuß bisher verstellt haben. Sie haben die „Tightwad Gazette" abonniert, einen Wegweiser durch das Leben für all jene, die einen Stacheldraht um ihre Geldbörse gewickelt haben. Hier wird dem Millionär, der auf sein Geld achtet, eine Ernährung etwa nach diesem Muster empfohlen*: Zum Frühstück heißer Reis mit Zimt und Zucker (sechs Pfennig pro Portion), zum Mittag eine gebackene Kartoffel (fünf Pfennig pro Stück) mit einer Sauce aus Milchpulver, Mehl und Magerkäse; zum Abendbrot vielleicht Chili aus Hackfleisch, Tomaten und Bohnen (40 Pfennig pro Teller).

In der Geiz-Postille werden Ideen zum Geldsparen in allen Lebenslagen vorgestellt, etwa für den Kauf von Seife: Ein Leser hat ausgerechnet, daß die Seife, wenn man sie vor dem Gebrauch zwei Monate an der frischen Luft getrocknet hat, um rund acht Prozent ergiebiger wird. Das bringe bei einem Verbauch von 30 Stück im Jahr eine Jahreseinsparung von 1,60 D-Mark.

Was für eine Einstellung! Hier geht es ganz nach dem Motto von Dagobert Duck: Wer den Pfennig nicht ehrt, ist des Talers nicht wert! Durch den Gebrauch von Stoffservietten anstelle von solchen aus Papier lassen sich 20 D-Mark im Jahr einsparen, verkündet der Geizhalsratgeber. Aber kommt man so zu Millionen?

Sicher nicht.

Zwar sollte, wer reich werden will, seine Ausgaben durchaus im Griff haben und zumindest ein Gefühl für Geld aufbringen können. Aber alle Millionäre sind immer noch durch ihre Einnahmen – nicht durch ihre Nicht-Ausgaben – zu dem geworden, was sie heute sind.

Wenn sie sich keinen noch so kleinen, lebensvereinfachenden Luxus gönnen, dann sind sie im Grunde ihres Wesens bedauernswerte Geschöpfe. Den

---

* Die hier genannten Beispiele verdanke ich meiner Kollegin Maria Biel in Seattle, die die Geizhals-Geschichte für das „Spiegel"-Special über Geld niedergeschrieben hat.

Seelenstreß, den sie sich durch das Pfennigjagen antun, könnten sie sich jedenfalls leicht ersparen.

Lebensqualität ist gefragt, nicht Qual durch ständiges Nachrechnen.

◆

Neigen Millionäre zum Geizigsein? Manche ja, sie drehen den Pfennig um und haben wegen ihrer Arbeit gar keine Zeit, ihr schönes Geld auszugeben.

Aber am Ende finden wir unter den Millionären sicher nicht mehr Geizhälse als unter den durchschnittlich begüterten Menschen. Bei einem Millionär fällt es nur mehr auf, wenn er sich und den Seinen nichts gönnt.

Im allgemeinen ist meist wenig bekannt über das Leben der Wirtschaftspersonen, die es in eigener Anstrengung zu einem blühenden Unternehmen gebracht haben. Häufig pflegen die Wirtschaftsreichen einen abgeschirmten, nach außen hin völlig unauffälligen Lebensstil – anders als viele Reiche etwa in den USA oder die Gruppe von Menschen, die uns immer wieder als die Reichen und Schönen vorgeführt werden. Denen ist keine Geschmacklosigkeit zu grob und kein Auftritt zu auffällig, um wieder in der Aufmerksamkeit der Öffentlichkeit zu landen. Aber Unternehmerpersonen, wie sie hier vorgestellt werden, fehlen in diesem Reigen. Allenfalls finden sich Menschen, die durch Erbe, Heirat oder aufgrund ihrer natürlichen Ausstattung mit Schönheit reich geworden sind.

Aber suchen Sie einmal in dieser durch die Öffentlichkeit und die Veröffentlichungen vagabundierenden Clique der immer gleichen Reichen und Schönen einen Unternehmer! Sie sind dort nicht vertreten oder selten. Die Namen Flick und Sachs tauchen in diesem Zusammenhang gelegentlich auf, aber deren Unternehmerkarrieren liegen schon lange zurück. Immer wieder werden uns in den einschlägigen Gazetten die Unternehmer Willy Bogner, Wolfgang Joop und Jil Sander vorgeführt, einmal in der Badewanne liegend („Wie gemütlich ist Ihr Bad?"), ein andermal beim Golfspiel oder bei einem Treffen der Reichen und Schönen. Es sind immer wieder dieselben Typen, die dort abgefeiert werden. Sie benutzen diese Art von Präsenz offensichtlich, um die von ihnen vertriebene Marke – meist Parfums, Koffer oder Bekleidung – zu vertreten.

Aber große Substanz und große Erfolge sind hier nicht repräsentiert. Die Edelschneider und Kleidungsfabrikanten, die sich dem Volk zeigen, betreiben eigentlich nach den Wirtschaftszahlen kleine, unbedeutende und wenig erfolgreiche Unternehmen. Hier gibt es nicht viel zu erzählen, außer eben, wie das Badezimmer von Herrn Joop in seiner New Yorker Wohnung aussieht. Oder wir erfahren, wie der Chip-Händler Erich Lejeune zu frühstücken pflegt:

„Meine Frau macht das Frühstück."

Es gebe Kaffee und Croissants, wird uns berichtet. Und während des Frühstücks diktiert dieser Mensch seiner Frau ein paar Briefe. Außerdem liest er beim Kaffeetrinken die Morgenzeitungen.

Ist das nicht geschmacklos? Könnte sich der Mann nicht mit seiner Frau unterhalten und das Croissant genießen, statt kauend schon an sein Geschäft zu denken und Briefe zu diktieren?

Derlei schlechte Gewohnheiten werden nicht dadurch geadelt, daß sie von einer Berühmtheit oder einem Reichen ausgeübt werden. Vielmehr würde es für diese Menschen sprechen, wenn sie diese Unsitten für sich behielten; schließlich berichtet auch kein Journalist darüber, wie unaufgeräumt die Küche des Gelegenheitsarbeiters und Lebenskünstlers Karl Jedermann ist und wie schlecht eigentlich der Aldi-Auflösekaffee schmeckt, den er jeden Morgen zu seiner ersten Zigarette zu trinken pflegt. Wir sind nicht traurig darüber, daß dies unter Ausschluß der Öffentlichkeit stattfindet und dem noch nie ein Reporter einer bunten Postille beigewohnt hat.

Von den vorbildlichen Sitten vieler Reicher aus der Wirtschaft erfahren wir meistens wenig – um so erfreulicher, daß sich für dieses Buch der eine oder andere geöffnet hat, um Ihnen Eindrücke von seinem Lebensstil zugänglich zu machen.

Andernorts werden Sie vermutlich weiter vergeblich nach solchen Schilderungen suchen – weiter oben genannte Personen einmal ausgenommen: Bei denen gewinnt der aufmerksame Beobachter den Eindruck, daß die sogenannten PR-Damen und -Herren keine Gelegenheit auslassen, um die Brötchengeber an das Licht der Medien zu zerren, und sei es in einem noch so peinlichen Zusammenhang.

Die Beobachter und Mitmenschen sollten den Reichen aus der Wirtschaft etwas weniger Neid und Häme entgegenbringen, als das heute üblich ist. Noch ist selbst erarbeiteter Reichtum in Deutschland, Österreich und der Schweiz etwas, womit man nicht gern im Rampenlicht steht. Das überläßt man offensichtlich bereitwillig denen, die reich geboren sind oder durch Heirat reich geworden sind. Warum zeigt man bei uns mit dem Finger auf Menschen, die einen Rolls-Royce für ihre Fortbewegung nutzen? Dieses beste Auto der Welt ist hier nur bei Showsternchen, Schauspielern und Zuhältern akzeptiert, ganz anders als etwa in Großbritannien oder den Vereinigten Staaten. Das ist ein Zeichen dafür, daß bei uns ein gewisses Maß an Mißgunst herrscht, das es den Reichen verbietet, ihr erarbeitetes Vermögen in jeder Hinsicht zu genießen.

Warum freuen wir uns nicht einfach über die Erfolgreichen und bewundern sie für das, was sie für sich und andere bewegt haben, anstatt darüber nachzusinnen, ob das Geld nicht vielleicht doch unlauter erworben wurde?

Wie anregend und offen könnte ein neidfreies Klima sein, das den unternehmerisch Tätigen auch das Recht zum Mißerfolg zugesteht. Oft ist die Niederlage der Quell des nächsten Erfolges – in den Vereinigten Staaten eine ganz selbstverständliche Haltung. Bei uns sind die Mißerfolge leider immer noch die peinlichen Stellen im Lebenslauf, die es am besten zu verbergen gilt. Warum eigentlich? Das Auf und Ab gehört zu jedem Leben, auch zu dem der Millionäre!

◆

13. Großer Auftritt

❖ ❖ ❖ ❖ ❖ ❖ ❖ ❖ ❖ ❖ ❖ ❖ ❖ ❖ ❖ ❖ ❖ ❖ ❖

Wie wohltuend kann es sein, wenn ein Millionär offensichtliche Lebens- und Arbeitsfreude kultiviert! Positives Denken ist ansteckend, wenn es offen zur Schau getragen wird. Es kann den Geist beflügeln, nicht nur den eigenen, sondern auch den der Menschen in der Umgebung. Gute Energien, die ein Mensch ausstrahlt, verstärken sich bei anderen zu weiteren guten Energien, und damit kann viel bewegt werden.

Auf diese Weise kann der eigene Traum Schritt für Schritt wahrgemacht werden, auch der vom Reichtum.

Ein bestimmter Mann läßt den ganzen Neid, der den Wohlhabenden sonst oft entgegengebracht wird, wie weggewischt erscheinen, weil er ihn mit seiner Ausstrahlung einfach neutralisiert. Seine Erfolgsgeschichte nimmt man ihm ab, wenn er dasteht und über das erzählt, was er bewegt hat.

Sein Zuhause scheint das Rednerpult zu sein. Immer wieder sehen wir ihn vor vielen Menschen sprechen: über seinen Traum, seine Vision, auch sein Fortkommen. Er erzählt, nein: predigt es geradeso, als wäre das alles ohne Mühe und Anstrengung gewesen. Seine Geschichte zu hören, ist einfach anregend, weil er seinen Zuhörern das Gefühl gibt: Du kannst das auch, wenn du nur an etwas glaubst.

Er ist ein Erfolgsmensch, wie er nicht besser hätte erfunden werden können. Selbst auf einem Klassenfoto aus seinen Jugendtagen wirkt er bereits ebenso anziehend wie überzeugend: Wer schaut von den 30 Jungen und Mädchen des Jahres 1949 in einer schwäbischen Oberschule neugieriger, fröhlicher und zuversichtlicher drein als alle anderen auf dem Foto? Es ist der 14jährige, der schon fünf Jahre später halb unfreiwillig eine Unternehmerlaufbahn einschlagen wird und der heute denselben Blick hat wie damals. Er hat sich all das bewahrt: die Neugier, die Lebensfreude, das gewinnende Wesen.

Heute trifft man ihn, wenn er aus seinem Firmenjet steigt und sich öffentlich mit diesem Transportmittel zur Schau stellt. Ihm ist das nicht peinlich wie vielen anderen Millionären, die die Benutzung des Privatflugzeuges lieber diskret verschweigen. Unser Mann steht zu seiner Leistung, auch zu seinem Lebens- und Arbeitsstil. Wenn er sich etwas leistet, dann zeigt er es auch, läßt andere Menschen daran teilhaben und schafft Genuß für sich und andere. Dahinter verbirgt sich ein Lebensmotto, das er selbst nach einem alten Sprichwort formuliert hat: „Freude, die man gibt, kehrt in das eigene Herz zurück."

Die Freude mit Christo zum Beispiel. Als die Christo-Mania gerade ihren Höhepunkt erreichte, ließ er sich sein eigenes Christo-Kunstwerk schaffen. Er flog das New Yorker Künstlerehepaar an seinen Firmensitz in einer deutschen Kleinstadt ein und ließ sie dort wirken. Sie nahmen sich den Innenraum des Firmengebäudes vor. Dort wurden die Treppen, Aufgänge und Verbindungswege in dem lichten Haus in weiße Stoffbahnen verpackt, ganz in der Art, wie wir es von diesen Künstlern auch bei größeren Objekten gewohnt sind. Ein Original Christo entstand, der den Gönner sicher einen sechsstelligen D-Mark-Betrag gekostet hat. Erst maulten die Mitarbeiter, daß die Firmenzentrale für die Verpackungskunst herhalten mußte, aber die letzten Zweifler wurden durch das Interesse überzeugt, das nach der Eröffnung einsetzte: 85.000 Besucher kamen, um sich das Christo-Kunstwerk anzusehen, das für ein paar Wochen in der Kleinstadt mit 7.500 Einwohnern zu sehen war.

„Da waren dann unsere Leute doch stolz, daß sie plötzlich so im Mittelpunkt des Interesses standen", sagt der Sponsor zu seiner Aktion, die kurze Zeit vor der spektakulären Verhüllung des Reichstagsgebäudes in Berlin stattfand.

Er genießt diese Aktionen, die nur mit den Mitteln möglich sind, welche ihm durch seinen 41 Jahre andauernden Erfolg gegeben sind: Sein Unternehmen ist heute so groß und so profitabel, daß die Einladung an Christo Javacheff, Teile des Firmengebäudes in dreiwöchiger Arbeit in weiße Stoffbahnen zu verpacken, ohne Probleme ausgesprochen und auch bezahlt werden konnte.

Warum sich das Leben schwermachen, wenn der Reichtum die Mittel dazu gibt, sich von materiellen Entbehrungen freizumachen? Nach acht Jahren Unternehmertätigkeit ist es schon soweit, daß unser Mann sich etwas leisten kann. Er ist noch der Twen der sechziger Jahre, aber er kann sich, neben seiner neuen Fabrik, schon ein Haus bauen, das heute immer noch als sehr großzügig gelten kann: Auf einem riesigen Grundstück gelegen, verfügt es über ein überdachtes Schwimmbad und gut 200 Quadratmeter Wohnfläche.

Dahinter steckt nicht einmal der Wunsch, das Erworbene zu zeigen und auffällig zu leben. Er sieht seinen Weg so:

„Wer von seinem Grundtenor her positiv lebt, wer ein fröhliches Gemüt hat, wer nicht alles künstlich kompliziert und die Probleme nicht geradezu herbeiredet, der ist auch physisch besser dran und lebt länger. Wer eine positive Lebenseinstellung hat, hat überwiegend auch Erfolg, und wer Erfolg hat, der ist glücklich. Denn Glück ist ja nur ein anderes Wort, ein anderer Ausdruck für Erfolg."

Als 35jähriger wandte er sich einem neuen lebensqualitätssteigernden Projekt zu: Er kaufte ein Schloß. Dieses Schloß Hermersberg wurde einst von den Hohenloher Fürsten bewohnt, der junge Käufer hat es nach dem Erwerb von Grund auf restauriert. Heute wohnt dort die Großfamilie des Unternehmers in mehreren Generationen. Mit diesem Domizil hat sich der Unternehmer als moderner Fürst in der Region etabliert – nach außen hin dokumentiert der Wohnsitz das, was der Mann für die Region bedeutet: Seine Firma ist der Motor für Wohlstand und Arbeitsplätze in einem Landstrich ohne Großstädte mit viel Bodenständigem; das Unternehmen beschert der Gemeinde die meisten Steuereinnahmen, also hat er die Schulen, Schwimmbäder, Straßen und Kultureinrichtungen durch sein Wirken mitbezahlt. Fast 20.000 Menschen finden bei ihm Arbeit. Das sind fast drei Kleinstädte von der Größe der Gemeinde seines Firmensitzes.

◆

Die Anfänge waren auch hier klein. Unmittelbar nach dem Zweiten Weltkrieg gründet der Vater des heutigen Unternehmers seine Firma. Der Filius ist schon als kleiner Junge mit dabei: 1945, gerade mal zehn Jahre alt, fängt er an, in der väterlichen Handlung Schrauben einzusortieren. Ab da hat er immer Kontakt zum elterlichen Unternehmen und wird jeden Tag geprägt durch den Erwerb der Eltern, einen Schraubenhandel. Der Junge schreibt Lieferscheine und bringt die Sendungen zum Bahnhof. Gemeinsam mit den Eltern, beide für die Firma tätig, reist er zu Kunden – zuerst unter widrigsten Nachkriegsbedingungen mit der Eisenbahn, später im Auto. Der Vater hat keinen Führerschein, also chauffiert die Mutter den Opel Olympia, Vorkriegsmodell, Baujahr 1936.

Tischlereien, Zimmereien und Autowerkstätten werden von der Firma mit Schrauben versorgt. Die Geschäfte laufen gut, weil jeder Kunde vom Firmeninhaber persönlich besucht wird. Eine andauernde Reisetätigkeit des Vaters ist die Folge.

Mitten im Leben, im Alter von nur 45 Jahren, stirbt der Vater völlig unerwartet. Jetzt ist guter Rat teuer:

„Wie soll es weitergehen?", fragen sich Mutter und Sohn. Die Zeiten sind arbeitsreich, großer Wohlstand ist noch nicht in Sicht.

Der gerade 19jährige entschließt sich, die Firma des Vaters weiterzuführen. Das ist der Beginn einer Unternehmerkarriere ohne Vorbild, der Karriere von Reinhold Würth.

◆

Am Anfang besteht die Firma aus drei Mitarbeitern: aus Reinhold Würth, seiner Mutter Alma und dem Buchhalter. Der junge Inhaber setzt seine Reisetätigkeit zu den Kunden weiter fort und beginnt, nach und nach weitere Mitarbeiter einzustellen. Die Verkäufer seiner Truppe bereisen die Handwerker und verkaufen ihnen Schrauben sowie andere Eisenwaren. Als Transportmittel für die Außendienstler dienen Autos von Volkswagen, Modell Käfer, einfachste Ausführung. Die Bestellungen der Kunden belaufen sich mal auf 30,90 D-Mark, mal auf 14,20 D-Mark, mal auf 55,80 D-Mark für einen Auftrag. Würth setzt auf Kooperation, schnelle Bedienung und Zuverlässigkeit. Die Kleinaufträge summieren sich, und 1959, fünf Jahre nach Beginn seiner Unternehmertätigkeit, ist Würth Umsatzmillionär.

Hier läßt sich gut die vielzitierte Erkenntnis nachvollziehen, daß die erste Million die schwerste ist. Reinhold Würth hat für keine Million mehr so lange gebraucht wie für diese. Aber sie ist die Grundlage für das weitere Wachstum, für jeden weiteren Reichtum. Damals, in der Gründerzeit, lernte Würth sein Geschäft: Er war als oberster Verkäufer persönlich für seine Kunden da, reiste viel und gern, lernte über den Umgang mit Menschen und den Aufbau des Geschäfts.

Am Anfang machte er alles selbst, jeden Handgriff in der Firma: Lieferungen annehmen, Kisten auspacken, Ware sortieren, Kundenkontakte aufbauen, Verkaufsfahrten planen, Verkaufsgespräche führen.

Aber zwei Dinge waren schon dem jungen Würth klar:

Erstens: Die Firma sollte wachsen.

Zweitens: Das wichtigste ist der Verkauf.

Würth hielt sich nicht damit auf, seine Verkaufstätigkeit noch besser zu machen oder der oberste Verkäufer seiner Firma zu bleiben. Er fing an, wie ein Architekt an der wachsenden Organisation zu bauen. Das Unternehmen legte in allen Jahren ein stürmisches Wachstum vor, das Wort Rückgang war und ist im Wortschatz von Würth unbekannt. Jahr für Jahr wurden neue Mitarbeiter eingestellt, nach einer Art goldenen Regel:

Auf einen neuen Mitarbeiter im Innendienst kommt ein neuer Verkäufer, der als Außendienstler die Kundschaft bereist und die Ware absetzt. Nach dieser 1:1-Regel ist Würth bis heute gewachsen.

Basis des Geschäfts war bei Würth immer die Schraube, das zeigt auch das Firmenlogo: Auf den ersten Blick wie ein rotes Wappen geformt, ist das Signet aus einer Zylinderkopfschraube und einer Rundkopfschraube zusammengesetzt. So ist es bis heute geblieben. Das Zeichen symbolisiert das Geschäft von Würth:

Kleine Dinge, die dem Handwerker das Leben leichter machen.

Das sind Schrauben und ihre Verwandten; Würth sieht sich demnach auch als „Verbindungs- und Montageprofi".

Er hat damit das Kunststück vollbracht, aus Pfennigartikeln ein Millionengeschäft zu machen: Was kostet eine einzelne Schraube, ein Zehnerpäckchen Muttern? Fast nichts. Aber Würth liefert inzwischen weltweit und erwirtschaftet damit heute einen Gewinn von 300 Millionen D-Mark in einem Jahr.

Hier sieht man auch eines der Geheimrezepte von wirklich Erfolgreichen: Auf irgendeine Weise schaffen sie es, aus einer Sache ein Geschäft zu machen, von der jeder andere meint, man könne kein Geld damit verdienen.

Wie macht es Würth?

Er setzt konsequent auf den Direktvertrieb. Die Verkäufer seiner Firma gehen persönlich zu den Kunden, beraten, stellen Produkte vor und holen die Aufträge herein. Jeder Verkäufer ist angehalten, nicht nur einfach das zu bringen, was der Kunde braucht, sondern dessen Probleme zu lösen und zusätzliche Wünsche zu mobilisieren. Würth beschreibt das so:

„Wir verkaufen nicht den Bohrer, sondern Löcher. Wir verkaufen nicht Klebstoff, sondern Verbindungen."

Immer wieder sollen sich die Außendienstler den Kopf zerbrechen über neue Lösungen für die Abnehmer, und auf diese Weise werden auch allerlei Produkte erfunden, die die Arbeit der Handwerker erleichtern, etwa eine Schraube, die sich selbst das Loch bohrt, das sie braucht.

◆

Zu den weiteren Erfolgsgeheimnissen gehört, daß Würth eine Struktur aufgebaut hat, mit der die vielen Verkäufer zuverlässig gesteuert werden können: Die Firma macht sehr deutlich, wo der Köder hängt.

Die Verkäufer, die den Umsatz heranschaffen, sind selbständig arbeitende Vertreter, die in vielen Ländern der Welt unterwegs sind, um Handwerker mit Artikeln aus der Montage- und Verbindungstechnik zu versorgen. Für Reinhold Würth können diese Außendienstler Unternehmer im Unternehmen sein: Alle sind weitgehend ihr eigener Herr, eben ein kleiner selbständiger Unternehmer ganz nah am Kunden. Gleichzeitig ist jeder der Verkäufer fest in das große Ganze eingebunden: Würth liefert die Produkte, betreibt Verkaufsniederlassungen und liefert die Gestaltung sowie die Software zur Steuerung des Außendienstes.

◆

Dieses organisatorische Konzept macht einen Gutteil des Unternehmenserfolges aus. Wirtschaftliche Basis und Leistungsgenerator für die Außendienstler ist ein winziges Festgehalt, das Einkommen muß also in der Hauptsache über Provisionen verdient werden. Ein durchschnittlicher Verkäufer bei Würth kommt so auf 5.000 bis 7.000 D-Mark im Monat, Spitzenverkäufer schaffen das Doppelte.

Unterdurchschnittliche Verkäufer gibt es nicht. Wer seinen Job als Ruhekissen betrachtet oder die Vorgaben nicht bringt, wird ohne Gnade wieder aussortiert. Nur Leistung zählt.

Über ein firmeneinheitliches Anreizsystem wird eine Art gemeinsamer Markt geschaffen. Darüber können alle Verkäufer ihre Leistung messen, und nach diesem Maßstab richtet sich die Einstufung. So wird etwa die Hubraumklasse des Dienstwagens von der Entwicklung der Umsätze im Verkauf abhängig gemacht: kleines Geschäft, kleines Auto; großes Geschäft, großes Auto.

Bei Bewährung können Verkäufer schnell von einem Ford Escort zu einem kleinen Mercedes aufsteigen. Sie müssen das Prestigeauto allerdings auch wieder abgeben, wenn die Leistung nachhaltig sinken sollte. Würth unterstreicht die Bedeutung eines Anreizmechanismus, der keine Einbahnstraße sein darf. Denn wenn es nur einen Weg nach oben gibt, entwickelt sich rasch eine Zuteilungsmentalität – die motivierende Wirkung der Anreize läßt dann schnell nach.

Erfolgreichen Verkäufern winkt die Mitgliedschaft in einem der von Würth eingerichteten Incentive-Clubs: Der „Erfolgsclub" vereint all die Mitarbeiter, die eine bestimmte Umsatzschwelle überschreiten. Den Erfolgreichen winken hier eine Eintrittsprämie in vierstelliger Höhe sowie jährliche Reisen, so etwa in die griechische Inselwelt: Für die Mitglieder des Clubs charterte Würth zwei Düsenmaschinen, und nach dem Flug nach Athen wurde eine gemeinsame Kreuzfahrt unternommen. Im Erfolgsclub sind die oberen 20 Prozent der Verkäufer Mitglied.

Mit einem Direktvertrieb konnte die Adolf Würth KG, benannt nach Reinhold Würths Vater, erfolgreich in den Markt eindringen und sehr schnell wachsen. Es gab keine ernsthaften Konkurrenten, weil der Markt zersplittert ist und von vielen kleinen Anbietern beliefert wird. Es gab also niemanden, dessen Gegenwehr Würth mit seinem Auftreten herausgefordert hätte. Ein Glücksfall für die Expansion, denn Märkte mit starken Gegenspielern hätten dieses beispiellose Wachstum nicht ermöglicht.

Würths Kundenstrategie ist der einfache, unkomplizierte und schnelle Service. Seine Beobachtung:

„In vielen Fällen merkt der Kunde gar nicht, was wir tun. Er merkt nur, daß die Zusammenarbeit mit Würth einfach und problemlos ist."

Die Leistung umfaßt nicht nur das Produkt, sondern auch die schnelle, problemlose, ja fast unmerkliche Lieferung. Oft haben die Außendienstler fast freundschaftliche Kundenbindungen: „Die Vertreter kommen mitunter in die Betriebe, wenn die Mannschaft gerade unterwegs ist. Der Verkäufer weiß dann, wo der Meister den Schlüssel versteckt hat. Er kennt den Laden. So kann er fehlende Artikel nachliefern, auch wenn keiner da ist."

Was die Firma also leistet, ist eine Art Heinzelmännchen-Dienst: Den Kunden werden Aufgaben wie Lagerüberwachung, Übersicht behalten und Bestellungen aufgeben abgenommen. Würth beschreibt dieses Erlebnis so:

„Der Kunde hat sein Zeug schnell, und darum bestellt er wieder, ohne überhaupt intellektuell wahrzunehmen, warum er immer bei uns bestellt. Es gefällt ihm einfach."

Viele Aufträge bei Würth sind Kleingeschäfte, aber die Masse macht's. Tag für Tag produzieren die Außendienstler 40.000 solcher Aufträge; aus den Tropfen werden Rinnsale, aus den Rinnsalen Bäche, und aus den Bächen wird ein großer Strom. Durch den planmäßigen Ausbau des Geschäfts wurde der Strom breiter und breiter, aber Ausgangspunkt ist immer noch das Geschäft von oft nur ein paar Mark. Man muß nur genügend von diesen kleinen Geschäften machen, um am Ende ein großes Geschäft zu haben. Heute setzt die Firma damit fünf Milliarden D-Mark um, und noch immer sind dem Wachstum keine Grenzen gesetzt. Auf vielen Märkten ist der Marktanteil noch sehr klein und die Marktdurchdringung noch nicht annähernd erreicht. Würth wächst weltweit und verspricht sich vor allem große Chancen in Osteuropa, wo viel gebaut wird, viele Handwerkerleistungen gebraucht werden und die Handwerker jetzt alle Würth-Kunden werden können. Das Unternehmen ist schon in 52 Ländern der Welt vertreten, die Expansion dauert aber weiter an.

Reinhold Würth ist seiner Firma immer ein Stück vorausgelaufen. Er sprach schon von der ersten Umsatzmilliarde, als das Unternehmen noch weit davon entfernt war. Er glaubte daran, dieses Ziel zu erreichen, und ließ es in seine Vision einfließen. Indem er immer wieder darüber sprach, konnten die mentalen und organisatorischen Voraussetzungen für die Expansion geschaffen werden. Die erste Milliarde wurde erreicht, auch die zweite und dritte. Heute ist das Unternehmen so gesund und wachstumsstark, daß es in einem Jahr mitunter 20 Prozent an Geschäft zulegt – das sind viele hundert Millionen D-Mark mehr in einem Jahr!

◆

Sieht man sich diesen Erfolg und die Gründe dafür genauer an, so merkt man, daß viele einzelne Teile des Erfolges – für sich genommen – unspektakulär sind. Würth hat die Schraube nicht erfunden. Er liefert Produkte, die andere auch liefern, und ist in einem Sektor tätig, wo er keine Monopolstellung hat, weil es viele andere Anbieter gibt, auch gute. Und er betreut seine Kunden durch Handelsniederlassungen und Außendienst, was andere auch tun.

Was aber Würth von allen anderen unterscheidet, ist die Konsequenz, Besessenheit und Perfektion, mit der er das Geschäft immer weiter vorantreibt. Das spielt sich zunächst nur im Kopf ab: Würth will unbedingt, daß es weiter aufwärts geht, und er schafft es, diesen Gedanken verbindlich an seine Mitarbeiter weiterzugeben und sie damit so gründlich zu infizieren, daß der Bazillus in vielen Köpfen weiterwirkt. Das Resultat ist die nicht nachlassende Anstrengung von vielen Menschen im Unternehmen, das Geschäft weiter auszuweiten. Würth hat angesichts der Größe seiner Firma gar keinen direkten persönlichen Einfluß mehr auf die meisten seiner Mitarbeiter, aber der Bazillus wirkt.

Das Geschäft wird immer weiter verfeinert. Wo es schon Niederlassungen gibt, werden neue gegründet, wird das Netz weiter verdichtet. Wo früher ein Vertreter ein Gebiet betreute, sind es heute drei oder vier. Jeder von denen hat sich auf eine andere Kundenbranche spezialisiert, so daß sie einander nicht ins Gehege kommen, sondern das ihnen zugeteilte Gebiet intensiver durchdringen können. Immer wieder legt Würth zudem Neuheiten auf, die das Bestellen und die Auftragsvergabe noch einfacher und noch schneller machen. Die Firma kommt den Kunden auf diese Weise in kleinsten, aber wirksamen Schritten immer näher. Außerdem wird auch an kleinen Produktinnovationen gefeilt, die Werkzeuge werden etwas verbessert, eine noch einfacher handhabbare Schraube wird entwickelt, oder es wird ein Teil angeboten, das eben vom Handwerker um ein paar Minuten schneller eingebaut werden kann als das der Konkurrenz. Auf diese Weise produziert Würth ständig irgendwo Verbesserungen um Zehntelmillimeter, um Sekunden oder um ein paar Pfennige. Aber in der Summe wird auch hier aus den Tropfen wieder ein Strom, der der Firma immer wieder neues Geschäft zuspült. Hier könnte die Weisheit „Wer den Pfennig nicht ehrt, ist des Talers nicht wert" erweitert werden: „Wer die Sekunde nicht ehrt, ist die Minute nicht wert." Würth kümmert sich immer um Dinge, die die meisten anderen vernachlässigen oder gar nicht sehen. Was macht es schon, wenn eine Schraube angeboten wird, die sich schneller hineindrehen läßt als andere Schrauben? Nichts, meinen Sie?

Falsch. In einem einzigen Bauprojekt werden Hunderte von Schrauben angebracht, während eines Handwerker-Arbeitsjahres viele tausend. Da macht es viel aus, wenn Würth mit einer Schraube daherkommt, die sich in der Hälfte der Zeit hineindrehen läßt – Würth verkauft also gewonnene Stunden, vielleicht auch Tage!

◆

Reinhold Würth hat seinem Unternehmen viel Energie eingehaucht. Wer ihn trifft, spürt das körperlich. Ich bin ihm vor vielen Jahren zum ersten Mal begegnet, als seine Firma, verglichen mit den Verhältnissen heute, noch klein war.

Schon damals beeindruckte er mich durch seine Haltung, die immer wieder vermittelte: Nichts ist unmöglich.

Würth hat eine so zwingend positive Ausstrahlung, daß er damit Erstaunliches vollbringen kann. Er vermag das ganze Klima, die Stimmung zu drehen und auf sich zu lenken, wenn er in einen Raum kommt. Er kann Menschen und sogar ganze Gruppen in seinen Bann ziehen; immer, wenn ich ihn wiedersah, dieselben strahlenden Augen und diese positiven Schwingungen in seinem Wesen. Er mag das in seinen ersten Kundengesprächen als Jugendlicher entdeckt und für sein Geschäft perfektioniert haben, aber diese Charakterzüge sind eine angeborene Gabe, ein natürliches Talent, das der Autodidakt zur Reife gebracht hat.

Er bringt es fertig, immer wieder authentisch zu sein. Offensichtlich gibt es keine Frage, auf die er nicht eine Antwort weiß und die er nicht auch gern beantwortet. Immer habe ich den Eindruck, daß er das, was er mir soeben gesagt hat, gerade für mich ausgedacht hat: frische, unberührte Gedanken. Natürlich ist dem nicht so; was ich mit Würth zu besprechen hatte, das hat er in ähnlicher Form sicher schon vielen Kollegen vor mir gesagt.

Aber Würth ist eben ein Meister des Mitteilens, egal, ob man ihm allein für ein paar Stunden gegenübersitzt oder ob er vor Hunderten von Zuhörern spricht. Stets wirkt er unangestrengt und offen. Er weiß sehr gut die Mühen zu verbergen, die ihm seine Aufgabe mitgegeben hat, und kann sich auf vielerlei Menschen und Umstände einstellen. Er versteht es perfekt, immer wieder seine persönliche Begeisterung überspringen zu lassen.

◆

Woher bekommt der Mann seine Energie? Eine Kraftquelle ist sicher die Familie, der Reinhold Würth eng verbunden ist. Um seinen Vater als Gründer des damaligen Kleinunternehmens in Ehren zu halten, hat Würth die Firma nach ihm benannt: Adolf Würth KG, später Adolf Würth GmbH&Co. KG. Er hätte das nicht tun müssen; es gibt genügend andere Beispiele, wo der Sohn die Namen der Vorfahren aus der Firma verbannt hat. Aber Reinhold Würth ist seinem Vater, dem Erbe und dem Herkommen verbunden, er sieht darin seine positiven Wurzeln.

Er heiratete schon in jungen Jahren, im Alter von 21, seine Frau Carmen. 1996 begingen die beiden ihr 40jähriges Ehejubiläum, und noch immer empfindet er Zuneigung und Verehrung für seine Frau. Bei den Firmenausflügen sieht man Reinhold Würth mitunter einträchtig zusammensitzend mit seiner Mutter Alma und seiner Frau.

Ersparen wollte Reinhold Würth der Familie wohl den Greuel einer ungeregelten Unternehmernachfolge. Würth selbst sah viele Unternehmen beinahe daran zugrunde gehen, daß der in die Jahre gekommene Senior nicht vom Ruder ablassen wollte und der Junior deshalb im Unternehmen nichts bewegen konnte. „So nicht", mag sich Würth gedacht haben und begann deshalb schon im Alter von 44 Jahren, an seiner Nachfolgeregelung zu arbeiten. Nachfolge, das heißt in dem Falle: Ablösung durch angestellte Manager, die nicht aus der Familie kommen. Würth verabschiedete sich rechtzeitig aus der Funktion als tätiger Inhaber: Als der Chef 59 Jahre alt ist, sind die Nachfolger des Unternehmers bereits im Amt. Der Inhaber hat zwei langjährige Mitarbeiter zu Geschäftsführern gemacht, die heute die Leitung der Firma innehaben. Sie kümmern sich um das operative Geschäft. Die Anteile am Unternehmen hat Würth in eine Familienstiftung eingebracht, was das langfristige Fortbestehen des Unternehmens und die Interessen der Familie gleichermaßen sichert. Die Familie bleibt auf diese Weise Eigentümer am Unternehmen und hat das Einkommen aus der Stiftung als wirtschaftliche Grundlage. Aber die Kinder von Reinhold und Carmen Würth, Marion, Bettina und Markus, sind von der Bürde befreit, die Nachfolge in der Leitung des väterlichen Unternehmens antreten zu müssen. Bettina und Markus Würth sind im väterlichen Unternehmen tätig; seit 1993 gehören beide zum Team der Prokuristen.

Und was macht Reinhold Würth?

„Unternehmer im Unruhestand", so beschreibt er seine Rolle selbst. Zu Beginn des Jahres 1994 wechselte er von der aktiven Unternehmensführung in den Vorsitz des Beirates. Das ist ein Gremium, das dem Aufsichtsrat einer Aktiengesellschaft vergleichbar ist: Es nimmt Überwachungs- und Beratungsaufgaben wahr. Über dieses Amt ist Würth immer noch sehr präsent im Unternehmen; er lebt, wie er bekundet, die ihm durch die Satzung des Beirats zugestandenen Rechte und Aufgaben voll aus.

Noch immer wird das Unternehmen Würth in der Öffentlichkeit voll mit Reinhold Würth identifiziert, noch immer drückt der frühere Geschäftsführer der Firma seinen Stempel auf. Der Beiratsvorsitzende unterhält ein Büro am Hauptsitz der Firma und hat, obwohl aus der aktiven Leitung ausgeschieden, noch immer Zehn- bis 14-Stunden-Tage. Für 1995 hätte er eigentlich, so laute- te eine Ankündigung, keine Termine mehr annehmen wollen. Aber das Gegenteil ist der Fall – sonst wäre auch unser jüngstes Treffen in Wittlich nicht mehr zustande gekommen, das einem Interview für dieses Buch gewidmet war.

Reinhold Würth mag noch nicht davon ablassen, die Ernte seiner Erfolge in der Öffentlichkeit einzufahren. Jedes Jahr hält er ein paar Dutzend Vorträge, teils vor eigenen Mitarbeitern, teils vor Marketing-Clubs oder Teilnehmern an Universitätsseminaren, Unternehmerkongressen und Firmenkonferenzen. Jedes Mal wird er als *der* Träger einer Erfolgsgeschichte vorgeführt, und die Menschen werden nicht müde, Würths Einsichten und Rezepten zuzuhören.

Auch das ist eine der Belohnungen des Millionärsdaseins: den öffentlichen Ruhm seines Tuns einzufahren. Wenige tun das so gründlich und ausgiebig wie Würth, der das Bad in der Menge so sucht wie Onkel Dagobert das Bad in seinem Reichtum aus Bargeld.

Was gibt es Schöneres, als nach sicher arbeits- und entbehrungsreicher Aufbauarbeit die Anerkennung nicht nur in Geld, sondern auch in Form von Applaus zu genießen? Würth lädt seine Zuhörer mit positiven Emotionen auf, die Menschen folgen ihm gern, und alles kommt hundertfach zu ihm zurück. Das Angenehme daran ist, daß er wirklich gewinnend und unaufdringlich ist, denn Würth ist kein Prediger. Er hat nichts von diesen zwingenden Managementgurus meist amerikanischer Herkunft, die oft nur eine perfekte Show abliefern, deren Nachklang aber in Stunden verblaßt. Würth ist die einfach sympathische, unkomplizierte Natur, die ihre Geschichte erzählt, weil sie interessant und nachahmenswert ist.

Bei den meisten seiner Auftritte spricht Würth am Anfang nicht selber, sondern läßt Bilder sprechen. Er führt einen Film aus dem Leben seiner Firma vor, und das so gekonnt, als würde er diese Bilder in eben jenem Moment selbst zum ersten Mal sehen. Dabei sitzt er im Auditorium und vermittelt den Eindruck, zu den Zusehern zu gehören. Erst danach tritt er persönlich auf – die Zuschauer können die Freude genießen, den Hauptdarsteller des eben gesehenen Films jetzt persönlich zu begrüßen.

◆

Um die emotionalen und körperlichen Anstrengungen dieses Lebens durchzustehen, hat sich Reinhold Würth einige Formen des Ausgleichs zugelegt. So ist er etwa ein begeisterter Lerner, auch auf ganz anderen Gebieten als in seinem Beruf.

Im Alter von weit über 50 hatte er sich der Mühe und dem Vergnügen unterzogen, das Kapitänspatent zu machen. Mit der Lizenz darf er Schiffe in Binnengewässern selbst steuern. Seine Enkel haben Freude daran, mit ihm auf dem Wasser unterwegs zu sein, und so forderten sie: „Mehr, Opa!" Der junge Großvater ließ sich nicht zweimal bitten – als er mir von dieser Begebenheit berichtete, nahm er gerade seinen Bootsführerschein für Hochseegewässer in Angriff.

Würth genießt diese Art, zu neuen Ufern vorzustoßen und sich neue Sinneseindrücke zuzuführen. Viele Jahre schon ist er Inhaber einer Privatfluglizenz. Er darf die Düsenflugzeuge seiner „Würth-Air" (vier Maschinen im Firmenbesitz) selbst steuern, was ihm sichtlich Freude macht. Wenn er sich in seinem Ferienhaus in Portugal aufhält, dann ist er mitunter auf Tagestouren bis nach Spanien anzutreffen: Er fährt gern und ausgiebig Motorrad, wenn Zeit dafür ist. Zum 50jährigen Firmenjubiläum schenkten ihm seine Mitarbeiter ein amerikanisches Motorrad der Marke Harley Davidson. Würth freute sich so sehr über dieses Geschenk, daß er es nicht lassen konnte, sich vor 8.000 Menschen in der Stuttgarter Hanns-Martin-Schleyer-Halle gleich auf den Sattel zu setzen. Würth genießt gern und sofort und zeigt auch seine Freude daran.

Ebenso leidenschaftlich ist auch sein Verhältnis zur Kunst, das er im Laufe der Jahre entwickelt hat. Die Installationen von Christo und Jeanne-Claude in seinem Firmengebäude waren einer der Höhepunkte dieser Zuneigung.

Vor vielen Jahren begann Würth ganz zaghaft, aber mit einigem Interesse, moderne Kunst zu erwerben. Er fing an, seine ausgedehnten Reisen in der Würth-Welt mit immer neuen Kontakten zu Künstlern zu verbinden, und sein anhaltender unternehmerischer Erfolg gestattete es ihm, das eine oder andere Werk zu erwerben und so den Grundstock für eine Sammlung zu legen.

Inzwischen sind seine Erwerbungen auf mehr als 2.500 Stücke angewachsen; der Name „Sammlung Würth" hat einen guten Klang bekommen. Ihr Sponsor hat Werke von sehr vielen bekannten Künstlern der Gegenwart und der jüngeren Vergangenheit gekauft. So finden wir neben Vasarély, Jacobsen, Lüpertz, Hacker, Miró, Buffet und Beckmann auch Nolde, Ernst, Arp, Magnelli und viele weitere mehr in der Sammlung.

Würth will mit seiner Sammlung gar nicht mit den Kollektionen der großen Mäzene wie Ludwig oder Guggenheim konkurrieren. Aber er reklamiert für sich, auf seine Weise eine Besonderheit geschaffen zu haben: Der Künzelsauer Unternehmer hat Kunst und Unternehmenskultur unter einem eigens dafür geschaffenen Dach zusammengebracht. In den achtziger Jahren wurde klar, daß die Hauptverwaltung der Firma wieder einmal erweitert werden mußte. Würth beauftragte die Stuttgarter Architekten Siegfried Müller und Maja Müller-Djordevic, ein neues Firmengebäude nach seinen Vorstellungen zu errichten. Hier sollten sowohl die Verwaltung als auch das Kunstmuseum ein Zuhause finden – in dieser Kombination eine einmalige Idee. Die Kunst hängt nicht in den Gängen zwischen den Zimmern und in den Büros wie bei der Deutschen Bank in Frankfurt, sondern beansprucht eine gleichberechtigte Existenz neben dem Firmenbetrieb.

Seit 1991 steht dieser persönliche Traum von Reinhold Würth, gleichzeitig sein ausdrucksstärkstes Monument an die Nachwelt. Woche für Woche besuchen 1.000 Menschen das Museum Würth; die meisten von ihnen hätten wohl ohne die Kunst nie den Weg in die Unternehmenszentrale dieses Handwerkerzulieferers gefunden. Das ist Unternehmenskultur!

Immer wieder finden in dem Museum vielbesuchte und -beachtete Sonderausstellungen statt, und der Name Künzelsau hat auf der Landkarte der Kunstattraktionen einige Bedeutung erlangt. Die Leitung der Sammlung hat Reinhold Würth auch über sein Ausscheiden aus der Geschäftsführung seiner Firma hinaus behalten.

◆

Der Unternehmer Würth hat viel erreicht, und das in einem gar nicht einmal so langen Lebensabschnitt, wenn man bedenkt, daß er schon im Alter von 59 Jahren mit dem Rückzug aus seiner aktiven Unternehmertätigkeit begonnen hat. Er ist frei von jeder materiellen Sorge und gebietet über ein großes Vermögen. Sein Schaffen hat sich als Beschäftigungsmotor für eine ganze Region erwiesen, schließlich leben einige zehntausend Familien unmittelbar oder mittelbar von und mit der Firma Würth. In all den Jahren wurden stets zusätzliche Beschäftigungsmöglichkeiten geschaffen; allein seit dem Ausscheiden von Reinhold Würth ist die Zahl der Mitarbeiter um mehr als ein Drittel gewachsen, und nach allem Ermessen wird der Jobmotor Würth weiterlaufen.

Der Unternehmer, der selbst aus kleinen Verhältnissen kam, hat Großes bewegt und damit Anerkennung verdient – und er erhielt sie auch, bis hin zu den höchsten Ehren: Bundespräsident Roman Herzog überreichte ihm bei einer Feierstunde im Schloß Bellevue in Berlin persönlich das Bundesverdienstkreuz. Würth nahm es dankbar an, ausdrücklich auch im Namen seiner Mitarbeiter, wie er bei der Verleihung bekundete. Andere Auszeichnungen erhielten sowohl er als auch das Unternehmen sehr zahlreich; der Erfolg und seine positiven Wirkungen für das Gemeinwesen sind auf breiter Front registriert worden.

Für seinen weiteren Rückzug aus dem Geschäft hat Reinhold Würth ein probates Mittel entwickelt: Er wird die Zahl der Tage, an denen er für die Firma zur Verfügung steht, auf einfache Weise reduzieren. Tage, an denen er im Urlaub ist oder die er seinen Kindern oder Enkeln widmen will, finden in seinem Geschäftskalender nicht mehr statt. Er reißt die entsprechenden Seiten nämlich einfach aus dem Kalender heraus, und somit existieren solche Tage für die geschäftliche Verwendung nicht mehr.

Wie wir sehen, müssen auch Millionäre wie Würth manchmal zu drastischen Mitteln greifen, um Herr über ihre Zeit zu bleiben. Immer gibt es Ansprüche an die persönliche Zeit, viele Einladungen, Verabredungen, Termine. Aber muß der Mensch alles wahrnehmen, was an ihn herangetragen wird? Nein.

Ein wichtiger Rat zur Zeitverwendung, der immer wieder gegeben wird, lautet: Machen Sie sich nicht zum Sklaven Ihres Telefons, Ihrer Faxmaschine oder Ihrer Postmappe. Über diese Kanäle werden ständig Ansprüche an das persönliche Zeitbudget herangetragen – aber viele der Erfolgreichen, die ich zu treffen das Vergnügen hatte, haben sich nicht von diesen Ansprüchen abhängig gemacht. Sie sind ihren eigenen Weg gegangen und haben nicht in erster Linie das getan, was man von ihnen erwartete – sondern das, was sie für richtig hielten. Nur so kann ein Weg in Richtung persönlicher Unabhängigkeit, auch in Richtung Reichtum, gegangen werden. Reinhold Würth zeigt uns diesen Weg eben vor, indem er Blätter aus seinem Kalender herausreißt.

◆

14. Tatendrang

◆ ◆ ◆ ◆ ◆ ◆ ◆ ◆ ◆ ◆ ◆ ◆ ◆ ◆ ◆ ◆ ◆ ◆ ◆

„Keine", das steht in seinem Paß in der Spalte „besondere Kennzeichen".
Eine glatte Lüge. Unterwegs zum Beispiel sehen wir ihn mit seinem besonde-
ren Kennzeichen: einem Ferrari Testarossa in Schwarz. Dieses Auto kostet
ein paar hunderttausend D-Mark in der Anschaffung. Der Besitzer fährt damit mehr oder weniger kostenlos und erklärt auch gern, warum:

„Das ist das einzige Auto, das als Gebrauchtwagen um 100.000 D-Mark
mehr kostet als neu!" Der Fahrer des italienischen Sportwagens kann sich
das Auto gut leisten, denn er hat 22 Jahre Aufbauarbeit hinter sich – erfolgreiche Aufbauarbeit, wie wir heute wissen. Das Unternehmen ist in seiner
Branche das größte Europas geworden. Das Geschäft: Brillen für fehlsichtige
Menschen. Sein Standort liegt in Hamburg, und dazu gibt es Filialen in
Deutschland und Standorte in weiteren Ländern Europas.

Sein Inhaber: Günther Fielmann, der Schrecken der Branche, wie die renommierte amerikanische Zeitung „Wallstreet Journal" feststellte:

„Die Augenoptiker mögen zwei Dinge nicht:
Menschen, die gut sehen können.
Und Günther Fielmann."

Wenn sich ein Journal dieses Kalibers zu so einer Äußerung versteigt,
dann muß etwas dran sein.

Fielmann scheint etwas bewegt zu haben, wenn selbst das kleine Optiker-
geschäft gegenüber von meinem Büro sich an Fielmann reibt. Jeden Morgen
stellen die Damen, die das Geschäft betreiben, ein Werbeschild vor das Schau-
fenster auf dem Bürgersteig. Darauf ein sichtlich dicker Mann mit auffällig
modischem Hemd und auffällig modischer Brille. Darunter zu lesen: Die Viel-
Mann-Brille. Vergleichende Werbung.

Fielmann ist einer jener Fälle, in denen ein Unternehmer mit seinem
Geschäft die Gesetze einer Branche neu geschrieben hat und darüber sehr
reich geworden ist. Sein Angriff auf die Sitten und Gebräuche seiner Branche
– die der Augenoptiker – war so nachhaltig, daß sich viele in diesem Gewerbe

zurücksehnen nach der Zeit, als die Welt noch in Ordnung war, eben als es
Fielmann noch nicht gab.

Da war die Optikerei für die meisten ein einträgliches Handwerk. Die
Kunden mußten Schlange stehen für die Dienstleistung, und sie zahlten ordentliche Rechnungen, wenn sie eine schöne Brille angefertigt haben wollten. „Kassenbrille" war ein Schimpfwort: Diese Gestelle standen in Extrare-
galen und waren so unattraktiv, daß wir sie nicht einmal unseren ärgsten
Feinden gewünscht hätten. Die Optikerbetriebe wurden von selbständigen
Meistern betrieben, die alles machen konnten. Ein Optiker hatte meist auch
nur einen Betrieb.

Das waren die ehernen Gesetze des Marktes: Alles war schön kleinteilig
organisiert, niemand kam dem anderen in die Quere – beschaulich wie ein
mittelalterliches Zunftsystem.

All das existiert heute nicht mehr. Günther Fielmann hat vielen in der
Branche mit seinem Auftauchen das Geschäft ruiniert, weil seine Auffassung
vom Optiker eine ganz andere war als die althergebrachte. Damit hat sich der
Hamburger Unternehmer an die Spitze der Branche gearbeitet: Seine Firma
verkauft heute Brillen für eine Milliarde D-Mark im Jahr. Das ist eine Menge
Geld, wenn man bedenkt, daß viele der Konkurrenten von Fielmann bei einem Umsatz von knapp über 500.000 D-Mark im Jahr stehen.

Fielmann hat es geschafft, die Träger der sogenannten Kassenbrillen glücklich zu machen. In der Zeit vor Fielmann hatte jeder Optiker ein paar Brillen
im Angebot, die mit den Krankenkassen abgerechnet werden konnten, ohne
daß der Kunde noch einmal extra bezahlen mußte. Aber diese Gestelle sahen
häßlich aus und waren von weitem als Sozialprothesen zu erkennen – was die
meisten Optikerkunden dazu bewog, doch noch einmal tief in die Geldbörse zu
greifen, um ein ordentlich gestaltetes Brillenmodell zu kaufen. Die Optiker
hatten einfach kein Interesse am Geschäft mit den Kassenbrillen. Jeder führte
sie zwar, aber mehr oder weniger als Alibi, denn wer wollte sich denn schon mit
dieser Art Gesichtsvernagelung als mittelloser Kassenpatient outen?

Erst ein Fielmann mußte auftauchen, um der Welt zu zeigen, daß man aus
der Geschichte mit der Kassenbrille ein Geschäft machen kann. Seine Idee:
„Auch Kassenbrillen sollen schön sein!"

1981 begann er, den Markt für Kassenbrillen gründlich aufzurollen. Er
schloß einen einmaligen und richtungsweisenden Sondervertrag mit der Kran-
kenkasse ab; der Bundesarbeitsminister war bei diesem denkwürdigen Ereignis persönlich dabei. Aus den häßlichen grauen Entlein zauberte Fielmann
den schönen Schwan: Aus acht angebotenen Kassengestellen im damaligen
Stil, zeitlos-häßlich, machte Fielmann 90 Brillengestelle, die man gern auf-

setzte. Sie sahen schick und modisch aus und befreiten den Kunden von dem Stigma, sich durch seine Brille als Bezieher eines niedrigen Einkommens auszuweisen. Fielmann bot schon damals Metall- und Kunststoffassungen, Gold und Modefarben sowie Brillendesign aus Italien und fast alles „Made in Germany" an, keinen Billigschrott aus Korea.

Damit hat sich Fielmann einen großen Markt und viel Zulauf geschaffen. Acht Millionen der 23 Millionen Brillenträger greifen auf eine Kassenbrille zurück, weil sie sich nichts Teureres leisten können oder wollen. Für diese Gruppe von Menschen hat sich der Hamburger Großoptiker als Kapitalist im Mantel von Robin Hood erwiesen – der Rächer der mittellosen Brillenträger.

Als kleiner Außenseiter und Neueinsteiger hat er der Branche gezeigt, wie man mit der Kassenbrille Geschäfte machen kann. Er entwirft seine Designs selbst, hat eigene Brillenfabriken, die die Gestelle fertigen, und er kauft im Weltmaßstab von fremden Herstellern ein. Fielmanns Einkäufer werden in allen wichtigen Brillenländern der Welt gesehen, so in Italien, Japan und Frankreich. Daraus hat sich ein regelrechtes Imperium entwickelt; heute werden über die Firma in Hamburg so viele Brillen umgesetzt, daß einige Länder im Volumen dagegen klein aussehen: Vier Millionen Fassungen werden jedes Jahr eingekauft! Das ist mehr, als die Menschen in den Niederlanden und in Österreich zusammen in einem Jahr an Brillen verbrauchen.

Durch die Eigenproduktion und den Eigenimport in so großen Stückzahlen kann der Zwischenhandel ausgeschaltet werden. Den Preisvorteil läßt das Unternehmen den Verbrauchern zugute kommen, indem die Brillen nicht für 199 oder 299 D-Mark im Regal liegen, sondern zum Krankenkassenerstattungstarif angeboten werden oder den Kunden allenfalls noch einmal 19, oder 29 D-Mark extra kosten.

Da kommt Freude beim Kunden auf. Denken Sie nur einmal an den Familienvater – Alleinverdiener, fehlsichtig –, der mit einer ebenfalls fehlsichtigen Frau verheiratet ist. Der Mann ist Busfahrer bei den Stadtwerken, leistet redliche Arbeit, verdient 3.500 D-Mark im Monat und ist Kassenpatient bei der AOK. Vom Lohn müssen Steuern, Versicherungen, Miete, Urlaub und die ganze Lebenshaltung bezahlt werden. Und eben die Brillen: Fehlsichtige Eltern haben die Eigenschaft, meist auch fehlsichtige Kinder zur Welt zu bringen; das macht im Falle unseres Busfahrers fünf Brillenträger.

Der Mann ist glücklicher Fielmann-Kunde in der örtlichen Niederlassung. Der Bezug der Brillen in diesem Geschäft hat der Familie über die Jahre einige tausend Mark Ausgaben erspart – Geld, das unter anderen Umständen in teuren Optikerläden versickert wäre.

Hier sieht man wieder einmal, wie ein Unternehmer für eine ganze Menge Menschen etwas bewegen kann; wie viele Haushaltsbudgets von Busfahrern, Metzgereiverkäuferinnen, Krankengymnastinnen, Automechanikern, Fabrikarbeitern, Kellnern und anderen Kleinverdienern mag Fielmann durch seine Geschäftsmethode entlastet haben?

Die Brillen sind billig, weil er sie nach Minsk schickt. So funktioniert das Zusammenbauen einer Kassenbrille: Der Kunde sucht im Fielmann-Laden ein ihm gefallendes Gestell sowie die Art der Gläser aus. Dann tritt das Gestell seine Reise an: Es wird nicht, wie in den konventionellen Optikerbetrieben, hinten im Laden zu einer fertigen Brille montiert, sondern es geht zunächst zu einem zentralen Flughafen in Deutschland. Von dort besteht dreimal wöchentlich eine Verbindung nach Minsk in Weißrußland. Hier unterhält Fielmann eine Brillenmontagefabrik, in der für das Gestell, das der Kunde sich in Deutschland ausgesucht hat, innerhalb eines Tages die gewünschten Gläser eingebaut werden. Anschließend fliegt das so vollendete Werk wieder zurück nach Deutschland und wird zu dem Laden gebracht, wo der Kunde seine persönliche Brille erwartet.

Die meisten Brillen aus den Fielmann-Läden nehmen diesen Weg, zum Vorteil des Kunden. In Minsk die Brillen fertigbauen zu lassen, ist billiger als der Zusammenbau durch eine Arbeitskraft, die hinten im Laden sitzt. Das Unternehmen unterhält vier solcher zentralen Fertigungsstätten, drei davon in den neuen Bundesländern und eben jene in Minsk, wo die Löhne noch besonders niedrig sind.

Natürlich ärgern sich manche Optiker in Deutschland, die diesen Kostenvorteil nicht haben, weil sie ihre Werkstatt hinten im Laden haben und nicht in Minsk. Aber ihr Auskommen haben sie dennoch, denn viele Kunden gehen nach wie vor lieber zum Optiker um die Ecke als zu Fielmann – zumal es ja doch noch den feinen Unterschied gibt.

Die Fielmann-Brillen sind zwar um Welten schöner als die Kassenbrillen von ehedem. Aber oft fehlt diesen schönen Brillen das Tüpfchen auf dem i, das sie zu einer wirklich eleganten Brille macht.

Obwohl also auch die anderen Optiker durchaus noch ihr Auskommen haben, hat Fielmann natürlich kräftig an ihrem Geschäft gegraben, weil er in jedem Laden auch einige Modelle aus der Nichtbilligpreisklasse anbietet.

Kurioserweise muß er in jedem seiner Läden – zünftische Pflicht – noch eine Werkstatt mit Brillenbearbeitungsmaschinen stehen haben, obwohl diese kaum benutzt werden – höchstens für einen eiligen Kunden, der nicht warten kann, bis seine Brille aus Minsk zurückkommt. Aber das Gros der Brillen wird nicht im Laden zusammengebaut. Die Fielmann-Mitarbeiter sind zum überwiegenden Teil damit befaßt, sich direkt um das Geschäft zu kümmern. Das ist auch eines der Geheimnisse der Firma: die Verkaufsstärke. Hier gibt ein Laden 40 Brillen am Tag ab, der Traditionsoptiker schafft statistisch nur 4,3 Brillen.

◆

Günther Fielmann ist vom Fach. Als 17jähriger Knabe trat er als Lehrling beim Augenoptiker Campbell ein, seither hat ihn das Thema Brille nicht mehr losgelassen. Die Hamburger Lehre dauerte drei Jahre, danach war er bei eben jenem Augenoptiker als Geselle tätig. Er lernte das Geschäft gründlich kennen und merkte schon hier: Es gibt unglaubliche Spannen, die Differenz zwischen Einkaufspreis der Brille und Verkaufspreis an den Kunden ist sehr hoch, manchmal sind es 300 bis 1.000 Prozent Aufschlag. Was dazu führte, daß eigentlich jeder Kunde hübsch zur Kasse gebeten wurde.

„Selbst eine ältere Dame mit 500 D-Mark Monatsrente mußte so etwa 100 D-Mark draufzahlen, um einigermaßen schick auszusehen", berichtet der Unternehmer über die Zeit damals.

Geselle, das war dem jungen Fielmann nicht genug. Er wollte weiter.

So meldete er sich auf der Höheren Fachschule für Augenoptik in Berlin an. Mit 24 Jahren begann er dort seine zweijährige Ausbildung zum Augenoptikermeister. Eine harte Zeit, denn er mußte sich das Schulgeld und den Lebensunterhalt selbst verdienen – das Einkommen des Lehrerhaushaltes der Eltern gab damals nicht genug her, um dem Sohn die Zeit in Berlin zu bezahlen.

Aber Günther Fielmann machte der Mangel erfinderisch: Er machte während der Meisterausbildung die ersten Gehversuche als Unternehmer. Er brauchte Geld; Zeit für eine geregelte Arbeit im Angestelltenverhältnis neben der Ausbildung blieb ihm nicht. Also verlegte er sich auf kleine Geschäfte: Er fing an, Zimmer zu vermieten und mit Gebrauchtwagen zu handeln.

Der Erfolg war unterschiedlich: Mal ging es gut, mal weniger. Wenn es weniger gut lief, ging er in Berlin zu Aschinger essen:

„Da war es billig. Wenn man eine Suppe aß, gab es immer Brot dazu." Lief es besser mit den privaten Geschäften, dann setzte er das Geld um, indem er sich ein gutes Essen im Restaurant leistete.

Nach Abschluß der Meisterprüfung hielt es ihn nicht mehr in Deutschland. Fielmann trat eine berufliche Reise um die ganze Welt an und arbeitete für wechselnde Arbeitgeber in Nordamerika, in Europa sowie im Fernen Osten. Im Nahen Osten war er eine Zeitlang als Verkäufer tätig.

Nach diesen Lehr- und Wanderjahren kam er nach Deutschland zurück und wollte wieder als das arbeiten, womit er seinen Berufsweg begonnen hatte: als Augenoptiker, aber selbständig. Mit seinem damaligen Partner Strodthoff machte er ein eigenes Geschäft in Cuxhaven auf.

„Dort haben wir vom ersten Augenblick an modische Fassungen angeboten, für die man nichts draufzahlen mußte", beschreibt er die Geschäftspolitik. Die besseren Brillen, im Optikerjargon Feinbrillen genannt, verkauften die beiden Unternehmer auch billiger als die Wettbewerber.

Das Geschäftskonzept schlug ein, und zwar sofort:

„Das Geschäft war vom ersten Tag an voll. Wir haben bis zum Umfallen gearbeitet", beschreibt der Gründer den Fielmann-Effekt, der heute noch genauso wirkt: Die Kunden kommen wegen der billigen Brillen. Bei seinen jüngsten Neueröffnungen in Basel und Luzern hatte der Hamburger Unternehmer ganz schnell einen großen Erfolg: Jede dritte verkaufte Brille in diesen Städten kommt jetzt von Fielmann, berichtet er.

Bald nach der Gründung des Cuxhavener Geschäftes begann er, das Geschäft zu multiplizieren.

„Was hier gut läuft, wird auch andernorts Erfolg haben", so lautete die Überlegung. Der Unternehmer begann, das ganze Land planmäßig mit seinen Brillenläden zu überziehen, alle eröffneten unter demselben Namen: Fielmann Optic.

Heute gibt es 390 Niederlassungen, und fast 6.000 Mitarbeiter werden im Unternehmen beschäftigt. Die Cuxhavener Gründung und ihre Folgen haben Bewegung in einen ehedem behäbigen Markt gebracht.

◆

Die Firma verdient gut – 1995 blieb von zehn D-Mark Einnahmen eine Mark an Gewinn vor Steuern, ein sehr guter Wert, um den ihn die Branche sicher beneidet. Auf den gesamten Umsatz umgerechnet, machte die Firma deutlich über 100 Millionen D-Mark Gewinn in einem Jahr!

Der Fortgang der Geschäfte kannte bisher nur eine Richtung: die nach oben. Nie war ein deutlicher Rückgang der Verkäufe zu beklagen gewesen, Jahr für Jahr kamen neue Niederlassungen hinzu, Jahr für Jahr machte das Unternehmen mehr Umsatz und mehr Gewinn. Der Branche geht es schlecht, Fielmann wächst. Man ersieht daran wieder einmal, welche Chancen ein Außenseiter hat, der in einen Markt eindringt, die Geschäftsprinzipien auf seine Weise verändert und auf Wachstum setzt.

Der Erfolg brachte Günther Fielmann auch persönlichen Reichtum, aber so recht bedienen mochte sich der Gründer daran lange Zeit nicht. Es wird berichtet, daß er noch lange Zeit in einer kleinen Sozialwohnung wohnte, während die Führungskräfte in seiner Firma sich schon eigene Häuser leisteten. Der Inhaber reklamiert für sich eine ausgeprägte soziale Ader; als der Geldsegen aus seiner Firma anfing, sei ihm das regelrecht peinlich gewesen, wird berichtet.

Der Mann ist voller Tatendrang, den er vor allem mit seiner eigenen Firma auslebt, aber nach Geld und Reichtum strebte der heutige Multimillionär damals nicht.

◆

Seine Mitarbeiter hat er an der Firma beteiligt. Wenn gut verdient wird wie in der Vergangenheit, dann spürt das auch die Belegschaft in Form von Gewinnausschüttungen. Weitere Teile seines Gewinns gibt Fielmann an die Gesellschaft zurück: Er unterstützt allerhand Projekte, die wenig mit Millionärsgehabe, aber viel mit sozialer Arbeit und Schutz der Umwelt zu tun haben. So sinniert er immer wieder darüber, wie er mit seinen Mitteln etwas für die Menschheit tun kann, was über sein Geschäft mit den Brillen hinausgeht. Er will sich auch von Sohn und Tochter später einmal nicht vorhalten lassen, daß er nichts für die Erhaltung der natürlichen Lebensgrundlagen getan habe.

Deshalb rief er beispielsweise seine Bäumeaktion ins Leben. Getreu dem Motto, ein Mann müsse in seinem Leben einen Baum gepflanzt, ein Haus gebaut und einen Sohn gezeugt haben, ging er besonders gründlich an die Erledigung des Baumthemas. Mittlerweile hat er nicht nur einen Baum, sondern bereits einen ganzen Wald gepflanzt. Jedem Mitarbeiter seines Unternehmens widmet er jedes Jahr einen neugepflanzten Baum. Da ist bis heute einiges zusammengekommen, weil die Firma wächst und eine hohe Fluktuation hat, wie berichtet wird. Einmal ist es eine Allee, die er am Ort seiner Unternehmensgründung wieder aufforstet, ein andermal sind es Bäume für seine Geburtsstadt in Norddeutschland, die er publikumswirksam unter Mithilfe der örtlichen Feuerwehr und der Bevölkerung pflanzt und pflanzen läßt.

◆

Fielmann tut Gutes und redet darüber. Seine Ahorn-, Kastanien- und Platanenbäume sind heute an vielen Orten Deutschlands zu finden. Die Pflanzaktionen hat er einige Zeit auch für Werbeaktionen genutzt, aber seine Wettbewerber haben erreicht, daß der Hamburger Großoptiker heute nicht mehr mit seinen Bäumen werben darf: Das habe nichts mit seiner Leistung, dem Verkauf von Brillen, zu tun, so heißt es in der Begründung.

Gepflanzt wird dennoch weiter, auch ohne Werbung. Fielmann hat eine Bindung zur Scholle, zur Natur, zum Ursprünglichen.

Die lebt er auch mit seinem Bauernhof vor den Toren Hamburgs aus. Der Hof ist mehr als eine schöne Ecke auf dem Land; auf dem 86-Hektar-Anwesen übt der Augenoptiker seine eigene Vorstellung von Landwirtschaft aus.

Er will hier etwas für die Artenvielfalt tun, und er will den Bauern zeigen, daß man auch ökologisch durchaus erfolgreich wirtschaften kann. So ist Fielmann oft auf seinem Hof bei den Tieren, auf dem Traktor oder in Gummistiefeln bei der Feldarbeit anzutreffen. Nach eigenen Angaben kommt auf vier Stunden Arbeit in seiner Firma eine Stunde Arbeit für sein Hobby; Fielmann ist im Zweitberuf ein waschechter Bauer. Chemische Giftstoffe gibt es bei ihm ebensowenig wie Tierhaltung in engen, der Art unwürdigen Käfigen. Sein Hof verkörpert die Existenz einer friedlichen, naturverbundenen Landwirtschaft. Die Produkte seines Hofes läßt Fielmann in Eigenregie vermarkten, die Menschen im Umland können so in den Genuß von ökologisch erzeugten Milchprodukten, Biobrot und allerlei weiteren Bioerzeugnissen kommen.

Zu seinem Bauernhof kaufte der Hobbylandwirt weitere Flächen, die er einfach brachliegen läßt, damit sich hier wieder eine natürliche Artenvielfalt entwickeln kann. Außerdem besitzt er noch eine 700 Hektar große Jagd, um auch hier seine Vorstellungen von Umweltschutz umzusetzen. Auf dieser Fläche wird nur gejagt, was weder Krallen noch Schnäbel hat. Mit seiner Pacht hat der Optiker somit eine Rückzugsfläche für Tiere geschaffen.

Außerdem setzt sich der Kapitalist mit der grünen Ader auch für Organisationen ein, die seinen Vorstellungen entsprechen: Ohne viel Aufhebens spendet Fielmann für Umwelt- und Tierschutzorganisationen, und wir dürfen annehmen, daß es sich dabei um keine geringen Beträge handelt.

Denn seine wirtschaftliche Situation macht den Unternehmer frei von jeglichen materiellen Sorgen. Seine Firma verdient gut, und allein aus dem Aufgeld der ersten Aktienemission der Fielmann AG entnahm der Inhaber 40 Millionen D-Mark für seine eigenen Zwecke.

Mit diesem Geld kann Günther Fielmann nicht nur seinen eigenen Lebensunterhalt und den von Frau und Kindern bestreiten, sondern sich auch immer wieder für die Ziele des Gemeinwesens einsetzen.

Wir sehen hier ein nachahmenswertes Beispiel dafür, wie ein als harter Geschäftsmann bekannter Unternehmer, der auf seine Zahlen achtet und von seinen Mitarbeitern viel fordert, gleichzeitig ein nachhaltiges Engagement für seine Umgebung entfaltet, das über das Zahlen von Steuern für die Zwekke der Gemeinschaft weit hinausgeht. Eigentum verpflichtet, diese Idee hat Fielmann auf seine Weise umgesetzt.

◆

Auf den Pressefotos gibt sich der Brillenunternehmer gern so wie der liebe Naturbursche von nebenan, umgeben von den proper aussehenden Lieblingskühen. Aber diese Bilder sagen nur eine Wahrheit; die andere ist, daß Günther Fielmann in der Rolle des Vorstandsvorsitzenden der Fielmann AG ein harter Unternehmensführer ist. Ihm gilt, was auf solidem Grund steht und was sich abzählen und nachrechnen läßt.

In seiner Firmenbroschüre, dem jährlichen Geschäftsbericht, läßt er nur harte Fakten gelten, sonst nichts. Auf 22 Seiten zählt er, fein säuberlich aufgelistet, alle seine Tochtergesellschaften und Niederlassungen auf. Dazu kommen Tabellenkolonnen mit Rechtsformen und Adressen. Außerdem hat er, so scheint es, alle seine Niederlassungen abfotografieren lassen, so daß man den Eindruck hat, einen Bilderführer der Fielmann-Niederlassungen in Händen zu halten. Da spricht der Stolz des Immobilienbesitzers, der mit seiner Ladenkette unter den Fehlsichtigen fast so bekannt ist wie Aldi als Lebensmitteldiscounter.

Diese von ihm geschaffene Struktur mit Hunderten von Brillenläden scheint ihm wichtiger als alles andere zu sein – Mitarbeiter sehen wir auf den Abbildungen seiner Immobilien nicht, die Fielmann-Läden sind gemäß den Fotos mit Innenabbildungen menschenleere Räume. Das paßt eigentlich nicht in eine Zeit, in der jedes bessere Dienstleistungsunternehmen längst den Mitarbeiter als den eigentlichen Leistungsträger entdeckt hat und das auch nach außen hin zeigt.

Aber dieses Gründerunternehmen ist, wie andere seiner Art auch, stark auf die Person des Mannes der Spitze zugeschnitten. In anderen Firmenbroschüren läßt sich der Vorstand erst einmal von seinem Aufsichtsrat, dem rechtlich vorgesetzten Organ, feiern. Man erkennt das daran, daß erst der Bericht über die Arbeit des Aufsichtsrates kommt und dann alles andere. Fielmann macht das nicht so. Er steckt den Bericht seines Aufsichtsrates ganz nach hinten.

Fielmann zeigt, wer der Chef ist: Nur er und seine zwei Mitvorstände sind mit Bild und Namen zu sehen, von den restlichen 6.000 Mitarbeitern ist sonst anscheinend keiner in dieser Form abgebildet.

Auch in der Branche zeigt der Unternehmer sehr deutlich, wie er die Verhältnisse sieht; für verbale Raufereien mit den Wettbewerbern ist er sich nicht zu schade. So wird berichtet, daß er schon einmal die Ergebnisse einer Un-

tersuchung verbreiten läßt, nach denen der traditionelle Optiker („Tradi")
nur 90 Minuten pro Tag arbeitet.

Die Branche revanchiert sich dann durch Gegenangriffe. Über ihre Postille „Neues Optiker-Journal" lassen die traditionellen Optiker verbreiten:
„Berufsverbot und Abgabe seiner Geschäfte an seriöse Optiker, das wäre
die richtige Antwort an Günther Fielmann."*

Aber soll ein Unternehmer denn danach streben, von der Konkurrenz
geliebt zu werden? Muß der Millionär wirklich „everybody's darling" sein?

Sicher nicht. Wer einen behäbigen Markt so nachhaltig und vollständig
aufrollt, braucht sich nicht zu wundern, daß die, in deren Revier er ein-
brach, zu jammern anfangen. Zumal unser Freund nicht eben zimperlich
vorgegangen ist: Er hat jede sich bietende Chance genutzt, um in den etablierten Markt eines seiner Geschäfte nach neuem Konzept einzupflanzen.

Günther Fielmann ist nicht auf die Gunst seiner Konkurrenten angewiesen; und diese haben so reagiert, wie vielleicht jedes andere, zünftisch orga-
nisierte System auch reagiert hätte: Da kommt ein Außenseiter, trachtet danach, dem Gewerbe das Brot von der Butter zu nehmen, und schafft das auch
noch. Großes Geschrei ist die Folge, auch angesichts der Geschäftszahlen,
die Fielmann jedes Jahr veröffentlicht. Jährlich ein paar gute Umsatzmillio-
nen und Gewinnmillionen mehr, das stimmt die Wettbewerber, deren Geschäft eher schlechter als besser geworden ist, nicht eben fröhlich. Freilich
ist das Wehklagen größer als das tatsächliche Leid. Auch ohne Fielmann würde
es der Restbranche nicht viel besser gehen, und gemessen an der Filialzahl
ist der Hamburger Unternehmer immer noch ein zwar nicht ganz kleiner,
aber doch auch kein großer Fisch: 8.800 Betriebe zählt die gesamte Branche;
daran hat der Filialist nur einen Anteil von vier Prozent.

Der Gründer von 1972 fühlt sich seinen Kunden verpflichtet. Besondere
Freude stiftet es ihm, wenn er Zuschriften von Menschen bekommt, die die
Eröffnung eines Fielmann-Brillenladens in ihrer Nähe verlangen. Dann sieht
der Unternehmer: Meine Möglichkeiten sind noch lange nicht ausgereizt.

◆

* Diese Äußerung fand ich zitiert in einem „Stern"-Gespräch (Ausgabe vom 9. November 1989).

15. Der Sonne entgegen

❖ ❖ ❖ ❖ ❖ ❖ ❖ ❖ ❖ ❖ ❖ ❖ ❖ ❖ ❖ ❖ ❖ ❖ ❖

Ständig wachsende Lebewesen werden älter als solche, die nach einer gewissen Zeit mit dem Wachstum aufhören. Diese Einsicht verbreitet Günther Fielmann, wenn er Bäume und Menschen vergleicht. Bäume wachsen und wachsen, sie können jahrhundertealt werden.

Das mag auch für den Organismus einer Firma gelten, weshalb Unternehmer oft dazu neigen, ihr Werk immer weiter voranzutreiben und dem Organismus immer wieder neues Wachstum einzuhauchen. Wie anders könnte die eigene Firma steter Quell neuen Wohlstandes sein, der sich erneuert und in der Lage ist, dem Druck des Wettbewerbs, auch der Nachmacher, zu widerstehen? Stagnierende Unternehmen erfreuten sich noch selten langer und guter Gesundheit; dieser Erfahrung entsprechend treibt auch der Hamburger Großoptiker seine Sache immer weiter voran.

❖

Es gibt noch zahlreiche andere Fälle, in denen Millionäre so handelten; zu einem der beeindruckendsten zählt sicher der des Briten Richard Branson. Er ist bereits als „Meister des Wachstums" in die Überschriften der Weltpresse eingegangen, und in der Tat hat der Unternehmer schon einiges bewegt.

Zu seinem Reich gehört eine ganze Armada von Firmen, die Branson im Laufe seiner Geschäftstätigkeit selbst gegründet hat.

Die bekannteste: Virgin Atlantic, seine Fluglinie. Die rief er im fast noch jugendlichen Alter von 34 Jahren ins Leben; Virgin Atlantic trat an, um der großen, damals noch staatlichen British Airways Konkurrenz zu machen. Das ist Branson inzwischen gelungen: Die Firma freut sich über mehr als ein Jahrzehnt erfolgreicher Geschäftstätigkeit und verdient heute einen Umsatz von einer halben Milliarde britischer Pfund im Jahr. Mit seiner Airline hat sich Branson einen Namen gemacht als Preisbrecher, Angreifer und Innovator. Er war auf einem heftig umkämpften Markt meist etwas schneller und besser als die etablierte Konkurrenz. Seine Flugzeuge bieten immer etwas mehr Komfort als die der Konkurrenz: Nahezu schon legendär sind etwa die Hals- und Nackenmassagen für Reisende auf langen Flügen. Ankommende Passagiere können sich in den Lounges duschen, können saunieren und sich erfrischen, und am Flughafen in London hat Branson für seine Reisenden ein Clubhaus gebaut, das so luxuriös ist, daß die unvermeidlich bevorstehende Abreise schwerfällt. In den Flugzeugen haben alle Passagiere ihren persönlichen kleinen Fernseher, auch die in der billigen Klasse. Für den Transfer zwischen dem Flughafen und der Londoner City darf der Passagier schon einmal Virgins Motorradtaxis bemühen: Dabei wird der Fluggast an den Staus vorbei auf dem Sozius einer schönen Zweiradmaschine gefahren. Wem das unpassend erscheint, der kann auch auf eine konventionelle, von einem Chauffeur gesteuerte Limousine zurückgreifen.

◆

Branson hat Gefühl, Phantasie und Spaß in sein Airline-Business gebracht. Aber das allein zu betreiben, wäre ihm sicher langweilig; Richard Branson gebietet nach einer peniblen Recherche der angesehenen Zeitung „Sunday Times" über 220 Firmen.

Die meisten hören auf den Namen „Virgin" – aber das ist auch ihre einzige Gemeinsamkeit. Richard Branson ist ein Chaos-Unternehmer, und das durchaus im positiven Sinne: Bei ihm paßt nach den Maßstäben der klassischen Unternehmensführung nichts zusammen: Er macht einmal hier, einmal da etwas, und alles ist erfolgreich.

Sein Firmenreich umfaßt den Einzelhandel mit Schallplatten, Musikartikeln, Videos; Verlage, Fernsehsender, Hotels, Kinos, Investmentfirmen, aber auch eine Heißluftballonvermietung.

Nicht zu vergessen die Getränkemarke „Virgin": Damit hat Richard Branson einen Angriff auf den Platzhirschen Coca-Cola gestartet – auch das mit Erfolg, versteht sich. Die Virgin-Cola wird in den USA und in Großbritannien getrunken. In England ist es dem Unternehmer schon gelungen, den etablierten Marken Coke und Pepsi viele Kunden abzujagen: Acht von hundert Flaschen, die in den Supermärkten gekauft werden, tragen das Label des Newcomers.

Nicht gerade viel, werden Sie sagen. Sicher, aber in einer Art Monopolsituation mit der enormen Werbekraft der Großen ist es bemerkenswert, wenn ein David gegen die Goliaths antritt und sich behaupten kann.

Der Unternehmer startete denn auch einen neuen Versuch im Airline-

Business, an den sich in Europa noch kein anderer herangetraut hat. Hier wird der Markt nach wie vor durch die unter der Regulierung groß gewordenen Staatsfluglinien dominiert. Die meisten Fluggesellschaften Europas sind immer noch in staatlicher Hand oder gerade privatisiert, und: sie fliegen zu hohen Preisen. Branson hat 1996 für 90 Millionen D-Mark eine Fluggesellschaft aus Belgien gekauft, die Euro Belgian Airlines. Diese wird umgebaut zu Virgin Express, Europas erstem Discountflieger. Von Brüssel aus werden Billigflüge nach Barcelona, Madrid, Nizza, Rom, Mailand und Wien angeboten, und zwar zu einem Viertel des Preises, den die etablierte Konkurrenz kassiert. Das teuerste Rückflugticket kostet gerade 400 D-Mark, ein Novum auf dem europäischen Markt.

Virgin Express fliegt nur Boeing 737 und nur Kurzstrecken; es bietet nur eine Klasse und keinen Luxus an Bord an – warum auch sollen die Reisenden ein Abendessen bekommen, wenn der Flug nur 70 Minuten dauert? Bei Virgin Express gibt es das ticketlose Fliegen, und an ein Reservierungssystem der Reisebüros ist die Airline nicht angeschlossen, weil das die Kosten und somit auch die Preise, die die Reisenden zu zahlen haben, in die Höhe treiben würde.

Das Modell kommt Ihnen bekannt vor?

Ja, Richard Branson ist in den Vereinigten Staaten mit Southwest Airlines geflogen und hat das Modell des Billigfliegers von Herbert Kelleher genau studiert. Erfolgreich, wie es scheint: 1995 flogen 250.000 Menschen mit Virgin Express, 1996 waren es schon doppelt so viele!

Der weitere Weg für Virgin Express wird nicht leicht sein; der Markt in Europa ist für einen neuen Anbieter viel schwieriger als der in den Vereinigten Staaten. Aber der Anfangserfolg zeigt, daß hier eine Chance vorhanden ist.

◆

Richard Branson hat sie wahrgenommen, und unter seinen Fingern kann auch dieses Engagement zu einem Erfolg werden.

Was für ein Typ Mensch ist dieser Brite, der sich um den Rat der Unternehmensführungsgurus nicht schert und unter einem Dach Fluglinien, Plattenverlage und Hotels betreibt?

Unkonventionell bis in alle Poren, so wäre Branson richtig beschrieben. Schon als Schüler machte er von sich reden, wenn auch nicht durch Leistung: Er war schlecht und schaffte den Eingangstest in Mathematik erst beim dritten Anlauf. Dafür fiel er in anderer Richtung auf: Er forderte seinen Vater allen Ernstes auf, einen Brief an den Schulleiter zu schreiben mit der

Bitte, den Schülern den Genuß von zwei Flaschen Bier am Tag zu erlauben. Im übrigen war er davon überzeugt, daß er als Teenager imstand gewesen wäre, die Schule besser zu leiten als die damals verantwortlichen Lehrer.

Branson läßt sich nicht dreinreden und macht, was er für richtig hält. Wenn er in der Öffentlichkeit gesehen wird, und das ist oft, dann taucht er in Sweatshirt und Jeans auf; dem Diktat der Geschäftskleidung mag er sich nicht beugen.

In der feinen Gesellschaft eines Finanzierungskonsortiums taucht er im kurzärmeligen Sporthemd auf, den Kragen offen, im beigen Jackett: So sieht man ihn bei der Pressekonferenz. Später, bei der offiziellen Feier, als alle geladenen Gäste ihren Abendschick für ein Essen in einem vornehmen Restaurant angelegt haben, kommt er im Outfit des ewigen Studenten: Jeans und Sweatshirt.

Offensichtlich liebt er es, gegen die Konvention zu verstoßen, aufzufallen und all das öffentlichkeitswirksam zu tun, um sich selbst sein bester Werbeträger zu sein. Er liebt den großen Auftritt, wie etwa bei der Einweihung seines großen Medienkaufhauses in New York am Times Square, wo er sich nicht damit zufriedengibt, im Beisein einiger Honoratioren und geladener Gäste einfach das rote Band am Eingang zu durchschneiden. Seine Art der Eröffnung: Mitten im trubeligen Manhattan kommt er von oben eingeschwebt, auf einer Silberkugel sitzend, die langsam an der Fassade seines neuen Kaufhauses herabgleitet.

Mit solchen Auftritten versteht er es immer wieder, Zeichen zu setzen und der Öffentlichkeit zu zeigen: Hallo, hier bin ich, ich mache alles anders, als ihr denkt. Er spielt das verwirrte Genie, das er im tiefsten Inneren seines Wesens ist, und bekundet:

„Eigentlich wollte ich nie Geschäftsmann werden."

Aber er ist es, nur auf andere Art eben.

Das begann schon im Alter von 17 Jahren, als er eine Jugendzeitung, Titel „Student", gründete. Er begann sich als Redakteur und Herausgeber zu betätigen, weil er, wie er sagt, die Welt in Ordnung bringen wollte. Eine Idee, die in die damalige Zeit paßte, die 68er Jahre. Aber nachdem Branson sein Projekt begonnen hatte, merkte er schnell, daß er sich neben der Weltverbesserung auch um das Wirtschaftliche kümmern mußte: Kunden aufsuchen, Anzeigen verkaufen, Mitarbeiter rekrutieren, die Verteilung seines Magazins organisieren und immer wieder mit der Druckerei verhandeln. So sei er zum Verleger und Unternehmer geworden – wider Willen eigentlich, wie er kokett bekundet. Talent hatte er schon damals: Sein wesentlicher Lieferant, die Druckerei, entdeckte irgendwann, daß sie es mit einem 17jährigen zu tun hatte, also mit einem Minderjährigen, der nach den Buchstaben des Gesetzes nur beschränkt geschäftsfähig war. Die Druckerei verlangte deshalb nach jemandem, der die Garantien für die Geschäfte übernahm. Darauf wollte sich der Teenager-Unternehmer nicht einlassen, und so wischte er das Ansinnen auf seine Weise vom Tisch: Er drohte der Druckerei mit einem Prozeß wegen Vertragsbruchs, falls sie auf dem Garantiegeber bestehen sollte. Das wirkte: Der Lieferant lenkte ein.

Mut, scheinbare Unbedarftheit, eine gute Portion Frechheit und keine Angst vor Streit – mit diesen Wesenszügen hat Branson seinen Weg zum Milliardär begonnen und bis heute beschritten.

Schon zwei Jahre nach seiner ersten Geschäftsgründung begann er sein zweites unternehmerisches Wagnis. Er gründete ein Versandgeschäft für Schallplatten; hier taucht zum ersten Mal der Name „Virgin" in seiner Unternehmerkarriere auf. Der 20jährige Branson spürte, daß im Geschäft mit den Schallplatten noch mehr zu holen war als nur durch den kleinen Versandhandel. Wenig später eröffnete er seinen ersten Plattenladen in der Londoner Oxford Street. Zum Schallplattenverkauf kam bald die Schallplattenproduktion: 1972 nahm sein Studio „The Manor" den Betrieb auf, eine der ersten dort produzierten Schallplatten kam von Mike Oldfield. Dieser Musiker sollte sich wenig später als Glücksgriff für Branson erweisen: Oldfields Album „Tubular Bells" entwickelte sich zu einem Verkaufsschlager. Die Musik wurde auch für den Film „Der Exorzist" eingesetzt, was Bransons Produkt weiteren Erfolg bescherte.

Später wurden bei Virgin Records auch die Sex Pistols, Phil Collins, Boy George/Culture Club und andere Berühmtheiten aus der Szene verlegt. Schon der Erfolg des Albums „Tubular Bells" machte Branson im Alter von nicht mehr als 23 Jahren zum Millionär. Wenig später konnte er sich einen seiner Träume verwirklichen: den Kauf einer kleinen Insel mit grünem Hügel, Einsamkeit und türkisblauem Meer drumherum. Necker Island ist Bransons Rückzugsort in der Karibik, eine Insel der British Virgin Islands. Heute steht dort für Bransons Freunde und Kunden ein kleines Hotel mit zehn Zimmern parat, die jede Art von Luxus bieten.

◆

„Abenteuerkapitalist", so nennen die Zeitungen in Großbritannien den Unternehmer inzwischen. Branson hat kaum eine Branche, kaum ein Experiment ausgelassen. Noch als Twen gründete er ein Beratungszentrum für Studenten, geführt als Non-Profit-Organisation. Wenig später folgte, neben dem Musikgeschäft, eine Vermittlungsagentur für Krankenschwestern. Als sein

Plattenversandgeschäft durch einen langen Poststreik lahmgelegt wurde. machte er sich Gedanken über die Weiterentwicklung seines Geschäfts und gründete sein eigenes Plattenlabel. Nach über 20 Jahren im Geschäft verkaufte er die außerordentlich erfolgreiche Firma für eine Millarde US-Dollar an den Konkurrenten EMI.

Abenteuer sucht Branson auch außerhalb seines Geschäfts; immer wieder stürzt er sich in Unternehmungen, die mancher von uns wohl als haarsträubend abtun würde. Da ist er ganz der Naturbursche, als der er sich gerne gibt, der das urtümliche Risiko sucht. Mehrmals schon hat er sich wegen seiner riskanten Hobbys vorsichtshalber von der Familie, seiner Frau und den beiden Kindern, verabschiedet – aber bisher ist es immer gutgegangen!

Mit seinem Boot „Virgin Atlantic Challenger" setzte er sich den Gewalten der Weltmeere aus, eine Erfahrung mit einer Mischung aus „Im Ruderboot über den Atlantik" und „Ich gewinne das blaue Band". Er trat die Strecke von Europa nach Amerika über den Nordatlantik an, und es wäre nicht seine Art, wenn er einfach hinübergefahren wäre. Ankommen, das tun andere auch. Er hingegen prügelte sein Boot so sehr, daß es ihm gelang, so schnell den Atlantik zu durchqueren wie kein anderer vor ihm.

Seither ist Branson mehrmals in die Luft gegangen.

Seine Ballonfliegerei begann mit einem Flug auf der Strecke, die er zuvor schon per Rekordfahrt im Boot durchmessen hatte: Mit seinem „Virgin Atlantic Flyer" überquerte er ebenfalls den Atlantischen Ozean, und wieder war das eine Sache ganz nach Bransons Geschmack:

Es war der erste Heißluftballon, der die Atlantikstrecke beflog.

Es war der größte, je geflogene Heißluftballon.

Es war der schnellste Ballon seiner Art; mit Geschwindigkeiten bis zu 209 Kilometern in der Stunde sauste er durch den Himmel.

Aber Branson kennt keine Grenzen, auch keine für sein Abenteuer. Die nächste Herausforderung muß eine noch größere sein. Wir beobachten das oft im Unternehmerleben, wo es sich gemeinhin unspektakulär in Wachstumszahlen und Firmenkäufen niederschlägt. Aber der Brite hat das „größer, schneller, weiter" aus dem Unternehmen auch rigoros auf sein Privatleben übertragen.

Kaum ist ein Rekord aufgestellt, strebt er einen neuen an. Im Januar 1991 machte er sich an eine Pazifiküberquerung im Heißluftballon: Dafür wählte er die Strecke von Japan in die kanadische Arktis, knapp 10.000 Kilometer. Wieder gelang das Unternehmen, und wieder war er in einem Heißluftballon unterwegs, der größer und schneller war als alle, die je zuvor gebaut wurden.

Daß auch ein Richard Branson mit Risiken zu rechnen hat, bekam der Ballonfahrer bei einem seiner jüngsten Unternehmen zu spüren. Wieder einmal hatte er sich von seiner Frau und den Kindern verabschiedet, um einen neuen Rekord anzutreten. Dafür hatte er einen Ballon bauen lassen mit einer darunterhängenden Kabine, in der mehrere Menschen Platz fanden. Die Kabine war im Inneren fast wie ein Raumschiff konzipiert. Auf engstem Raum war alles vorhanden: Nahrungsmittel, Wasser, Schlafgelegenheiten und sogar eine Heizung. Mit diesem Gerät wollte Richard Branson am 1. Januar 1997 zu einem Flug rund um den Erdball antreten – was nicht gelang. Anderthalb Tage nach dem Start mußten Richard Branson und sein Kompagnon, der schwedische Designer und Konstrukteur Per Lindstrand, die Tour abbrechen und irgendwo in Asien notlanden.

Zu Schaden gekommen ist niemand, wie schon bei einem Unternehmen zuvor, wo Branson nach einer Ballonhavarie aus der eiskalten Irischen See gefischt werden mußte.

◆

Richard Branson, der Multimillionär, liebt das Spektakuläre. Nicht unbedingt, um seinen Reichtum zu zeigen, aber um sein Unternehmen und seine Arbeit zu personifizieren. In Großbritannien gehört Branson mit seiner Virgin-Firmenflotte nicht nur zu den reichsten, sondern auch zu den bekanntesten Unternehmern. Er verkörpert den Erfolg. Alles, worüber er heute verfügen kann, hat er in einer Generation selbst aufgebaut – und ist damit nach ganz oben gelangt, was Besitz und Bekanntsein angeht.

Seine Liebe zu wirksamen Auftritten in der Öffentlichkeit ist die beste Werbung für seine Firmen. Als seine Virgin Atlantic das erste Mal die Strecke von London nach Hongkong befliegt, ist Richard Branson selbst mit unter den Passagieren. Er schenkt den Champagner an seine Fluggäste persönlich aus und hat einen Schneider in seiner Begleitung. Der nimmt die Maße aller Passagiere auf und übermittelt sie noch während des Fluges über Satellit nach Hongkong. Dort wartet bereits ein Team von Schneidern in einer kleinen Anzugfabrik, um die Aufträge entgegenzunehmen und auszuführen: Noch am Abend desselben Tages bekommen alle Fluggäste ihren Maßanzug nach Hause oder ins Hotel geliefert.

Der Unternehmer hat einen Instinkt für Aufmerksamkeit erregende Geschäfte. So engagierte er sich nicht nur für seine Virgin-Cola (David gegen Goliath!), sondern lancierte auch eine Kette von Virgin-Brautausstattungsläden oder beteiligte sich an einer Gesellschaft, die die 270 km/h schnellen Personenzüge durch den Kanaltunnel von London nach Paris und Brüssel betreibt.

Er identifiziert sich mit seinen Geschäften und kniet sich sofort in ein neues hinein, wenn er eine seiner vielen Ideen zum Laufen gebracht hat. Branson ist kein Verwalter, sondern ein Aufreißer; der Abenteuerkapitalist eben. Er schafft es immer wieder, ein neues Geschäft mit persönlichen Auftritten zu verbinden, die Aufsehen erregen. Zur Etablierung seiner Virgin-Cola wird er mit einem großen, mit dem neuen Markenlogo versehenen Zeppelin gesehen, oder man trifft ihn am Telefon an, wie er gerade persönlich 50 Kunden seiner Fluggesellschaft anruft, um herauszufinden, wie sie seinen Service finden und ob es noch etwas gibt, was er an neuen Leistungen hinzufügen kann.

Er ist der greifbare, fühlbare Unternehmer. Einen von vier Tagen in seinem Arbeitsplan hat er ausschließlich für seine Public-Relations-Aktivitäten vorgesehen, Ziel: sichtbar bleiben. Seine Firmenflotte unter dem Markennamen Virgin ist inzwischen so bekannt, daß auch andere Unternehmen gern unter das Dach dieses Namens schlüpfen. So gibt es bereits einige Unternehmen mit Virgin-Etikett, die nichts weiter tun, als sich den Namen auszuleihen. Sie gehören Branson nicht, und er führt sie auch nicht. Aber er kassiert Lizenzgebühren dafür, daß ein erfolgreiches Label genutzt werden darf.

Branson kommt an. Das Publikum mag ihn als den großen Jungen, als der er sich gibt. Aber er spielt das nicht; er ist es. In London lebt er auf einem Hausboot, wo er auch ein Büro hat.

Mein Kollege Rod Usher berichtet, daß der Multimillionär, mit Journalisten unterwegs, lieber mit der U-Bahn fährt, als ein Taxi zu nehmen. Leider hat er dann sein Portemonnaie vergessen und muß sich das Geld für den Fahrschein von seinem Begleiter borgen.

Man trifft den Sweatshirt-Mann auch schon mal mit zwei nicht zueinandergehörenden Socken an den Füßen, und Usher notiert, daß Branson die Schuhe auszieht, ohne die Schnürsenkel aufzubinden; zum Vorschein kommen löcherige Strümpfe.

„Du liebe Zeit, der ist ja ganz wie wir alle", kommentiert Rod Usher seine Beobachtungen über jenen Mann, der auf der britischen Liste der 500 Reichsten auf Platz zwölf steht.

Mit einem Unterschied: Bei Branson wird alles gesehen und notiert, weil er eben nicht Karl Jedermann ist, von dessen ebenso leicht nachlässigem Lebenswandel eigentlich niemand etwas wissen will.

Branson ist eben doch anders: Fünf Jahre nach seinem glücklosen Ende in der Schule und seinem Start als Unternehmer hatte er die erste Million in den Händen, und alles danach machte ihn so reich, daß er sich sogar in das abenteuerliche Geschäft mit einer Fluglinie stürzen konnte. Denn er mußte das keineswegs, das Engagement drängte sich nicht auf. Erfahrungen hatte er bis dato nur im Musikgeschäft gewonnen, ins Airline-Business kam er als absoluter Neuling.

Aber den Spezialisten aus der Welt der Rock- und Popmusik reizte gerade dieses Geschäft, als irgendwann zu Anfang des Jahres 1984 ein Anruf aus den Vereinigten Staaten kam.

Völlig überraschend für Branson hieß es:

„Wollen Sie sich an einer neuen Fluggesellschaft beteiligen?"

Der Anrufer war Randolph Fields, ein Anwalt in New York. Der plante eine neue Flugverbindung zwischen dem New Yorker Kennedy Airport und London, nur für Geschäftsleute. Aber noch ehe das Gespräch zwischen Fields und Branson aus dem Ideenstadium heraus war, kam schon das Aus: Die britischen Behörden wollten keine Lizenz für dieses Projekt geben.

Branson war jedoch bereits vom Gedanken an den Flugbetrieb infiziert. Zu oft hatte er sich über die schlechte Behandlung bei den staatlichen Fluggesellschaften geärgert; er fand einfach, daß es Zeit war für eine Fluglinie, die sich ganz in den Dienst des Kunden stellte, ohne die Hochnäsigkeiten der etablierten Anbieter.

Die Manager bei Virgin Music waren nicht eben begeistert von den neuen Plänen des Eigentümers:

„Die haben mich für verrückt erklärt", erinnert sich Branson noch heute. Als Branchenfremder wollte er innerhalb von drei Monaten eine neue Fluggesellschaft auf die Beine stellen – ein Projekt, das sonst zwei Jahre dauert.

Aber Branson wäre nicht Branson, wenn er nicht auch das geschafft hätte. Mitarbeiter, die ihm nahestehen, sagen ganz offen: „Es scheint, als arbeite er 35 Stunden am Tag. Und dasselbe verlangt er auch von seinen Mitarbeitern."

Sicher gibt es einfachere Chefs als Branson. Aber der Erfolg steht auf seiner Seite: Ein paar Monate nach dem denkwürdigen Anruf von Randolph Fields, am 22. Juni 1984, war das erste Flugzeug unter der Flagge Virgin Atlantic von London nach New York unterwegs – vollbesetzt mit Freunden, Berühmtheiten und Medienmenschen, die die Botschaft von Bransons Neugründung in die Welt hinaustrugen. Branson wollte der Branche zeigen, daß man innovativen Service auf hohem Niveau und zu bezahlbaren Preisen bieten kann. Das ist ihm gelungen, wenn auch seine Gesellschaft nicht in die Gruppe der Marktführer vorgedrungen ist. Sicher hätte Branson sein Geld auch anders anlegen können als in einer Fluggesellschaft; wahrscheinlich hätte er in vielen anderen Branchen sogar weit besser verdient als mit der Fliegerei. Aber Unternehmer haben ihre Vorlieben: Sie verlieben sich in ein

Projekt, wollen sich und der Welt etwas zeigen – und da zählen nicht nur Mark und Pfennig, die am Ende des Geschäftsjahres dabei herausschauen.
Schiefgehen und Gelingen liegen bei neuen Aktivitäten oft nahe beieinander. Branson hat im Laufe seines Unternehmerlebens schon fast ebenso viele Flops produziert, wie er erfolgreiche Projekte gemacht hat. Es wird von über 100 Firmen berichtet, die Branson ins Leben gerufen hat, dann aber mangels Erfolg wieder stillegen mußte.

Spektakuläre Beispiele sind eine Wirtshauskette, ein Magazin mit dem Titel „Event", die Virgin-UkW-Radiostation und Top Nosh, ein Lieferservice für Fertigmahlzeiten.

Bransons Vorerfahrungen für solche Neugründungen sind meist sehr gering; er läßt sich allein von seiner Begeisterung tragen. In seinen Firmen geht das Wort um vom „VSO", Virgin's Sample of One, das – unübersetzbar – beschreibt, wie Branson im Selbstversuch neue Unternehmerideen testet. Er geht neue Dinge mit hohem Energieeinsatz und unter hohem Risiko an. Er ist aber auch bereit, sein neues Projekt von den Ergebnissen des Tests bestätigen oder verwerfen zu lassen. Auf diese Weise sind im Laufe der Zeit am Wegesrand zahlreiche Investitionsruinen entstanden – fehlgeschlagene Tests, die Branson nicht mehr weiterverfolgt hat.

Aber die Übriggebliebenen zählen mehr. Sie machen den Erfolg des Mannes aus, den britische Zeitungen auch schon mal als „Hippie-Kapitalisten" bezeichnen, was freilich nur die halbe Wahrheit ist. Denn auf der einen Seite gibt sich Branson in der Tat als der offene Neuerer, der Unkonventionelle, der andere Unternehmer. Auf der anderen Seite aber wendet er dieselben unromantischen Regeln an wie seine Kollegen, vielleicht sogar noch konsequenter: Er ist als harter Chef bekannt, der durchaus hierarchieorientiert ist und seine Untergebenen bei aller Spaßbetonung doch kuschen läßt, wenn es hart auf hart geht. Er interessiert sich auch für Details, die er schon lange zuvor delegiert hat, und rührt anderen im Geschäft herum. Es wird berichtet, daß er bei Verträgen und Abmachungen stets das letzte Wort haben will und auch nach Abschluß von Vereinbarungen noch mit Änderungen daherkommt. Die Anforderungen an die ihm anvertrauten Mitarbeiter sind sehr hoch, nicht wenige haben aufgegeben, weil sie nicht mit ihm konnten.

Branson ist erfolgreich, aber er ist nicht nur die sympathische Gestalt aus den Managementbüchern.

In einem Punkt mag er die Öffentlichkeit gar nicht: wenn es um seine Zahlen geht. Die Zusammenhänge in seinem Firmenreich sind auch für Fachleute nur schwer durchschaubar. Es sind viele kleine und mittelgroße Firmen, und keine davon ist etwa eine öffentlich notierte Aktiengesellschaft, die einen Geschäftsbericht herauszugeben verpflichtet wäre. Wer sich auf die Spuren der Eigentümer der Gesellschaften begibt, landet oft bei Familienunternehmen, deren Sitz auf den Kanalinseln eingetragen ist.

So läßt sich nur sagen: Richard Bransons Reich ist groß. Sein Eigentümer ist reich. Wie groß das Reich genau ist und wo der Gebieter steht, entzieht sich der genauen Nachforschung.

Richard Branson wird aber auf jeden Fall weiter für Überraschungen gut sein.

◆

16. Rauf oder raus?

◆ ◆ ◆ ◆ ◆ ◆ ◆ ◆ ◆ ◆ ◆ ◆ ◆ ◆ ◆ ◆ ◆

Es gibt hin und wieder diese Wunderkinder. Sie beeindrucken durch ihren raschen Aufstieg und zeigen ihrer Umwelt, daß manchmal eine Karriere vom Tellerwäscher zum Millionär langweilig und unspektakulär ist, verglichen mit dem, was sie an Entwicklung vorlegen. Richard Branson ist ein Beispiel dafür: Wir sehen seinen Erfolg aus der Ferne mit Bewunderung und zollen Anerkennung.

Ein weiteres Wunderkind dieser Art ist Lars Windhorst. Irgendwann als kleiner Junge bekam er vom Vater einen Computer geschenkt. Dieses Weihnachtsgeschenk sollte sich als schicksalhaft für den weiteren Weg erweisen, denn von da an interessierte sich der Teenager hauptsächlich für diese Geräte und ihr Innenleben. Software zu schreiben, Platinen zu löten und neue Spiele für den Bildschirm zu entwerfen, fand der Junge spannender als alles andere, auch die Schule.

Daneben begleitete er an schulfreien Tagen seinen Vater bei Kundenbesuchen und lernte auf diese Weise etwas über das Unternehmertum, den Verkauf und darüber, wie man andere Menschen überzeugt.

Erste Geschäfte machte Windhorst im Alter von zwölf Jahren: Er verkaufte Computer der Marke Eigenbau im Freundeskreis. Das Geschäft florierte, schon bald wurde eine kleine Firma daraus. Der junge Unternehmer zog vom Keller des Elternhauses in die Garage um, wo er seine Werkstatt und Produktion vergrößern konnte. Sein Büro behielt er im Haus der Eltern.

Die Eltern unterstützten die Aktivitäten ihres Sprößlings, hatten sie doch das Gefühl, daß sich der Sohn für eine sinnvolle Sache interessierte.

Windhorst ist ein gutes Beispiel dafür, wie der Unternehmerbazillus auf einen Menschen überspringt: Im jungen Alter lernt da jemand, daß es noch etwas anderes gibt im Leben als die Abhängigkeit von der Schule, den Umgang mit Büchern, Klassenarbeiten und dem täglichen Lernpensum. Wie langweilig ist doch das Leben eines Schülers im Vergleich mit der Rolle als Jüngstunternehmer: Hier kann man selber tun und lassen, was man will; kann entdecken; braucht sich von niemandem dreinreden zu lassen; kann probieren; ohne Blamage Fehler machen und seinen eigenen Weg gehen.

Offensichtlich hat diese Sozialisation als Macher im frühen Jugendalter besonders gründlich funktioniert – warum auch nicht? Menschen unter 20 sind ganz besonders aufnahmefähig und lernfreudig.

Mit 15 Jahren schon fuhr Windhorst zur größten Computermesse der Welt nach Hannover. Aber während seine Alterskollegen die Stände abklapperten, um Aufkleber, Prospekte, bunte Plastiktüten und Werbekulis zu schnorren, war der junge Computerbauer aus ganz anderem Grund dort: Er wollte Geschäfte machen.

Er sah sich an, was es Neues gab in der Welt der Elektronik, spürte Trends auf, forschte nach günstigen Preisen für seinen Einkauf. Und er traf einen Chinesen, zu dem sich spontan der Kontakt vertiefte: Windhorst ist damals gerade 15, der Chinese 26, die beiden verstehen sich. Der Asiate ist Vertriebschef der Düsseldorfer Niederlassung eines Elektronikherstellers aus dem Reich der Mitte. Aus dem Kontakt ergibt sich eine neue deutsch-chinesische Handelsbeziehung. Der Junge hat erkannt, daß sich mit den Elektronikteilen aus China Geld verdienen läßt: Sie sind billiger als die Angebote aus Japan, Taiwan und Korea, aber offensichtlich in der Qualität genauso gut. Das nimmt der Schüler zum Anlaß, um seinen Handel zu erweitern: Er importiert die Billigteile und bietet sie Computerhändlern in der Umgebung seines Wohnortes an – mit Erfolg. Bald schon hat der Engagierte einen 14-Stunden-Tag. Morgens ins Gymnasium, sich mit dem Schulunterricht langweilen. Von Mittag bis in die Nacht hinein Unternehmer: Aufträge hereinholen, Ware verpacken, Kisten mit Elektronikteilen an die Händler ausliefern. Mit dem Mofa ist der junge Mann unterwegs zu seinen Abnehmern, die Ware auf dem Gepäckträger.

Das Computergeschäft befindet sich im Aufwind, und der Newcomer verdient kräftig am Folgegeschäft auf einem wachsenden Markt: Von über 40.000 D-Mark Monatsumsatz wird berichtet, und das im Schüleralter von 16 Jahren! Lange konnte diese Doppelexistenz als Schüler und Unternehmer allerdings nicht gutgehen, und es kam, wie es kommen mußte: endlose Auseinandersetzungen mit den Eltern. Diese sind für das Abitur. Der Junge will aussteigen – und setzt sich durch. Im Alter von 16 Jahren entschließt er sich, das Abitur sausen zu lassen und sich ganz der Firma zu widmen. Der Sohn macht die Geschäfte, der Vater unterschreibt für den Minderjährigen und nicht Geschäftsfähigen die nötigen Verträge, und er besorgt dem Filius einen Kredit von 100.000 D-Mark für den weiteren Ausbau des Geschäfts. Dann fährt der Jungunternehmer nach Düsseldorf, um seinen zukünftigen Geschäftspartner abzuwerben: Er überzeugt Mellon Zhang, bisher Vertriebschef bei seinem chinesischen Lieferanten, diesen Job zu quittieren und in seine Dienste zu treten.

Das Unternehmen, das am 1. Oktober 1993 von den beiden Männern gegründet wird, heißt Windhorst Electronics.

In der Folgezeit mausert sich der junge Unternehmer zu einem echten Dealmaker. Er spürt Geschäftsmöglichkeiten auf, macht hier einen Handel, dort ein Importgeschäft und baut Brücken zwischen China und Deutschland. Er kann auf einige geglückte Geschäfte zurückblicken, die ihm für sein Alter hübschen Wohlstand beschert haben.

Seine Hauptenergien sind seine Überzeugungskraft und seine Intelligenz. Über Kritik scheint er erhaben zu sein, und er kennt nur eine Richtung: die nach vorn – größer, schneller, weiter.

Er ist ein Überzeugungstalent, was sogar an höchster Stelle auffiel: Auf Empfehlung aus Industriekreisen wurde er in eine Reisedelegation des deutschen Bundeskanzlers aufgenommen. Ältere Unternehmer und Topmanager, die den jungen Mann erlebten, zeigten sich sichtlich angetan von seinen Talenten und seiner Jugend.

Der Unternehmer mit Stammsitz in Rahden in Westfalen hat seine Lektion gründlich gelernt. Sein Auftreten ist ohne Tadel, und er repräsentiert auf eine Weise, wie es andere nach zehn oder 20 Jahren Erfahrung nicht beherrschen. Der junge Mann kommt stets im feinsten Zwirn daher und läßt sich für seine Öffentlichkeitsarbeit auch schon mal bei seinem Maßschneider in Fernost pressewirksam ablichten. Wer ihn in einer Gruppe sieht, merkt sofort: Der junge Mann ist der, der das Sagen hat. Er wirkt immer gespannt, hat einen wachen, verbindlichen Blick und läßt keine Sekunde ungenutzt für das Gespräch.

Obwohl er oft ohne Unterlaß zu reden scheint, dürfte er alles andere als ein langweiliger Dampfplauderer sein: Seine Gesprächspartner hängen an seinen Lippen. Sogar Menschen aus der Generation seiner Eltern (oder Großeltern!) folgen dem Twen meist mit ungeteilter Aufmerksamkeit.

Er hat stets Haltung, lacht selten oder nie, beeindruckt aber immer wieder mit seinem sprudelnden Wesen und seinem analytischen Verstand. Auf jede Frage weiß er eine Antwort, die keine weiteren Fragen offenläßt – er wirkt so, als habe er alles schon zuvor durchdacht und kenne jedes Argument und Gegenargument. Ein Geheimnis ist seine Geschwindigkeit: Er scheint so schnell zu denken und spricht so schnell, daß allein das schon beeindruckt. Der Jungunternehmer hat einen einförmigen Tonfall, verschluckt ganze Silben, redet in einem fort, ohne Punkt und Komma – und nicht wenige Zuhörer haben den Eindruck, daß das Sprechen für ihn eigentlich eine viel zu langsame Methode ist, um seine Gedanken auszudrücken.

Damit kann er sich der Gefolgschaft der ihm anvertrauten Mitarbeiter versichern, denn wer traute sich schon, dem „Ein-Mann-Wirtschaftswunder" („Eastern Express") ins Wort zu fallen oder eine überflüssig oder nur bremsend erscheinende Rückfrage zu stellen? Der Jungunternehmer versteht es auf diese Weise fabelhaft, seine Energien auf andere Menschen zu übertragen.

Seine Äußerungen kommen so brillant, gestochen und geschliffen daher, daß sich das Gegenüber nach kurzer Zeit fragt: Woher hat er das? Keine Sekunde des Zweifels, volle Überzeugtheit, und jeder zweite Satz enthält eines dieser Buzzwords aus dem Management, mit dem er immer wieder klarmacht: Ich habe die Sache durchschaut. Ich habe die Sache im Griff. Ihr könnt mir vertrauen.

Welches Geschäft genau der Jugendliche betreibt, ist mir freilich immer unklar geblieben. Einmal sind es Immobilien, dann Computerteile oder die Fertigung eines Computers unter eigenem Label, und ein andermal ist es die Geschäftsanbahnung für deutsche Unternehmen im Fernen Osten oder Im- und Exportgeschäfte.

Eines ist jedenfalls sicher: Lars Windhorst wird weiterhin für Überraschungen gut sein, egal, ob es für ihn rauf oder raus aus dem Geschäft heißt.

◆

Überspringen wir ein, zwei Generationen: Die Millionäre von heute gaben zu den Gründerzeiten ihres Vermögens auch oft einige Fragen auf. Das ist normal. Erst der spätere Erfolg und die einkehrende Solidität haben sie zu dem gemacht, was sie heute sind: die allseits respektierten Reichen.

Sehen wir uns einmal folgenden Herrn an:

Er besucht keine Partys, trinkt niemals Alkohol, gönnt sich morgens eine Tasse Kaffee mit Honig und wird vom ehemaligen Eisschnelläufer Günter Traub im täglichen Training fit gehalten.

Dipl.-Ing. Dr. h.c. Ferdinand Piëch, 60, früherer Porsche-Entwicklungs-leiter und dann Audi-Vorstand, führt nun VW als Vorstandsvorsitzender zu neuen Umsatzhöhen. So nebenbei ist der VW-General auch Porsche-AG-Aufsichtsrat und gilt als knallharter Geschäftsmann.

„Es ist ein Verbrechen", meint Piëch, „zu jenen zu gehören, die in dritter Generation das angehäufte Vermögen von Großeltern und Eltern verplempern."

Er persönlich tut sich mit dem Verplempern etwas schwer, denn sein Privatvermögen wird auf rund fünf Milliarden D-Mark geschätzt. Zusätzlich hält er zehn Prozent der Anteile an der Porsche AG Stuttgart und zehn Prozent an der Salzburger Porsche-Holding OHG.

Keiner der insgesamt 40 Mitglieder des Porsche-Piëch-Clans ist für einen glamourösen Lebensstil oder High-Society-Eskapaden bekannt. Am wenigsten ein Mann vom herben Charme eines Ferdinand Piëch. Er joggt, fährt Moutainbike und segelt auf seiner 14-Meter-Yacht am Bodensee. Den Engadiner Skimarathon schafft er in drei Stunden und 42 Minuten, womit er um eine Stunde schneller ist als Ex-VW-Chef Carl H. Hahn, der Piëch vom Entwicklungschef zum Audi-Boß beförderte.

An Napoleon bewundert Piëch „das Talent zur Menschenführung", und zwar in einem streng strategischen Sinn, weitab jeder sanften Form der Motivation. Da hält er sich schon lieber an das oberste Gebot des chinesischen Gelehrten Konfuzius: „Untertanen sollen ihre Herrscher respektieren." Dem Fernöstlichen huldigt Piëch auch in seinem selbstentworfenen Japan-Zimmer im süddeutschen Privatdomizil. Bei Grünem Tee und Sushi frönt er dem Motto: „Japanisch gegen die Japaner". Er liebt den Kampf – eine Sammlung alter Samurai-Schwerter in seinem Arbeitszimmer zeugt davon.

Apropos zeugen: Dabei dürfte es sich um eine große Leidenschaft des VW-Chefs handeln. Ferdinand Piëch sorgt dafür, daß die Zahl der Erben in Exponentialsprüngen ansteigt. Mit Hilfe von vier Frauen hat er es zu 13 Kindern gebracht, wobei er auch nicht davor zurückschreckte, im Familienrevier zu wildern, was sich auf das sensible Klima zwischen den beiden Clanstämmen nicht gerade förderlich auswirkte: Piëchs Cousin Gerd Porsche hatte – entgegen der Familientradition – seiner Frau Marlene die Hälfte seines Firmenanteils überschrieben. Als Piëch seinem Cousin die Frau wegschnappte – die ihm übrigens zwei Nachkommen schenkte –, herrschte damit schlagartig auch ein Stimmenübergewicht bei der Piëch-Linie. Ein Affront, der in Familienkreisen für einigen Aufruhr sorgte.

Heute lebt Ferdinand Piëch mit seiner Frau Ursula auf einem Bauernhof bei Braunschweig. Ursula kam im Alter von 25 Jahren ins Haus des Porsche-Enkels. 1984 wurde heimlich in Ingolstadt geheiratet. Sie ist das ehemalige Kindermädchen seiner zahllosen Sprößlinge. Ihr Know-how in Sachen Kindererziehung kommt heute auch den vier gemeinsamen Kindern zugute. „So ist die Chance größer", kommentiert Piëch seine segensreichen Fortpflanzungsaktivitäten, „daß wenigstens eines dabei ist, das mein Erbe bewahrt."

Mit der Meinung über seine eigene Mutter hält er nicht hinter dem Berg: „Die hat uns fast uns selbst überlassen." Die Grande Dame der Automobilwelt, Louise Piëch, geborene Porsche – in jungen Jahren Autorennfahrerin – , lebt in Zell am See. Dort besitzt die Familie ansehnliche Grundstücke. Die nunmehr 92jährige Tochter des legendären Firmengründers Professor Ferdinand Porsche ist die reichste Frau Salzburgs. Sie und ihre vier Kinder teilen sich jeweils zu einem Zehntel die Firmenanteile an der österreichischen Porsche Holding OHG und – bis auf Ernst, das „schwarze Schaf der Familie" – auch an der Stuttgarter Porsche AG. Genauso wird es im Porsche-Zweig der Familie gehalten, damit ein streng ausgewogenes Verhältnis herrscht.

Nachdem tiefe Meinungsverschiedenheiten zwischen den Clans die Geschäftsführung zunehmend blockierten, wurde bereits in den frühen siebziger Jahren ein scharfer Schnitt gezogen, und alle Familienmitglieder mußten sich aus ihren leitenden Positionen zurückziehen. Die Trennung zwischen Eigentümer- und Unternehmensmanagement war ein heißer Berater-Tip für Porsche Austria und Porsche Stuttgart. Oder, wie Michel Piëch es einmal formulierte: „Es ist schwierig, einen Manager in Konkurrenz zu einem Eigentümer einzusetzen. Das wäre eigentlich unlauterer Wettbewerb." Heute haben beide Clans je einen Sprecher – Michel Piëch und Wolfgang Porsche – bestellt, die mit den generalbevollmächtigten Geschäftsführern überwiegend strategische Entscheidungen besprechen. Um das operative Geschäft der Porsche GesmbH kümmern sich Kurt Walbert und Erhard Weninger. Ihnen ist ein vierköpfiger Beirat mit Ferdinand Piëch, Ferdinand Alexander Porsche, Walther Zügel und dem früheren Generalbevollmächtigten Hans Lämmle zur Seite gestellt.

Als Konstrukteur des legendären VW-Käfer hatte sich Professor Ferdinand Porsche weltweit einen Namen gemacht und nebenbei auch ein Vermögen verdient. Die enge Bindung an den VW-Konzern wurde durch die Heirat eines Piëch mit der Tochter des VW-Generals Nordhoff intensiviert.

Porsche Österreich ist heute nicht nur Generalimporteur von VW, Audi, Skoda, Seat und Porsche, sondern kontrolliert gleichzeitig annähernd 50 Prozent des Einzelhandels der eigenen Marken in Österreich und beherrscht über eine eigene Bank, Versicherung und Computersparte auch das komplette Geschäft rund ums Auto.

Die Holding ist mittlerweile ein Weltkonzern mit Niederlassungen in den USA, in Frankreich, Spanien und in allen östlichen Nachbarländern. Sie zählt mit rund 37 Milliarden Schilling Umsatz zu den reichsten Unternehmen Österreichs. Die Porsche AG in Stuttgart gehört wie die Holding zu gleichen Teilen den Familien Porsche und Piëch. Aus dem früheren großen Bruder wurde längst der arme Onkel aus Deutschland. Die Holding hat die AG im Umsatz weit überflügelt: 43 zu 18 Milliarden Schilling im letzten Geschäftsjahr. Während die Salzburger zuverlässig wie ein Käfer Gewinne produzieren, geriet die Stuttgarter Fabrik zunehmend zum Sorgenkind. Porsche scheiterte viele Jahre lang an der eigenen Legende: Die Fans akzeptierten keinen der Nachfolger als Ersatz für den Klassiker Porsche 911.

„Ich bin ein Einzelgänger", sagt Piëch über sich selbst, den ewigen Kämpfer und harten Auto-Manager, der eine Karriere im Volkswagenkonzern dem eigenen Unternehmen und damit den Problemen mit Cousins und Geschwistern vorzog. Er hat kaum enge Freunde, nur die Nähe des großen alten Schauspielers Heinz Rühmann ließ er zu.

Die Erfolgsformel des heute 60jährigen lautet: „Ich habe mich niemals mit dem Zweitbesten begnügt."

◆

Wir sehen: Erfolg ist mit Wunderlichkeiten verknüpft, auch wenn in diesem Fall der Ursprung von allem altes Geld ist; Reichtum, der in mehreren Generationen angehäuft wurde. Dafür liefern auch die Geschicke der Familie Meinl ein beredtes Beispiel.

Julius Meinl ist Österreichs traditionsreichster Handelskonzern. Das Bild des Familienpatriarchen hängt in jeder Filiale. Die Nachfolge im Hause Meinl ist nach dem einfachen Prinzip geregelt: Sohn folgt Sohn folgt Sohn – und alle heißen sie Julius.

Die Meinl-Dynastie war schon vor dem Krieg sehr wohlhabend. In den dreißiger Jahren hatte sie mit ihren Feinkostläden bereits das größte Filialnetz in Österreich. Ihr Problem lautete: Wie kann dieses Vermögen über die Hitlerdiktatur und den Krieg hinweggerettet werden? Man wählte eine sichere Strategie und setzte auf zwei Karten. Als Konsul Julius Meinl II. (1869–1944) seinen Sohn Julius III. 1938 in die Emigration nach London schickte, hatte er seinen letzten Willen wie folgt festgelegt: Wenn die Engländer den damals bereits drohenden Krieg gewannen, sollte der englisch orientierte Julius das Imperium erben. Falls Hitler und die Nazis gesiegt hätten, wäre der Adoptivsohn Fritz (was für ein Name für einen Meinl!) zum Zug gekommen.

Dieser Fritz Meinl wurde zwischen 1938 und 1946 tatsächlich zuerst Direktor, dann Generaldirektor und zum Schluß Aufsichtsratsmitglied der Meinl AG. Während Julius in London seine Beziehungen zu den Alliierten, den Kaffeeplantagenbesitzern in Südamerika, den Kolonialwarenhäusern des britischen Reiches und zu den emigrierten österreichischen Politikern pflegte, eröffnete Fritz in Wien einen Laden nach dem anderen und dehnte das Filialnetz bis Bulgarien aus.

Nach dem Tod des Konsuls im Jahr 1944 übernahm Fritz die Führung der Firma. Doch seine Tage waren bereits damals gezählt. Laut Testament mußte er – versehen mit einer stattlichen Abfertigung – dem Sieger Julius weichen, der inzwischen längst englischer Staatsbürger geworden war. Der letzte Wille von Julius Meinl II. hatte eine klare Aussage: Im Zweifelsfall auf der Seite des Siegers. Führung und Fortbestand eines Großunternehmens haben offenbar wenig mit Moral oder Emotionen, dafür aber eine Menge mit Taktik und Berechnung zu tun.

Kaum eine Unternehmerfamilie in Österreich verschleiert so konsequent ihre Besitzverhältnisse wie die Meinls. Der publikumsscheue Clan, der über ausgedehnte Landsitze in Österreich und England verfügt, nahm sogar in Kauf, daß die Aktien vom Kurszettel der Wiener Börse gestrichen wurden, nur um die wahren Eigentumsstrukturen weiterhin im dunkeln zu halten.

Das heute weit über 5.000 Mitarbeiter zählende Unternehmen wurde 1882 von dem aus Böhmen eingewanderten Julius Meinl I. mit einem kleinen Geschäft am Wiener Fleischmarkt gegründet. Die Sensation war damals, daß dort Kaffee bereits geröstet feilgeboten wurde. Julius Meinl III., „der Patriarch" mit britischem Paß und weiß behandschuhtem Butler, baute das Firmenreich, in dessen Logo ein Mohr zu sehen ist, geschickt aus. Er übergab erst im Alter von 84 Jahren seinem 54jährigen Sohn Julius IV. das Ruder.

Daß er so lange von den Schalthebeln ferngehalten wurde, hat das derzeitige Firmenoberhaupt geprägt: Julius Meinl IV. hat die Ausstrahlung eines biederen Buchhalters. Entscheidende Veränderungen erwartet niemand von ihm. Und böse Zungen halten ihn auch für eine bloße „Übergangslösung" zu seinem Sohn, Julius Meinl V., der bereits im Aufsichtsrat sitzt. Er ist erklärter Liebling des Großvaters. Die Gunst des alten Herrn hat sich der kleine, schmächtige Mittdreißiger nicht einmal durch die Wahl seiner Braut verscherzt.

Die Hochzeit mit dem Fotomodell Franziska „Spängi" Preuschl-Haldenburg war beschlossene Sache, der Termin fixiert, da bekam Julius V. weiche Knie und ließ das Großereignis platzen. Sehr zum Leidwesen der Brautmutter, denn erstens war ihre Tochter schwanger, und zweitens mußte sie den geladenen Gästen brieflich wieder absagen. Aus dem Hause Meinl war zu hören, die Brautmutter hätte ihr Unternehmen auf Kosten der Meinls sanieren wollen. Zeitschriften, die über den Vorfall berichteten, wurden kurzerhand in den Filialen nicht mehr zum Verkauf angeboten.

Mittlerweile ist die Sache bereinigt: Eine ganze Schar von Anwälten wurde beauftragt, um die Blamage aus der Welt zu schaffen, und der neuerliche

Hochzeitstermin wurde gerade noch so hingebogen, daß das Kind als rechtmäßiger Julius Meinl VI. zur Welt kam.

Julius V. versorgt seither die Klatschkolumnisten nicht mehr mit Futter aus seinem Privatleben. Er kommt nur noch in den Wirtschaftsseiten der Zeitungen als Vorstandsvorsitzender der Meinl-Bank vor. Das Geldinstitut hat sich unter seiner Führung zur Perle der Meinl AG entwickelt.

Inzwischen ist das Feinkostimperium – mit einem Jahresumsatz von rund 1,5 Milliarden D-Mark – auf rund 500 Filialen in Österreich und Ungarn angewachsen. Die Meinl-Aktien werden vom Schweizerischen Bankverein treuhändisch gehalten. Für wen, darüber schweigt man sich im Wiener Meinl-Anwesen – mit 28 Zimmern und 16.000 Quadratmetern Wald und Wiesen – beharrlich aus. Der geheimnisvolle Großaktionär dürfte aber nach Ansicht der Zürcher Börsianer niemand anders als eine eidgenössische Meinl-Familienstiftung sein.

Einen angemessenen Lebensstil führt auch Julius V., als leidenschaftlicher Ferrari-Fahrer. Als Großereignis gilt im Hause Meinl mit seinen zahlreichen Dienstboten, wenn die Herrschaft zu den Wahlen nach Großbritannien fährt, denn die englische Staatsbürgerschaft besitzt man natürlich noch immer.

◆

Welches Verhalten beschreibt nun den Millionär? Meinl fährt einen Ferrari, beschäftigt Hauspersonal und bewegt sich in Kreisen der Hautevolee. Fielmann fährt einen Ferrari und lebt auf dem Bauernhof. Kobjoll hat den alten Bauernhof zu seiner Firma umgebaut und fährt ebenfalls teure Autos. Conrad baute sich einen Golfclub und kaufte sich ein Schloß. Peter Dussmann, als Gebäudereiniger groß geworden, lebt auch in einem Schloß, ebenso wie Reinhold Würth. Bei Branson mußte es gleich eine Insel in der Karibik sein, Taschen beschäftigt einen Butler und Koch, über Stollmann wissen wir nichts, Hayek hat seinen Zweitwohnsitz an der Côte d'Azur, Vießmann, Würth und Piëch pflegen größere Entfernungen im Privatflugzeug zu überwinden.

Rentrop sponsert eine Damen-Basketballmannschaft und Dutzende von Sozialprojekten, Fielmann läßt sein grünes Herz schlagen und gibt Geld für alle Arten von Ökoprojekten aus, Würth hat mit seinem Geld eine Kunststiftung ins Leben gerufen und eine respektable Bildersammlung aufgebaut, Stollmann sponsert Werbekampagnen gegen die Miesepetrigkeit in Deutschland, Franzen steckt sein Geld in die Zürcher Oper und hilft unbekannten Künstlern, bekannt zu werden, Sixt gibt nichts.

Taschen hat das Kunstbuch zum Discountpreis weltweit populär gemacht, Stollmann verkauft *funktionierende* Computernetze, Herbert Kelleher hat das Fliegen zum Discountpreis erfunden, Conrad ist der größte und erfolgreichste Versandhändler von Elektronikteilen, Rentrop ist der Unternehmer-Macher ohne Vorbild, Franzen war Marktmacher in der Ferienhausvermietung, Vießmann steht für Wärme, Huber macht Werbung preiswert.

Alle haben einen Hebel genutzt, der das bewirkt hat: Sie haben sich und anderen geholfen.

Sie haben es zu privatem Reichtum gebracht, mal mehr, mal weniger. Aber zählt die Summe Geldes für das persönliche Glück? Sicher nicht. Alle sind, durch eigenes Tun, „aus dem Gröbsten raus", wie der Gelegenheitsarbeiter und Lebenskünstler Karl Jedermann es ausdrücken würde. Sie können das köstliche Gefühl genießen, jederzeit mit ihrem Tun aufhören zu können, ohne es aber zu tun.

Nach geldwertem Besitz gemessen, gibt es allein in Deutschland 950.000 Menschen, die sich Millionäre nennen dürfen. 950.000 von 80 Millionen Menschen haben soviel Geld, Immobilien oder Betriebsvermögen, daß sie in den Club der Millionäre Aufnahme fänden. Nicht jeder von denen hat freilich etwas bewegt in seinem Leben, hat etwas Besonderes geleistet und eine Geschichte zu erzählen, die es wert gewesen wäre, in diesem Buch Aufnahme zu finden.

Wir haben uns deshalb auf eine Auswahl aus den 950.000 beschränkt, eben auf jene, die Verantwortung tragen, die für sich *und* ihre Mitmenschen etwas erreicht haben, die Bleibendes geschaffen haben – und über deren unternehmerische Idee sich zu sprechen lohnt.

Die Auswahl war rein subjektiv, eine Meßlatte in Geld gibt es nicht: Ist der Millionär mit einem kleinen Millionenvermögen, sagen wir 15 Millionen D-Mark, weniger spannend als der mit 780 Millionen Vermögensbesitz? Bestimmt nicht!

Das Erreichte, das überdurchschnittlich Erreichte ist ein gewisses Indiz dafür, daß sich dahinter eine erzählens- und in irgendeiner Weise nachahmenswerte Geschichte verbirgt. Aber was in Einzelheiten davon zu erzählen ist und ob es sich lohnt, diese weiterzutragen, darüber vermag die Geldsumme allein nur wenig Auskunft zu geben. Wir müssen uns auf unseren Spürsinn verlassen.

Nehmen wir den Fall von Klaus Christian Plönzke. Wir haben hier wieder einen Unternehmer, der eine beachtliche Aufbauleistung vollbracht und einen Teil der Ernte eingefahren hat. Seine Firma macht jedes Jahr Umsätze in reichlich dreistelliger Millionenhöhe, Plönzke hat einen Teil seines Eigentums an dieser Ertragsmaschine glücklich verkauft – ihm gehört jetzt nur noch die Hälfte des von ihm gegründeten Unternehmens. Für die andere Hälfte, die nun dem amerikanischen CSC-Konzern gehört, hat er eine Summe erlöst, die ihm und seinen Nachkommen sicher ein Leben ohne Arbeit ermöglichen würde.

Aber was tut Plönzke, der gerade die 60 überschritten hat? Der immer noch jugendlich wirkende Unternehmer arbeitet weiter. Er hängt an seiner Sache und hat Freude daran, das eine oder andere in *seiner* Firma noch weiterzutreiben, Geschäfte und Menschen zur Blüte zu bringen.

Seine Ploenzke AG, jetzt mit dem neuen Eigentümer CSC Ploenzke AG, hat eine Größe erreicht, die den tätigen Unternehmensgründer an der Spitze nicht mehr unbedingt braucht, und der Inhaber hat sich längst andere Betätigungsfelder aufgebaut.

Zum Beispiel als Hotelier. Der passionierte Wanderer und Mallorca-Fan Plönzke entdeckte auf einer seiner Touren über die Balearen-Insel ein heruntergewirtschaftetes Hotel. Schöne Lage, direkt über der Bucht von Soller. Es muß Liebe auf den ersten Blick gewesen sein; Plönzke kaufte den Schuppen und verpaßt dem Haus derzeit eine Totalrenovierung. 1998 soll das Haus, dann mit vier Sternen, den Gästen wieder offenstehen. Das Haus wieder auf Vordermann zu bringen, hat sich der Unternehmer zum Hobby gemacht – tage- und wochenweise ist er auf der Balearen-Insel anzutreffen, wo er bereits einen Restaurantbetrieb besitzt.

Der Mann hat Geschmack, was er auch seine Mitmenschen spüren läßt. Als nach stürmischem Wachstum seines Softwarehauses (damals: „EDV-Studio Ploenzke") die Räume in der Wiesbadener Wilhelmstraße zu klein werden, hält er nach einer geeigneten Immobilie im Umland Ausschau. Fündig wird er im Rheingau, vor den Toren von Eltville am Rhein.

Er läßt das ehemalige Erholungsheim der Gewerkschaft zu seiner neuen Firmenzentrale ausbauen. Hier, auf der Höhe über dem Rheingauörtchen Kiedrich, hat jeder seiner Mitarbeiter den Blick über die Weinberge und das Rheintal.

Plönzke ist ein Feinschmecker, also läßt er im Hause auch kochen – ein Geschäft, das die meisten seiner Unternehmerkollegen schon an Subauftragnehmer ausgelagert haben, nicht unbedingt immer zum besten der Qualität des Essens.

Für sein Casino suchte Plönzke einen Koch; unterwegs in einem seiner Lieblingslokale in der Gegend fragte er die Frau des Kochs, ob sie jemanden wisse, der den Job machen wolle. Auf die Frage hin verschwand sie in der Küche des Nobeletablissements, kam kurz darauf zurück und vermeldete:

„Ja, mein Mann würde den Job machen."
Auf diese Weise kam das Casino der Ploenzke AG zu einem außergewöhn-lichen Koch.

Plönzkes Unternehmen ist heute eines der bedeutenden Beratungs-und Softwarehäuser in Deutschland; bei allem Wachstum und bei all der mit-unter stürmischen Expansion in der Vergangenheit hat der Gründer und frü-here IBM-Angestellte darauf geachtet, daß alles einen gewissen Stil behält. Ploenzke AG steht für Kultur, weil sich der Unternehmer seine persönliche Kultur bewahrt hat, weil er immer wieder versucht hat, dem ganzen seinen guten Geschmack als Stempel aufzudrücken. Mit Erfolg, wie wir sehen: Die Unternehmenskultur bei Ploenzke ist oft gelobt worden, das Haus gilt als vorbildlicher Arbeitgeber.

Und Klaus Christian Plönzke? Er hat gezeigt, daß er erfolgreich ein Un-ternehmen gründen und zu Wachstum und Erfolg führen kann, und er hat nach einer langen Erfolgssträhne Kasse gemacht. Wie Franzen, Stollmann und andere.

◆

Aber es wird weitergearbeitet.
Richard Branson könnte sich mit seinen Reichtümern längst auf die Insel zurückziehen. Er hat sogar eine eigene, die ihm diesen Schritt augenblick-lich gestatten würde.
Aber er arbeitet weiter.
Was also unterscheidet einen unserer Millionäre vom Durchschnittsmen-schen? Den Millionär trennt eigentlich nichts mehr davon, sich den Traum vom Leben ohne Arbeit zu verwirklichen. Er, nur er, kann das süße Gefühl genießen:
„Ich muß ja nicht mehr!"
Von einem Leben dauernder Entspannung und andauernder Muße ist er nur ein Ja, ein Fingerschnippen weit entfernt.
Reinhold Würth könnte sich problemlos auf ein Leben als Schloßherr und Kunstsammler zurückziehen. Klaus Conrad stünden die Mittel zur Ver-fügung, von heute an in Florida golfspielend zu privatisieren. Norman Ren-trop könnte sich augenblicklich nur seinen beiden Kindern und seiner Fami-lie widmen, ohne sich noch materielle Sorgen machen zu müssen.
Aber es ist wie bei uns allen: Zu manchem Traum gehört, daß er ein süßes Gefühl bleibt, daß er nie gelebt wird.
Sehen wir uns Dagobert Duck an, die Millionärsexistenz im Holzschnitt-

format. Er ist betagt, reich, verfügt über mehr Mittel, als in einem Menschenleben nach vernünftigen Maßstäben zu verbrauchen sind, und müßte auf
nichts verzichten, außer auf seine Arbeit.

Gerade das tut auch er nicht; er gefällt sich darin, seinen Geiz weiter zu
kultivieren, weiter dem Pfennig nachzulaufen, der eigentlich gar keinen Wert
mehr für ihn haben dürfte, weil er schon über so viele Mark verfügt. Aber das
Werthaltige ist offensichtlich nicht der gewonnene Pfennig, sondern das Nach-
laufen.

Die Arbeit, das Schaffen und Zu-Wachstum-Bringen hat einen Wert in
sich. Das scheint das zu sein, was unsere Millionäre in ihrer Profession bindet. Sie nehmen weiterhin an dem Spiel „weiter, höher, schneller" teil, es hat
etwas Sportives: Nicht der Gewinn am Ende zählt, sondern das Dabeisein.
Keiner möchte sich ausgeschlossen sehen, keiner will außen vor bleiben und
sich auf das Zuschauerdasein zurückziehen: Den Wirtschaftsteil der „Frankfurter Allgemeinen Zeitung" oder das „Manager Magazin" zu lesen, ist eigentlich nur spannend, solange man selbst auch Teil des dort in jeder Ausgabe stattfindenden Spiels ist.

Es gibt aber auch Aussteiger, werden Sie einwenden. Menschen, die Kasse
machen, dann nicht mehr weiterarbeiten, sondern sich in Marbella oder Mi-
ami ein schönes Leben machen. Das geht zwei Monate lang gut oder auch ein
halbes Jahr. Dann fangen sie wieder an: Sie werden Berater, makeln mit Immobilien oder fangen einen Kunst- und Antiquitätenhandel an. Ich habe einige von diesen Beratungs- und Immobilienleuten getroffen; sie waren braun-
gebrannt und gaben sich agil, aber so recht zufrieden wirkte keiner von denen. Es fehlte ihnen etwas, das sie einmal hatten.

◆

Zum Unternehmer-Millionär gehört: Einfluß, Verantwortung, Nutzen stiften
für andere Menschen, für sich und andere Arbeit schaffen. Das spiegelt sich
wider in erfolgreichen und sichtbaren Leistungen, also Produkten und Dien-
sten, aber auch in Beschäftigtenzahlen, Umsatz und Gewinn.

Zum Unternehmer-Millionär gehören auch Macherqualitäten: Diese Menschen sind es gewohnt, die Dinge in die Hand zu nehmen, nicht zu zaudern,
sondern zu entscheiden und umzusetzen. Es sind diejenigen, die nicht lange
über Dunkelheit lamentieren, sondern ein Streichholz nehmen und eine Kerze
anzünden. Und siehe da: Wenn der Raum durch die Kerze erst einmal schwach
erleuchtet ist, läßt sich auch leicht der Lichtschalter entdecken, und dann
wird es richtig hell.

Was sonst gehört zu einem Millionär? Es gibt solche und solche, sie sind so verschieden wie die Menschen sonst auch – ich habe ungeduldige ebenso getroffen wie nachdenkliche, eitle und bescheidene, großzügige und geizige, gesprächige und wortkarge, analytisch denkende und gefühlsbetont entscheidende, kultivierte und hemdsärmelige, materiell interessierte und bodenständige, wissende und naive, introvertierte und extrovertierte.

Millionär zu werden, dazu braucht es viel und wenig zugleich. Wenig, weil die Charaktere der Millionäre so unterschiedlich sind wie die Farben in der Natur. Viel, weil die Macher so selten sind, weil es soviel mehr Menschen gibt, die nur reden, aber nichts tun, weil die gute Idee allein nicht reicht, sondern Umsetzung braucht.

Macher und Risikoträger sind rar – wie viele von den erwähnten 950.000 Millionären gehören dazu? Wenige, ein kleiner Prozentsatz. Die meisten dieser knappen Million Millionäre haben durch stetes Anhäufen, durch Sparsamkeit und durch das Glück langdauernder wirtschaftlicher Prosperität unseres Landes ihr Vermögen erworben – sie sind stille Millionäre, haben keine bedeutende Idee gehabt, tragen außer für sich und ihre Familie keine Verantwortung und sind keine bedeutenden Risiken eingegangen. Unternehmer-Millionäre dagegen sind die weniger stillen.

Hier beobachten wir einen Lebensstil, der mit dem Wort zeitorientiert einigermaßen zutreffend beschrieben ist. Wenn sie arbeiten, arbeiten sie hart, ohne das immer so zu empfinden. Oft habe ich von „freizeitähnlichem Arbeitserlebnis" oder „hobbyhafter Arbeitshaltung" gehört – anders wären die außerordentlichen Arbeitspensen wohl auch nicht zu bewältigen. Aus einer solcher Arbeitshaltung heraus ist auch eine besondere Genußhaltung entstanden: Weil Zeit als außerordentlich knappes Gut empfunden wird, haben viele gelernt, sich gewisse Lebensvereinfachungen und Genüsse zugänglich zu machen.

Sicher ist es kein Zufall, daß wir unter den Millionären einige finden, die sich dem Zigarrenrauchen zugewandt haben. Bei Benedikt Taschen habe ich das beobachtet, auch bei Nicolas Hayek und einigen anderen.

Warum die Zigarre? Weil nur sie den vollendeten Genuß des Rauchens zu stiften in der Lage ist; ihre Konsumenten haben sich nach und nach den Zugang zu diesem Genuß verschafft. Es ist wie mit einem guten Tee oder einem guten Pfeifentabak: Qualität will entdeckt werden, Genuß ist auch eine Sache des vorsichtigen Herantastens. Die erste Havanna eröffnet ihrem Raucher vielleicht gar nicht die ganze Pracht, die im Geschmack dieser Kubazigarre steckt. Wer aber dranbleibt, die zweite, dritte und folgende versucht, wird sich den Reichtum erschließen können – vielleicht auch unter Anleitung des Unternehmers Heinrich Villiger: Er besitzt die Exklusivrechte für den Import der teuren Stücke, und bei den von ihm ausgerufenen „Smokers' Nights", den Rauchernächten, sind unsere Millionäre nicht selten Stammgäste.

Keine sehr auffällige Leidenschaft – eine Zigarre für 70 D-Mark das Stück sieht wenig anders aus als die aus dem Tabakladen um die Ecke. Die Millionäre können sich die Qualität leisten, weil diese Ausgaben angesichts der Vermögenssituation keine Schmerzen mehr bereiten – sie sind eine Kombination aus etwas Luxus und Lebensvereinfachung.

Warum etwa wählt der Millionär das Appartment über den Kensington Gardens, das Hotel Formentor, oder steigt im Beau Rivage Palace in Lausanne ab?

„Diese Menschen suchen eine Art sorgloser Bequemlichkeit, die sie offensichtlich nur bei uns finden", berichtet Christian Marich, der über das Fünf-Sterne-Haus in Lausanne gebietet, über seine Erfahrungen mit Millionären. Die Wirtschaftsmenschen kämen auch im Beau Rivage durchaus unauffällig daher; aber weil sich ihr Leben im D-Zug-Tempo vollzieht, wollen sie auf Reisen eben von gewissen Widrigkeiten ihres Alltags frei sein. Lebensvereinfachender Luxus.

Hängen die Millionäre also an ihrem Geld?

Ja und nein, lautet die Antwort. Sie hängen an ihrem Geld, weil sie es nicht für alles und jedes ausgeben. Sie hängen nicht daran, weil sie es sich erlauben können, hin und wieder großzügig gegen sich und andere zu sein.

Für den verschuldeten Durchschnittsverdiener ist die Nacht im Beau Rivage oder die Havanna durchaus eine Verschwendung – aber was spielt es bei einem Unternehmer mit einem acht- oder mehrstelligen Vermögen noch für eine Rolle, eine Ausgabe in dieser Höhe zu tätigen?

Allenfalls sind die Ausgaben dieser Art eine Möglichkeit, sich Zeit und verlorene Lebensqualität wieder zurückzukaufen. Das Leben der Unternehmer-Millionäre ist durchaus entbehrungsreich, wie wir gesehen haben. Sie verzichten auf einen geregelten Alltag, oft auch auf einen großen Teil ihres Familienlebens; sie sehen nicht, wie ihre Kinder größer werden. Wenn sie es doch begrenzt tun können, so ist es nur verständlich, daß es dann bequem und sorgenfrei sein soll. Das Geld scheint ein Mittel dafür zu sein.

Geld macht nicht glücklich. Aber es liegt in der Hand des Besitzenden, ob es als Vehikel dafür eingesetzt wird, die eine oder andere Sorge zum Verschwinden zu bringen.

Doch das materielle Ergebnis scheint die Folge – nicht das Ziel – erfolgreichen und kontinuierlichen Strebens zu sein. Das Faszinierende ist die

Aufgabe, das Bewegen, das Ergebnisse-Erzeugen – davon sind die Unternehmer-Millionäre angetrieben, davon lassen sie sich weiter und weiter treiben. Das Streben und Schaffen macht nicht satt, sondern jeder Tag stiftet den Wunsch nach mehr – die Arbeit hält immer noch eine neue Herausforderung bereit, auch nach fünf, zehn oder 20 Jahren an der Spitze eines Unternehmens. Die daraus folgende Vermehrung des Besitzes allein würde müde machen, denn die Grenze des Verbrauchen-Könnens ist bald erreicht, nicht aber die Grenze des Erleben-Wollens. Dafür gibt es keine Grenze, das zeigen alle Geschichten der hier Vorgestellten.

Benedikt Taschen, der Kunstbuchverleger, bekundete irgendwann, er habe der reichste Mann der Welt werden wollen. Aber das hören wir heute nicht mehr von ihm. Es zählt das Leben, nicht das Erworbene. Nach diesem Motto scheint auch die abgegriffene Messingfigur gewählt zu sein, die den Türknauf von Benedikt Taschens Verlagshaus abgibt: Es ist Donald Duck.

◆

Register

A

Albrecht, Karl 70, 71
Albrecht, Theo 70, 71

B

Beisheim, Otto 40
Bentz, Thomas 135
Bogner, Willy 158
Branson, Richard 185 ff., 204, 207
Brenninkmeijer, Familie 71

C

Carnegie, Dale 127
Carpendale, Howard 81
Carrell, Rudi 81
Christo 162
Cloppenburg, James 71
Conrad, Klaus 72 ff., 124, 125,
    136, 204, 205, 207
Conrad, Max 74
Conrad, Werner 76

D

Dalí, Salvador 51
Deuss, Walter 24
Dussmann, Peter 204

E

Engelmann, Bernt 17

F

Fields, Randolph 193
Fielmann, Günther 175 ff., 204
Flick, Friedrich Karl 42

Franzen, Bruno 147 ff., 204, 205
Frey, Werner 149 ff.

G

Gale, David 55
Gates, Bill 22
Gorbatschow, Michail 74
Grundig, Max 76, 78

H

Hahn, Carl H. 200
Hayek, Nicolas G. 39 ff.,
    62, 97, 99, 124, 136, 204, 209
Heineken, Alfred Henry 40
Herden, Raimund 80
Herzog, Roman 135, 146, 174
Horten Charmat, Heidi 40
Huber, Thomas 136 ff., 205

J

Joop, Wolfgang 158
Jugel, Albert 70

K

Kelleher, Herbert 60 ff., 71, 187, 205
King, Rollin W. 61 ff.
Kobjoll, Klaus 86 ff., 99, 136, 140

L

Lämmle, Hans 201
Lejeune, Erich 159
Lindstrand, Per 191

M

Magritte, René 49, 51, 59
Marich, Christian 210
Maucher, Helmut 127
Megerle, Rainer 33
Meinl, Fritz 202
Meinl, Julius 202 ff.
Meyer, Friedhelm 143
Mozart, Wolfgang Amadeus 47
Müller, Siegfried 173
Müller-Djordevic, Maja 173
Müller-Wipperfürth, Alfons 26

N

Naisbitt, John 155
Nixdorf, Heinz 78

O

Oldfield, Mike 189
Opel, Adam 35

P

Piëch, Ferdinand 199 ff., 204
Piëch, Louise 201
Piëch, Michel 201
Plattner, Hasso 26
Plönzke, Klaus Christian 205
Porsche, Ferdinand 201
Porsche, Gerd 200
Porsche, Wolfgang 201
Preuschl-Haldenburg, Franziska 203

R

Rentrop, Norman 81, 126 ff., 156,
    204, 205, 207
Riegel, Hans 19
Riegel, Paul 19
Rühmann, Heinz 202

S

Sachs, Gunter 35
Sander, Jil 158
Schliecker, Willy 26
Simon, Familie 104
Simon, Hermann 108
Sixt, Erich 110 ff., 145, 146, 204

Stankowski, Anton 106
Stollmann, Jost 20 ff.,
    62, 99, 124, 125, 204, 205

T

Taschen, Benedikt 49 ff.,
    69, 86, 91, 99, 124, 204, 205, 209, 211
Thomke, Ernst 44
Thyssen, Hans-Heinrich Baron von 39
Traub, Günter 199

V

Valérien, Harry 81
Vießmann, Hans 101
Vießmann, Johannes 100
Vießmann, Martin 98 ff., 204, 205
Villiger, Heinrich 210

W

Waalkes, Otto 81
Walbert, Kurt 201
Weninger, Erhard 201
Windhorst, Lars 196 ff.
Wissmann, Matthias 81
Wörle, Sigrid 120
Wössner, Marc 81
Würth, Bettina 170
Würth, Markus 170
Würth, Reinhold 161 ff., 204, 207

Z

Zhang, Mellon 198
Zimmerer, Carl 15
Zügel, Walther 201

Anton-Rudolf Götzenberger

Diskrete
Geldanlagen

Alles über
► Bankgeheimnisse
► Anonyme Sparbücher
► Treuhandanlagen
► Stiftungen und
► Trusts

UEBERREUTER

288 Seiten, Leinen mit
Schutzumschlag
ISBN 3-7064-0279-3

Anton-Rudolf Götzenberger ist Betriebswirt in München und als Fachreferent auf internationalen Kapitalanlage- und Steuer-Fachseminaren tätig. Er hält ständigen Kontakt zu hochrangigen Vertretern aus den Finanzwirtschaften der diskretesten europäischen Anlageländer. Er ist renommierter Buchautor und hat u. a. den Erfolgstitel „Schwarzgeld-Anlage in der Praxis" verfaßt.

Vater Staat muß nicht alles wissen

Diskrete Geldanlageformen werden wohl in erster Linie gewählt, um Vermögenswerte dem Zugriff des Fiskus zu entziehen. Nicht nur Millionäre haben ein Problem mit ihrem Vermögen; auch für den durchschnittlichen Geldanleger, der weniger als 100.000 DM zur Verfügung hat, ist es wichtig zu wissen, daß es in Deutschland gegenüber Finanzbehörden kein Bankgeheimnis gibt, daß man bei Tafelgeschäften leicht über gefährliche Fallstricke stolpern kann und daß Tageskassenstreifen jede Geldbewegung im Inland verrraten.
Ausführlich behandelt der Autor u. a. die Bankgeheimnisse in der Schweiz, in Luxemburg, in Liechtenstein, in Belgien und in Österreich. Anhand realer Urteilsfälle schildert er, wie Personen mit einem diskreten Sparbuch ahnungslos in Strafsachen verwickelt werden, und mit welcher Gründlichkeit deutsche Steuerfahnder nach Deutschen gehörendem Vermögen im Ausland forschen.
Zu den Schwerpunktthemen dieses Buches gehören die komplexen diskreten Geldanlageformen wie Trusts und Stiftungen. Es gibt auch hier maßgeschneiderte Angebote für den kleinen Anleger.

Überall im Buchhandel

Gerhard Mahler

PHARMA
PILLEN und
Das große Geschäft mit der Gesundheit
PROFITE

ca. 200 Seiten, Leinen mit
Schutzumschlag
ISBN 3-7064-0278-5

Gerhard Mahler arbeitet
als freier Wirtschaftsjournalist, Korrespondent
und Autor für in- und
ausländische Zeitungen
und Zeitschriften, u. a.
für die *Welt am Sonntag*,
WirtschaftsWoche und
DM. Er ist erfolgreicher
Buchautor, so u. a. der
Titel „Technologie – In-
vestments der Zukunft",
„Die Milliardenzocker"
und „Im Netz der Geld-
fänger".

Gute Geschäfte und
schlechte Pillen

Die Pharmaindustrie ist ins Kreuzfeuer
der Kritik geraten, denn – sie erzielt
geradezu phantastische Gewinne.
Das Geschäft mit der Gesundheit un-
terliegt kaum Schwankungen, es ist
das große Wachstumssegment mit
zweistelligen jährlichen Steigerungs-
raten. Dennoch befindet sich die
Pharmabranche zur Zeit in einem
gravierenden Wandlungsprozeß – so
kommt es unter anderem zu Konzen-
trationen und Fusionen der Großen,
zu Zusammenlegungen von For-
schungs- und Entwicklungsaktivitä-
ten. Sowohl in Deutschland/Europa
als auch in den USA hat sich die Pharmaindustrie mit ihren Belangen dank
einer mächtigen Lobby und in ihrer
Eigenschaft als größter Steuerzahler
und Arbeitgeber durchgesetzt.
„Pharma, Pillen und Profite" ist ein Ent-
hüllungs- und Aufklärungsbuch über
Macht und Einfluß der Pharmakon-
zerne. Es zeigt die Strategien auf, mit
denen der Kampf um den Wachs-
tumsmarkt Nr. 1 geführt wird, und der
Leser erfährt, wie mit seiner Gesundheit Geschäfte gemacht werden.

Überall im Buchhandel